未《み》来《らい》の扉《とびら》をひらく

偉人《いじん》のことば

［監修］灘中学校・高等学校 校長 和田孫博

はじめに

むかしも今《いま》も、日本《にほん》でも世界《せかい》でも、いろいろな分野《ぶんや》で活躍《かつやく》してきた人《ひと》が、とても心《こころ》にひびく言葉《ことば》を残《のこ》しています。オンリーワンであることを**応援《おうえん》してくれる**言葉《ことば》、**自分自身《じぶんじしん》を見《み》つめることの大切《たいせつ》さ**を教《おし》えてくれる言葉《ことば》、くじけそうなときに**勇気《ゆうき》を与《あた》えてくれる**言葉《ことば》、疲《つか》れたときに**やる気《き》を起《お》こしてくれる**言葉《ことば》など。この本《ほん》では、そういう言葉《ことば》を集《あつ》めて、その言葉《ことば》を言《い》ったのは誰《だれ》で、どういう活躍《かつやく》をした人《ひと》なのか、どういう状《じょう》況《きょう》で言《い》われたのかを、漫画《まんが》をまじえてわかりやすく説明《せつめい》しています。

私自身《わたしじしん》は小《ちい》さい頃《ころ》から読書《どくしょ》が好《す》きで、偉人《いじん》の伝記《でんき》などをたくさん読《よ》みました。子《こ》どもなりに友達《ともだち》との関係《かんけい》で悩《なや》んだり、勉強《べんきょう》がはかどらずに苦《くる》しくなったりしたとき、伝記《でんき》で読《よ》んだ偉人《いじん》たちも同《おな》じような悩《なや》みを抱《かか》えていたことを思《おも》い出《だ》し、また頑張《がんば》る気《き》になりました。人《ひと》はみんな、楽《たの》しいことだけでなく苦《くる》しいこともいろいろと経験《けいけん》しますが、それが生《い》きるということなのですね。きっと皆《みな》さんも同《おな》じような試練《しれん》や悩《なや》みに出会《であ》い、立《た》ち止《ど》まってしまうことがあると思《おも》います。そのとき、この本《ほん》で見《み》た言《こと》葉《ば》を思《おも》い出《だ》して、**一歩前《いっぽまえ》に踏《ふ》み出《だ》して**みましょう。きっと進《すす》むべき道《みち》が見《み》えてくるはずです。この本《ほん》を読《よ》んで、みなさんが**やる気《き》や勇気《ゆうき》をふるい起《お》こし**、自分自身《じぶんじしん》の道《みち》を力強《ちからづよ》く進《すす》んで行《い》ってくれることを期待《きたい》しています。

灘中学校《なだちゅうがっこう》・高等学校長《こうとうがっこうちょう》　和田孫博《わだまごひろ》

目次

はじめに　2

Chapter 01 オンリーワンであることを応援してくれることば　9

1 金子みすゞ「みんなちがって　みんないい」　10
2 岡本太郎「他人が笑おうが笑うまいが、自分の……」　12
3 マザー・テレサ（アグネス・ゴンジャ・ボヤジュ）「愛されるために、自分と違ったもの……」　14
4 新渡戸稲造「世の中には譲って差支えない……」　16
5 松永安左エ門「負けるが勝ちということもあり……」　18
6 松井秀喜「打てないボールは、打たなくていい」　20
7 フジコ・ヘミング（ゲオルギー＝ヘミング・イングリッド・フジコ）「間違えたっていいじゃない、機械じ……」　22
8 麿赤兒（大森宏）「この世に生まれ入ったことこそ……」　23
9 ジョン・F・ケネディ「私は自分が何者かよく知っているから……」　24
10 勝海舟（勝麟太郎）「行いは俺のもの、批判は他人のもの……」　26
11 藤田哲也「恥ずかしがらずに、言いたいことを……」　28
12 スティーヴィー・ワンダー「私にできるのは、私ができることに……」　30
13 手塚治虫「僕は描きたいんです。描くことなら……」　32
14 伊達政宗「わからぬ将来のことを心配しているより……」　34
15 シェイクスピア（ウィリアム・シェイクスピア）「他人もまた同じ悲しみに悩んでいる……」　36
16 フロイト（ジークムント・フロイト）「力は、あなたの弱さの中から生まれ……」　38
17 アルフレッド・アドラー「弱点は強みに変えられる」　40
18 デール・カーネギー「運命がレモンをくれたら、それで……」　42
19 永井荷風「ぼくは自分のやりたいことはドンドン……」　44
20 坂口安吾「人生はつくるものだ　必然の姿など……」　46
21 ハイデッガー（マルティン・ハイデッガー）「誰しもが代わりがきくようで……」　48
22 宮本武蔵「心は空なり」　50
23 ブルース・リー「Don’t think. Feel!」　52
コラム1 ジャパネットたかた、V・ファーレンの高田社長が教えてくれる挑戦したくなる言葉　54

Chapter 02
自分を見つめ直したくなったときのことば　55

24 「脱皮できない蛇は破滅する」 ニーチェ（フリードリヒ・ヴィルヘルム・ニーチェ）　56
25 「天は人の上に人をつくらず　人の下に……」 福澤諭吉　58
26 「努力する人は希望を語り、怠ける人……」 井上靖　60
27 「学ばない者は人のせいにする。学び……」 三浦知良　62
28 「自分の好みに合ったことだけを取り……」 小早川隆景　64
29 「人にほめられたいなら、自分のことを……」 パスカル（ブレーズ・パスカル）　66
30 「成功は、最低の教師だ」 ビル・ゲイツ　68
31 「失敗はたいしたことではない。だが……」 チャップリン（チャールズ・スペンサー・チャップリン）　70
32 「寛容さは勇気の現れです」 インディラ・プリヤダルシニー・ガンディー　72
33 「「ありがとう」を多く言うと……」 斎藤茂太　74
34 「学而不思則罔　思而不学則殆」 孔子　76
35 「天時不如地利　地利如不人和」 孟子　78
36 「明日ありと思うこころの仇桜　夜半……」 親鸞　80
37 「人は、無力だから群れるのではなく……」 竹中労　82
38 「プラトンは私の友、アリストテレスは……」 ニュートン（アイザック・ニュートン）　84
39 「この世で一番強い人間とは、孤独で……」 イプセン（ヘンリック・イプセン）　86
40 「故不登高山　不知天之高也」 荀子　88
41 「自由は山巓の空気に似ている。……」 芥川龍之介　90
42 「新しい世界を開拓し続けなければ……」 ウォルト・ディズニー　92
43 「他人の芸を見て、あいつは下手だな……」 古今亭志ん生　94
44 「勝人者有力　自勝者強」 老子　96
45 「相手のことを知るよりも、自分自身が……」 羽生善治　98
46 「進化するときというのは、形は……」 イチロー（鈴木一朗）　100
47 「初心忘るべからず」 世阿弥　102
48 「Stay hungry. Stay foolish.」 スティーブ・ジョブズ　104
コラム2 小説の中の登場人物が教えてくれる 自信がなくなったときに読みたくなることば　106

Chapter 03
くじけそうになったとき 背中を押してくれることば

Chapter 03 くじけそうになったとき 背中を押してくれることば 109

49 「I have a dream」 キング牧師（マーティン・ルーサー・キング・ジュニア） 110

50 「困難が大なれば大なるほど栄光は大なり」 キケロ（マルクス・トゥッリウス・キケロ） 112

51 「下足番を命じられたら、日本一の……」 小林一三 114

52 「最終的に自分の思い通りになるなら……」 マーガレット・サッチャー 116

53 「環境より学ぶ意志があればいい」 津田梅子 118

54 「図書館こそ、わたしの大学だ」 アンドリュー・カーネギー 120

55 「教わって覚えたものは浅いけれど、……」 早川徳次 122

56 「是非に及ばず」 織田信長 124

57 「高く飛ぶためには思いっきり低く……」 山中伸弥 126

58 「転んだら起きればいい！」 鬼塚喜八郎 128

59 「失敗すればやりなおせばいい」 松下幸之助 130

60 「失敗は別に恐れるべきものではない。……」 ヘンリー・フォード 132

61 「人生で何度も何度も失敗を重ねてきた。……」 マイケル・ジョーダン 134

62 「天才とは、1％のひらめきと99％の努力……」 エジソン（トーマス・エジソン） 136

63 「MOTTAINAI」 ワンガリー・マータイ 138

64 「government of the people, by the people, ……」 エイブラハム・リンカーン 140

65 「非暴力とは、悪を行う人間の意思に……」 マハトマ・ガンディー（モーハンダース・カラムチャンド・ガーンディー） 142

66 「勇気とは、窮しても品位を失わないことだ」 ヘミングウェイ（アーネスト・ヘミングウェイ） 144

67 「おもしろきこともなき世をおもしろく」 高杉晋作 146

68 「革命未だ成らず」 孫文 148

69 「それでも地球は動いている」 ガリレオ・ガリレイ 150

70 「戦いの帰趨を決するのは、多くの……」 ナポレオン（ナポレオン・ボナパルト） 152

71 「希望のあるところに命はある。希望は……」 アンネ・フランク 154

72 「あきらめないこと、どんな事態に直面……」 植村直己 156

73 「僕の前に道はない　僕の後ろに道は出来る」 高村光太郎 158

コラム3 漫画、アニメ、特撮のヒーロー&ヒロインたちが教えてくれる 元気や勇気がでることば 160

Chapter 04 チャレンジする人を応援することば 163

74 「Boys, be ambitious」 クラーク博士（ウィリアム・スミス・クラーク） 164
75 「為せば成る　為さねば成らぬ何事も……」 上杉鷹山 166
76 「できると思えばできる、できないと……」 ピカソ（パブロ・ピカソ） 168
77 「できないと思うことに挑戦しなければ……」 アナ・エレノア・ルーズベルト 170
78 「「そんなバカなことはできない」と……」 ラリー・ペイジ 172
79 「自分が持った夢に自分の人生は……」 孫正義 174
80 「今一度日本を洗濯いたし候」 坂本龍馬 176
81 「志を立てた以上、迷わず一本の太い……」 豊田佐吉 178
82 「まず好きなことをやってみましょう。……」 瀬戸内寂聴 180
83 「人生は一歩一歩順を追って前進する」 安田善次郎 182
84 「一日生きることは、一歩進むことで……」 湯川秀樹 184
85 「達成は積み重ねである」 ドラッカー（ピーター・ファーディナンド・ドラッカー） 186
86 「偉大な発見は、いきなり完全な姿で……」 キュリー夫人（マリア・スクウォドフスカ＝キュリー） 188
87 「勤勉と熟達があれば不可能な事は……」 サミュエル・ジョンソン 190
88 「僕は死ぬ迄進歩する積りで居る」 夏目漱石 192
89 「学問をするのに簡単な道などない。……」 マルクス（カール・ハインリヒ・マルクス） 194
90 「なんでも強く欲しいと思いさえすれば……」 ヘレン・ケラー（ヘレン・アダムス・ケラー） 196
91 「誰よりも三倍、四倍、五倍勉強する……」 野口英世 198
92 「学べば学ぶほど、自分が何も知らなかった……」 アインシュタイン（アルベルト・アインシュタイン） 200
93 「驚きこそ、求知のはじまりである」 プラトン 202
94 「知は力なり」 フランシス・ベーコン 204
95 「知って行わざるは知らざるに同じ」 貝原益軒 206
96 「知恵は絶対にコンピュータがつけて……」 野依良治 208
97 「学問は静から、才能は学から生まれる。……」 諸葛孔明 210
98 「すべて思い通りになしとげるのでなければ……」 ナイチンゲール（フローレンス・ナイチンゲール） 212
99 「わたしが造り出したものを全部知る……」 ココ・シャネル（ガブリエル・シャネル） 214
100 「人に勝つより、自分に勝て」 嘉納治五郎 216
コラム4 灘中学校・高等学校長 和田孫博先生の好きな言葉 灘の教育理念 218
コラム5 まだまだあるぞ 伝統校の教育理念 219

この本《ほん》の見方《みかた》

偉人《いじん》の言葉《ことば》を
マンガで説明《せつめい》
しています。

このページの偉人《いじん》が
残《のこ》した別《べつ》の言葉《ことば》です。

偉人《いじん》の生《お》い立《た》ちや、その言葉《ことば》を
残《のこ》したときの背景《はいけい》などを説明《せつめい》しています。

偉人《いじん》が残《のこ》した
「言葉《ことば》」です。

偉人《いじん》の名前《なまえ》です。
かっこ内《ない》（　　）に
書《か》いてあるのは、
フルネームです。

チャレンジする人を応援することば
ナイチンゲール
フローレンス・ナイチンゲール
“すべて思い通りになしとげるのでなければ、何もなさなかったのと同じである”
白衣の天使――。看護婦がそう呼ばれるようになったのは、ナイチンゲールがクリミア戦争で献身的な介護をして、世界に名前を知られてからのことである。
王貞治～プロ野球選手～
百回やっても、千回やっても絶対俺はちゃんとできる、という強い気持ちを持って臨んで初めてプロと言えるんです
“あきらめ”などという言葉は私の辞書にはない
看護婦として働くことを両親から許してもらえなかったため、ナイチンゲールは、まずは病院を知ることから始めた。
看護婦が働きやすい環境を作った
現在の病院では当たり前となっている「洗濯室」や患者が看護婦を呼ぶ「ナースコール」、食事を別の階に運ぶ「リフト」などはナイチンゲールが始めたと言われている。また、看護婦の給料アップや、患者の心のケア、看護学校の創設に力を尽くし、国際赤十字社の設立にも影響を与えた。ナイチンゲールは一人の献身的な看護婦というだけではなく、医療業界の変革者でもあったのだ。
夢が叶ったわ！
これからたくさんの人を救ってみせるわ！
患者さんのためにも看護婦のためにも
がんばってみんなを看護しなくちゃ！
あなたはクリミアの天使だ…
あの人はランプの貴婦人だ…
そうして彼女は看護学校を立ち上げた
すべて思い通りになしとげるのでなければ何もなさなかったのと同じである
213
212

このページの偉人《いじん》の
お話《はなし》で出《で》てきた
むずかしい言葉《ことば》を
説明《せつめい》しています。

このページの偉人《いじん》の
エピソードです。

このページで
紹介《しょうかい》した言葉《ことば》と、
同《おな》じような意味《いみ》の言葉《ことば》を
残《のこ》した人《ひと》と、その言葉《ことば》を
紹介《しょうかい》しています。

このページで紹介《しょうかい》する
偉人《いじん》のプロフィール。
生《う》まれた場所《ばしょ》や年代《ねんだい》、
職業《しょくぎょう》などを紹介《しょうかい》
しています。

＊名言の解釈・翻訳などについては、諸説ありますが、本誌独自の判断で掲載しています。
＊「ことば」の表記は、さまざまな広い意味でとらえるものを「ことば」、そのものの意味をとらえたものを「言葉」と表記しています。
＊「障害」の表記は、さまざまな考えがあり「障がい」と表記する場合もあります。この本では、言葉本来の意味である「あることをするのにさまたげとなるものや状況」ととらえ、「障害」と表記しています。
＊日本人の年齢は、数え年で表現しているものもあります。
＊書籍名の他に、エッセイ・論文・詩・演目名なども二重カギカッコ『』で表現しています。
＊東京帝国大学は現在の東京大学、京都帝国大学は現在の京都大学、東京美術学校は現在の東京藝術大学のことです。

STAFF
プロデューサー　松尾里央（ナイスク）http://naisg.com/
執筆協力　真山知幸
イラスト　真崎なこ・イケウチリリー・西井しづく・ワカナコ
デザイン　佐々木志帆（ナイスク）
企画・編集　高作真紀・鈴木英里子・江川洋平・小池那緒子（ナイスク）

Chapter 01

オンリーワンであることを応援《おうえん》してくれることば

あの子《こ》は頭《あたま》がいい。あの子《こ》は運動《うんどう》ができる。
じゃあ自分《じぶん》には何《なに》ができるんだろう？
考《かんが》えすぎて行《ゆ》きづまったとき、
そのままでいいと応援《おうえん》してくれる言葉《ことば》があります。

1

オンリーワンであることを
応援《おうえん》してくれることば

金子《かねこ》みすゞ《ず》

詩人《しじん》

1903～1930年《ねん》。山口《やまぐち》生《う》まれ。本名《ほんみょう》は金子《かねこ》テル。父親《ちちおや》を早《はや》く亡《な》くし、母親《ははおや》に育《そだ》てられる。20歳《はたち》の頃《ころ》から童謡《どうよう》を書《か》き始《はじ》める。本屋《ほんや》の店番《みせばん》をしながら、4つの雑誌《ざっし》に投稿《とうこう》。それらの作品《さくひん》が全《すべ》て掲載《けいさい》される鮮烈《せんれつ》なデビューを飾《かざ》った。

〃みんなちがって みんないい〃

金子《かねこ》みすゞ《ず》は『金《きん》の星《ほし》』『童話《どうわ》』などの雑誌《ざっし》で、童謡《どうよう》や詩《し》を多数発表《たすうはっぴょう》し、詩人《しじん》の西條八十《さいじょうやそ》に認《みと》められた。1980年代《ねんだい》に再発見《さいはっけん》されて以来《いらい》、今《いま》なお読《よ》み継《つ》がれる詩人《しじん》の一人《ひとり》である。

なんだか元気《げんき》が出《で》るこの言葉《ことば》は「わたしと小鳥《ことり》とすずと」の一節《いっせつ》だ。生《う》まれた環境《かんきょう》も違《ちが》えば、育《そだ》った環境《かんきょう》も違《ちが》う。得意《とくい》なことや苦手《にがて》なこと、考《かんが》えや好《この》みが人《ひと》それぞれなのは、当《あ》たり前《まえ》だ。他人《たにん》と違《ちが》うと、なんだか不安《ふあん》になることもあるけれど、その人《ひと》を形作《かたちづく》る「個性《こせい》」を大切《たいせつ》にして、自分《じぶん》らしく生《い》きていこう。

「すずと、小鳥《ことり》と、それからわたし、みんなちがって、みんないい」。孤独感《こどくかん》にさいなまれたとき、思《おも》い出《だ》してほしい言葉《ことば》である。

同《おな》じことを言《い》っているのは……

ブレーズ・パスカル ～物理学者《ぶつりがくしゃ》、哲学者《てつがくしゃ》～ ➡P.66

知性《ちせい》が増《ま》すにつれ、人《ひと》それぞれの個性《こせい》をより多《おお》く見《み》いだすようになる。凡人《ぼんじん》は人《ひと》それぞれの違《ちが》いがわからない

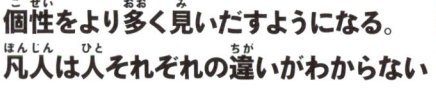

まめ知識《ちしき》

弟《おとうと》に遺《のこ》した手作《てづく》りの手帳《てちょう》

1930年《ねん》に26歳《さい》の若《わか》さでこの世《よ》を去《さ》った金子《かねこ》みすゞ《ず》は、死後《しご》、長《なが》きにわたって忘《わす》れ去《さ》られていた。1960年《ねん》代後半《だいこうはん》、児童文学家《じどうぶんがくか》の矢崎節夫《やざきせつお》は与《よ》田準一編《だじゅんいちへん》『日本童謡集《にほんどうようしゅう》』に収《おさ》められたみすゞ《ず》の「大漁《たいりょう》」を読《よ》んで感動《かんどう》し、16年《ねん》をかけて幻《まぼろし》として埋《う》もれていた彼女《かのじょ》の全作品《ぜんさくひん》を掘《ほ》り起《お》こした。みすゞ《ず》が弟《おとうと》に遺《のこ》した、手作《てづく》りの3冊《さつ》の手帳《てちょう》を発見《はっけん》したのだ。矢崎《やざき》がそれらを整理《せいり》して1984年《ねん》に出版《しゅっぱん》すると、みすゞ《ず》は一躍国民的詩人《いちやくこくみんてきしじん》となった。

ほかにもある

“わたしは ふしぎでたまらない”

みすゞ《ず》はあらゆるものを不思議《ふしぎ》と思《おも》う、子《こ》どものような感受性《かんじゅせい》を持《も》ち続《つづ》けた。自《し》然《ぜん》は不思議《ふしぎ》がいっぱいだ。だが大人《おとな》になるにつれて、考《かんが》えずに当然《とうぜん》のことと受《う》け入《い》れてしまいがちだ。詩《し》はこう続《つづ》く。「わたしはふしぎでたまらない、たれにきいてもわらってて、あたりまえだ、ということが」。「不思議《ふしぎ》だな」と感《かん》じる心《こころ》を大切《たいせつ》に。

オンリーワンであることを
応援《おうえん》してくれることば

2

岡本《おかもと》 太郎《たろう》

芸術家《げいじゅつか》

1911～1996年《ねん》。神奈川《かながわ》生《う》まれ。母《はは》は小説家《しょうせつか》の岡本《おかもと》かの子《こ》。東京美術《とうきょうびじゅつ》学校《がっこう》を退学《たいがく》し、パリ大学《だいがく》で美学《びがく》、文化人類学《ぶんかじんるいがく》を学《まな》ぶ。抽象芸術《ちゅうしょうげいじゅつ》グループに参加《さんか》。帰国《きこく》し、大阪万国博覧会《おおさかばんこくはくらんかい》にモニュメント「太陽《たいよう》の塔《とう》」を建設《けんせつ》した。『今日《こんにち》の芸術《げいじゅつ》』をはじめ著書多数《ちょしょたすう》。

〝他人《たにん》が笑《わら》おうが笑《わら》うまいが、自分《じぶん》の歌《うた》を歌《うた》えばいいんだよ〟

岡本太郎《おかもとたろう》は、大阪万国博覧会《おおさかばんこくはくらんかい》で世界的《せかいてき》な話題《わだい》となった「太陽《たいよう》の塔《とう》」をはじめ、絵画《かいが》、彫刻《ちょうこく》、陶芸《とうげい》、建築《けんちく》など多方面《たほうめん》でインパクトのある作品《さくひん》を残《のこ》した天才芸術家《てんさいげいじゅつか》である。

太郎《たろう》自身《じしん》のキャラクターにもかなりインパクトがあり、テレビや雑誌《ざっし》によく出演《しゅつえん》して「芸術《げいじゅつ》は爆発《ばくはつ》だ」のフレーズでお茶《ちゃ》の間《ま》でも注目《ちゅうもく》を集《あつ》めた。太郎《たろう》にとって爆発《ばくはつ》とは「全生命《ぜんせいめい》が瞬間《しゅんかん》に開《ひら》きること」を意味《いみ》していた。太郎《たろう》は、他人《たにん》の目《め》を気《き》にせずに、自分《じぶん》の信《しん》じる道《みち》を突《つ》き進《すす》んだ。

太郎《たろう》のこの言葉《ことば》から、思《おも》い出《だ》してほしい。誰《だれ》のための人生《じんせい》か。他人《たにん》の批判《ひはん》に惑《まど》わされず、自分《じぶん》の信念《しんねん》とやり方《かた》を貫《つらぬ》くことが大切《たいせつ》なのだ。自分《じぶん》だけの歌《うた》を歌《うた》おうじゃないか。そう、高《たか》らかに。

同《おな》じことを言《い》っているのは……

アルベルト・シュヴァイツァー ～神学者《しんがくしゃ》、医師《いし》～

認《みと》められるまでは嘲笑《ちょうしょう》される。これは、真理《しんり》の常《つね》である

フランス生《う》まれ。アフリカに渡《わた》って医療《いりょう》と伝道《でんどう》に奉仕《ほうし》した。ノーベル平和賞受賞《へいわしょうじゅしょう》。

ほかにもある

“人生《じんせい》、即《そく》、芸術《げいじゅつ》”

芸術《げいじゅつ》とは何《なん》だろうか。絵《え》を描《か》くこと。音楽《おんがく》を奏《かな》でること。文章《ぶんしょう》を書《か》くこと。どれも、間違《まちが》いではない。しかし、すべてをひっくるめて、自分《じぶん》の「人生《じんせい》」。それこそが、芸術《げいじゅつ》なのだと太郎《たろう》は考《かんが》えていた。常々《つねづね》「人生《じんせい》、即《そく》、芸術《げいじゅつ》」と言《い》っていた太郎《たろう》にとって、人生《じんせい》の目的《もくてき》は、生命《せいめい》を輝《かがや》かせ、芸術《げいじゅつ》へと転化《てんか》させることだった。

まめ知識《ちしき》

縄文土器《じょうもんどき》に衝撃《しょうげき》を受《う》ける

太郎《たろう》は、日本《にほん》の伝統的《でんとうてき》な芸術文化《げいじゅつぶんか》のイメージとはかけ離《はな》れている、縄文土器《じょうもんどき》の形《かたち》に衝撃《しょうげき》を受《う》けた。「その奇怪《きかい》さにドキッとしてしまう」と『日本《にほん》の伝統《でんとう》』に書《か》いている。日本的《にほんてき》「伝統《でんとう》」と呼《よ》ばれている弱々《よわよわ》しい雰囲気《ふんいき》の芸術《げいじゅつ》や、人《ひと》にどう思《おも》われるかばかり意識《いしき》している芸術《げいじゅつ》に嫌気《いやけ》がさしていた太郎《たろう》は、大胆《だいたん》で力強《ちからづよ》い縄文土器《じょうもんどき》を見《み》て力《ちから》が湧《わ》いた。目《め》に見《み》える世界《せかい》を超《こ》えたところから、ひらめいたような生命力《せいめいりょく》を感《かん》じたのだ。

3

オンリーワンであることを
応援《おうえん》してくれることば

マザー・テレサ
（アグネス・コンジャ・ボヤジュ）

修道女《しゅうどうじょ》

1910～1997年《ねん》。マケドニア生《う》まれ。インドの修道会《しゅうどうかい》の学校《がっこう》や病院《びょういん》で学《まな》び、聖《せい》マリア学院《がくいん》で教師《きょうし》をしていた。第二次世界大戦後《だいにじせかいたいせんご》、修道院《しゅうどういん》を出《で》てスラム街《がい》で貧《まず》しい家庭《かてい》の子《こ》どもたちに読《よ》み書《か》きを教《おし》えた。神《かみ》の愛《あい》の宣教者会《せんきょうしゃかい》を創立《そうりつ》。

〃愛《あい》されるために、自分《じぶん》と違《ちが》ったものになる必要《ひつよう》はないのですよ。ありのままで愛《あい》されるためにはただ心《こころ》を開《ひら》くだけでいいのです〃

カトリック教会《きょうかい》の「聖人《せいじん》」に認定《にんてい》された、マザー・テレサ。その奉仕活動《ほうしかつどう》は、今《いま》でもなお、人々《ひとびと》を感動《かんどう》させている。

テレサはカトリックの修道女《しゅうどうじょ》として、インドのカルカッタで教師生活《きょうしせいかつ》を送《おく》っていたが、36歳《さい》のときに貧《まず》しい人々《ひとびと》の中《なか》に入《はい》ることを決意《けつい》。修道会《しゅうどうかい》を出《で》て、貧民街《ひんみんがい》に学校《がっこう》や孤児施設《こじしせつ》を作《つく》った。また「死《し》を待《ま》つ人《ひと》の家《いえ》」を開設《かいせつ》し、路上《ろじょう》で死《し》にそうになっている人《ひと》を連《つ》れてきては、その手《て》を握《にぎ》りしめて最期《さいご》を看取《みと》った。奉仕活動《ほうしかつどう》が認《みと》められ、１９７９年《ねん》にノーベル平和賞《へいわしょう》を受賞《じゅしょう》した。

他人《たにん》から愛《あい》される人間《にんげん》になるには、どうすればいいのか。テレサは「ただ心《こころ》を開《ひら》くだけでいい」と考《かんが》えていた。ありのままでいることこそが、価値《かち》あることなのだ。

同《おな》じことを言《い》っているのは……

岡本《おかもと》　太郎《たろう》　～芸術家《げいじゅつか》～

➡P.12

僕《ぼく》はありのままの自分《じぶん》を貫《つらぬ》くしかないと覚悟《かくご》を決《き》めている

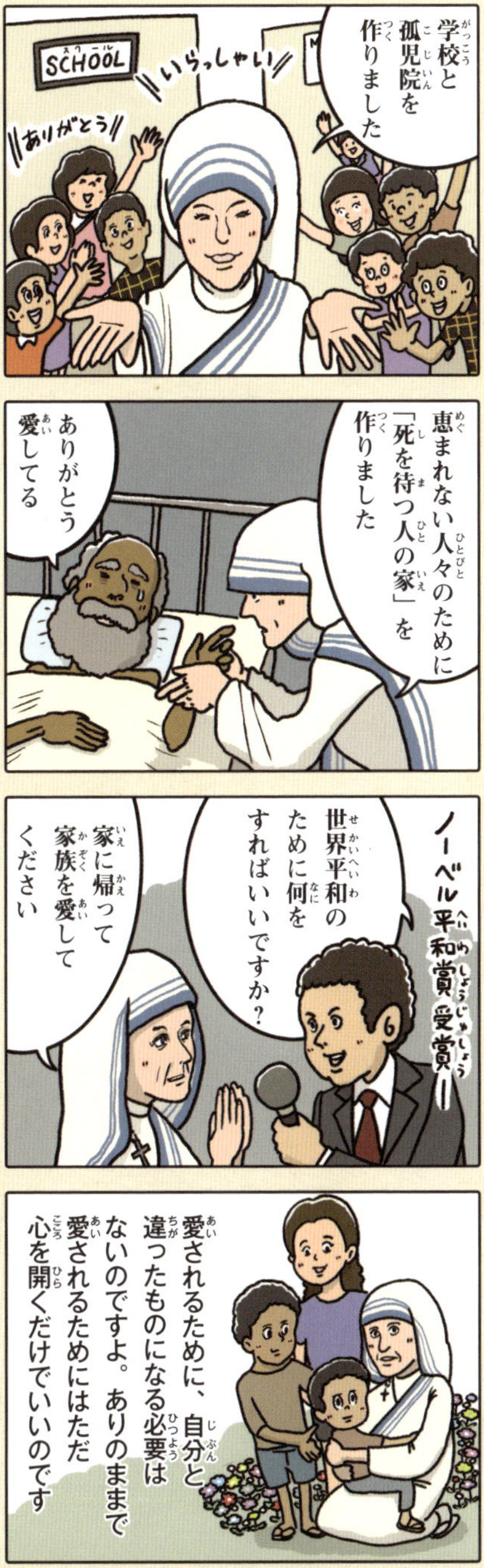
学校《がっこう》と孤児院《こじいん》を作《つく》りました
いらっしゃい
SCHOOL《スクール》
ありがとう
恵《めぐ》まれない人々《ひとびと》のために「死《し》を待《ま》つ人《ひと》の家《いえ》」を作《つく》りました
ありがとう愛《あい》してる
ノーベル平和《へいわ》賞《しょう》受賞《じゅしょう》!
世界平和《せかいへいわ》のために何《なに》をすればいいですか?
家《いえ》に帰《かえ》って家族《かぞく》を愛《あい》してください
愛《あい》されるために、自分《じぶん》と違《ちが》ったものになる必要《ひつよう》はないのですよ。ありのままで愛《あい》されるためにはただ心《こころ》を開《ひら》くだけでいいのです

ほかにもある

“わたしは困難《こんなん》なことを問題《もんだい》とは呼《よ》びません。むしろ、チャンスと呼《よ》びます”

ノーベル平和賞《へいわしょう》を受賞《じゅしょう》したテレサは、その賞金《しょうきん》19万《まん》2000ドルをすべてカルカッタの貧《まず》しい人々《ひとびと》のために使《つか》い、「私《わたし》のための晩《ばん》餐会《さんかい》は不要《ふよう》です。その費用《ひよう》はどうか貧《まず》しい人々《ひとびと》のためにお使《つか》い下《くだ》さい」と要望《ようぼう》している。そんなテレサは、困難《こんなん》が立《た》ちはだかるときこそが「チャンス」だと考《かんが》えていた。困難《こんなん》にぶつかったとき、それに対処《たいしょ》しようとする努力《どりょく》が成長《せいちょう》につながるのだ。

まめ知識《ちしき》

最初《さいしょ》はシスター・テレサだった

聖《せい》マリア学院《がくいん》で修道女《しゅうどうじょ》(シスター)として教師《きょうし》をしていた頃《ころ》は、彼女《かのじょ》は「シスター・テレサ」と呼《よ》ばれて慕《した》われていた。「テレサ」は修道名《しゅうどうめい》である。「神《かみ》の愛《あい》の宣教者会《せんきょうしゃかい》」を創立《そうりつ》すると、ローマ教皇《きょうこう》ピオ12世《せい》に新《あたら》しい修道会《しゅうどうかい》として認《みと》められ、それ以降《いこう》「マザー・テレサ」と呼《よ》ばれるようになった。「マザー」は修道女《しゅうどうじょ》のなかでも指導的《しどうてき》な地位《ちい》にある者《もの》に与《あた》えられる敬称《けいしょう》である。

4

オンリーワンであることを
応援《おうえん》してくれることば

新《に》渡《と》戸《べ》稲《いな》造《ぞう》

〃世《よ》の中《なか》には譲《ゆず》って差支《さしつか》えないことが多《おお》い〃

かつて五千円札《ごせんえんさつ》には国際的《こくさいてき》に活躍《かつやく》した新渡戸稲造《にとべいなぞう》の肖像画《しょうぞうが》が使《つか》われていた。新渡戸《にとべ》はアメリカ、ドイツへ留学《りゅうがく》して、農業経済学《のうぎょうけいざいがく》の博士号《はくしごう》を取得《しゅとく》し帰国《きこく》。札幌農学校《さっぽろのうがっこう》で教授《きょうじゅ》となるが、体調《たいちょう》を悪《わる》くして療養生活《りょうようせいかつ》に入《はい》った。そのときに英語《えいご》で書《か》いたのが、名著《めいちょ》『武士道《ぶしどう》』である。日本人《にほんじん》の精神《せいしん》を説明《せつめい》する『武士道《ぶしどう》』は、各国語《かっこくご》に訳《やく》されてベストセラーとなり、アメリカのルーズベルト大統領《だいとうりょう》にも読《よ》まれたという。

教育者《きょういくしゃ》の新渡戸《にとべ》は若《わか》い読者《どくしゃ》に向《む》けて『自警録《じけいろく》』を書《か》き、生《い》き方《かた》のコツを語《かた》った。その中《なか》にあるこの言葉《ことば》には、何《なん》だか肩《かた》の力《ちから》がすっと抜《ぬ》けるような思《おも》いがする。自分《じぶん》にとって大切《たいせつ》なものは何《なに》か。見《み》つめなおして、それ以外《いがい》はおおらかにいこう。

教育者《きょういくしゃ》

1862 ～ 1933 年《ねん》。岩手《いわて》生《う》まれ。札幌農学校《さっぽろのうがっこう》で学《まな》ぶ。さらに東京大学《とうきょうだいがく》に入学《にゅうがく》するが中退《ちゅうたい》してアメリカ、ドイツに留学《りゅうがく》。札《さっ》幌農学校教授《ぼろのうがっこうきょうじゅ》、東京帝《とうきょうてい》国大学教授《こくだいがくきょうじゅ》、東京女子《とうきょうじょし》大学初代学長《だいがくしょだいがくちょう》などを歴《れき》任《にん》した。また、国際連盟《こくさいれんめい》事務次長《じむじちょう》も務《つと》めた。

同《おな》じことを言《い》っているのは……

江戸川《えどがわ》 乱歩《らんぽ》 ～小説家《しょうせつか》～

もともと生《い》きるとは妥協《だきょう》することである

三重《みえ》生《う》まれ。怪奇《かいき》と推《すい》理《り》を扱《あつか》った小説《しょうせつ》を執《しっ》筆《ぴつ》。『二銭銅貨《にせんどうか》』『人間《にんげん》椅子《いす》』などがある。

ほかにもある

“学《まな》べども なお学《まな》べども学《まな》べども 学《まな》び足《た》りぬは 学《まな》びなりけり”

学《まな》んで、学《まな》んで、学《まな》んでも、なお、まだ学《まな》び足《た》りない。それこそが、学問《がくもん》だと、新《に》渡戸《とべ》は言《い》う。もし、勉強《べんきょう》して自分《じぶん》の学《まな》びがまだまだ足《た》りないと思《おも》ったならば、それは真摯《しんし》に学問《がくもん》をしている証《あかし》だろう。知《し》れば知《し》るほど、知《し》りたくなる。学《まな》びの醍醐味《だいごみ》を味《あじ》わいつくそう。

まめ知識《ちしき》

武士道《ぶしどう》を説《と》くキリスト教徒《きょうと》

新渡戸《にとべ》は武家《ぶけ》の家《いえ》に生《う》まれて武士道《ぶしどう》の教《おし》えを受《う》けて育《そだ》ったが、札幌農学校《さっぽろのうがっこう》でクラーク博士《はかせ》の思想《しそう》の影響《えいきょう》を受《う》けてキリスト教《きょう》に入信《にゅうしん》した。『武士道《ぶしどう》』は日本人《にほんじん》がどのように考《かんが》えているかを外国《がいこく》の人《ひと》たちに知《し》ってもらうために英語《えいご》で書《か》いたもの。一見日本《いっけんにほん》独自《どくじ》に見《み》える文化《ぶんか》も、キリスト教《きょう》や西洋文学《せいようぶんがく》に似《に》ているものがあるということを、例《れい》を挙《あ》げて説明《せつめい》していく。どちらも知《し》っている新渡戸《にとべ》だからこそ書《か》くことができた。

オンリーワンであることを
応援《おうえん》してくれることば

5

松《まつ》永《なが》安《やす》左《ざ》エ《え》門《もん》

実業家《じつぎょうか》

1875～1971年《ねん》。長崎《ながさき》生《う》まれ。慶應義塾大学《けいおうぎじゅくだいがく》中退《ちゅうたい》。石炭商福松商会《せきたんしょうふくまつしょうかい》を設立《せつりつ》し、さまざまな電《でん》気事業《きじぎょう》を立《た》ち上《あ》げて経《けい》営《えい》する。吸収合併《きゅうしゅうがっぺい》を繰《く》り返《かえ》して拡大《かくだい》させた。一《いち》時期《じき》は衆議院議員《しゅうぎいんぎいん》も務《つと》める。茶人《ちゃじん》でもあり、古《こ》美術収集家《びじゅつしゅうしゅうか》でもあった。95歳《さい》で永眠《えいみん》。

〝負《ま》けるが勝《か》ちということもあり、負《ま》けたところで別《べっ》に大《たい》したこともない〟

「電力《でんりょく》の鬼《おに》」と呼《よ》ばれた松永安左エ門《まつながやすざえもん》。戦《せん》後《ご》、74歳《さい》の松永《まつなが》は、GHQ《ジーエイチキュー》によって隠居生《いんきょせい》活《かつ》から引《ひ》っ張《ば》り出《だ》され、電力再編《でんりょくさいへん》に大《おお》きな役割《やくわり》を果《は》たした。

数々《かずかず》の異論《いろん》を封《ふう》じ込《こ》めて、北海道《ほっかいどう》、東北《とうほく》、北陸《ほくりく》、関東《かんとう》、中部《ちゅうぶ》、関西《かんさい》、中国《ちゅうごく》、四国《しこく》、九《きゅう》州《しゅう》の9電力会社《でんりょくがいしゃ》への事業再編《じぎょうさいへん》を成《な》し遂《と》げると、松永《まつなが》は電気料金《でんきりょうきん》を大幅《おおはば》に値上《ねあ》げすると宣言《せんげん》した。当然《とうぜん》、庶民《しょみん》からは大反発《だいはんぱつ》が起《お》きたが、松永《まつなが》はひるまなかった。この改革《かいかく》によって、戦後《せんご》の不安定《ふあんてい》な電力供給《でんりょくきょうきゅう》は急《きゅう》ピッチで推進《すいしん》された。

目的《もくてき》のためには対立《たいりつ》をいとわず、ケンカ上手《じょうず》だった松永《まつなが》の言葉《ことば》がこれだ。負《ま》けても命《いのち》をとられるわけではない。自分《じぶん》の思《おも》うように生《い》きれば、いつでも「勝《か》ち」だ。

同《おな》じことを言《い》っているのは……

ドナルド・トランプ ～アメリカ大統領《だいとうりょう》～

いったん負《ま》けることによって、勝《か》つための新《あら》たな戦術《せんじゅつ》が見《み》えてくることがある

アメリカ生《う》まれ。不動産《ふどうさん》王《おう》としてメディアに出《しゅつ》演《えん》。多《おお》くの人々《ひとびと》の予想《よそう》に反《はん》し大統領《だいとうりょう》に当選《とうせん》。

持《も》ち株《かぶ》が暴落《ぼうらく》した…
とぼとぼ
ゴオォォォォ…
!?
ワシの家《いえ》が-!!
こんなのどうってことない!
フン
負《ま》けるが勝《か》ちということもあり、負《ま》けたところで別《べつ》に大《たい》したこともない
電力《でんりょく》再編《さいへん》!
わ——い!!

ほかにもある

“意気地《いくじ》さえあれば失敗《しっぱい》などということは人生《じんせい》にないと思《おも》う。そして、失敗《しっぱい》によって人《ひと》は鍛《きた》えられるのだ”

松永《まつなが》は、慶應義塾大学《けいおうぎじゅくだいがく》で学《まな》んだ後《あと》、日《に》本銀行《ほんぎんこう》、丸三商会《まるさんしょうかい》を経《へ》て「福松商会《ふくまつしょうかい》」を起業《きぎょう》し、石炭工《せきたんこう》として活躍《かつやく》するが、持《も》ち株《かぶ》が暴落《ぼうらく》し一文無《いちもんな》しに。さらに火事《かじ》で自宅《じたく》が全焼《ぜんしょう》という憂《う》き目《め》に遭《あ》う。幾度《いくど》となく絶望《ぜつぼう》から這《は》い上《あ》がった松永《まつなが》ならではの言葉《ことば》。人《じん》生《せい》に失敗《しっぱい》などない。そして辛《つら》い経験《けいけん》を乗《の》り越《こ》えて、人《ひと》は強《つよ》くなれるのだ。

まめ知識《ちしき》

福澤諭吉《ふくざわゆきち》の散歩《さんぽ》の供《とも》

松永安左エ門《まつながやすざえもん》は福澤諭吉《ふくざわゆきち》の『学問《がくもん》のすゝ《す》め』を読《よ》んで感動《かんどう》し、慶應義塾大学《けいおうぎじゅくだいがく》に入学《にゅうがく》した。通《かよ》ううち、いつしか福澤諭吉《ふくざわゆきち》の朝《あさ》の散歩《さんぽ》に同行《どうこう》して話《はな》すようになり、諭吉《ゆきち》の婿養子《むこようし》、福澤桃介《ふくざわももすけ》と知《し》り合《あ》う。松永《まつなが》は学問《がくもん》に興味《きょうみ》がなくなるが、諭吉《ゆきち》に正直《しょうじき》に告《つ》げたところ、諭吉《ゆきち》は了承《りょうしょう》して社会《しゃかい》に出《で》ることをすすめた。退学後《たいがくご》は桃介《ももすけ》とともに石炭商福松商会《せきたんしょうふくまつしょうかい》を設立《せつりつ》し、実業家《じつぎょうか》への道《みち》を歩《あゆ》み始《はじ》めた。晩年《ばんねん》には『人間《にんげん》・福澤諭吉《ふくざわゆきち》』を執筆《しっぴつ》している。

オンリーワンであることを
応援《おうえん》してくれることば

6

松井秀喜《まついひでき》

″打《う》てないボールは、打《う》たなくていい″

日本《にほん》が誇《ほこ》る強打者《きょうだしゃ》、松井秀喜《まついひでき》。1993年《ねん》にドラフト1位《い》で巨人《きょじん》に入団《にゅうだん》すると、不動《ふどう》の四番《よばん》としてホームランを量産《りょうさん》し、首位《しゅい》打者《だしゃ》に1回《かい》、ホームラン王《おう》に3回《かい》、打点王《だてんおう》に3回《かい》、セ・リーグMVP《エムブイピー》には3回《かい》輝《かがや》いた。

2003年《ねん》、29歳《さい》で大《だい》リーグのニューヨーク・ヤンキースに移籍《いせき》。2009年《ねん》のワールドシリーズでは、第《だい》6戦《せん》で1試合《しあい》6打点《だてん》と大活躍《だいかつやく》し、ヤンキースを9年振《ねんぶ》りのワールドシリーズチャンピオンへと導《みちび》いた。このとき、日本人《にほんじん》として史上初《しじょうはじ》めてワールドシリーズMVP《エムブイピー》を獲得《かくとく》している。

松井《まつい》がバッティングの極意《ごくい》について語《かた》ったのが、この言葉《ことば》だ。まずは、今《いま》の自分《じぶん》ができることを確実《かくじつ》に。広《ひろ》げるのは、そのあとでもいい。

プロ野球選手《やきゅうせんしゅ》

1974年《ねん》〜。石川生《いしかわう》まれ。甲子園《こうしえん》に4回出場《かいしゅつじょう》した。読売《よみうり》ジャイアンツに入団《にゅうだん》、四番打者《よばんだしゃ》として活躍《かつやく》を続《つづ》けた。ニューヨーク・ヤンキースに移籍《いせき》し、さらに活躍《かつやく》。2012年《ねん》に現役《げんえき》を引退《いんたい》した。「ゴジラ」の愛称《あいしょう》で親《した》しまれている。

同《おな》じことを言《い》っているのは……

ビル・ゲイツ 〜実業家《じつぎょうか》、慈善活動家《じぜんかつどうか》〜 ➡P.68

わたしはいつも、ビジネスはほんの限《かぎ》られた範囲《はんい》の能力《のうりょく》を核《かく》にした集中的《しゅうちゅうてき》な展開《てんかい》がベストだと考《かんが》えてきた

プロの世界《せかい》では…
バッターアウト！
一流《いちりゅう》の打者《だしゃ》でも7割《わり》は失敗《しっぱい》する
HOMERUN《ホームラン》
GODZILLA《ガッズィーラ》
MATSUI《マツイ》
MVP《エムブイピー》～
3割《わり》の成功《せいこう》をつかみとる！
打《う》てないボールは、打《う》たなくていい
今《いま》できることを確実《かくじつ》に！
カキーーン
MATSUI
55

ほかにもある

“野球《やきゅう》というスポーツは、
3割《わり》を打《う》てば一流選手《いちりゅうせんしゅ》になります。
つまり、一流選手《いちりゅうせんしゅ》でも、残《のこ》りの7割《わり》は
凡打《ほんだ》しているわけです”

成功《せいこう》している人《ひと》を見《み》ると、うまくいっているところばかりに目《め》が行《い》きがちだ。しかし、野球選手《やきゅうせんしゅ》でも３割打《わりう》てれば一流《いちりゅう》とされている。つまり、「実《じつ》は７割《わり》は失敗《しっぱい》している」という点《てん》に松井《まつい》は着目《ちゃくもく》した。失敗《しっぱい》に終《お》わった打席《だせき》からどう学《まな》ぶのか。それができれば、３割《わり》の成功《せいこう》をつかみ、一流《いちりゅう》になることができる。

まめ知識《ちしき》

世界《せかい》で通用《つうよう》する「ゴジラ」

松井《まつい》は甲子園《こうしえん》に出《で》た際《さい》、女性記者《じょせいきしゃ》に「ゴジラ」と名付《なづ》けられた。「もっとかわいいニックネームはないんですか」と苦情《くじょう》を入《い》れたが「あら、ゴジラってかわいいじゃない」と一蹴《いっしゅう》された。映画《えいが》のゴジラは世界的《せかいてき》に知《し》られている怪獣《かいじゅう》なので、大《だい》リーグに行《い》ってもニックネームは「ゴジラ」のまま。アメリカ人《じん》に「ガッズィーラ」と応援《おうえん》されると嬉《うれ》しくて力《ちから》になったという。ちなみに映画《えいが》『ゴジラ×メカゴジラ』では本家《ほんけ》ゴジラと共演《きょうえん》した。

オンリーワンであることを
応援《おうえん》してくれることば

フジコ・ヘミング（ゲオルギー＝ヘミング・イングリッド・フジコ）

ピアニスト

1932年《ねん》〜。ドイツ生《う》まれ。ロシア系《けい》スウェーデン人《じん》の父《ちち》と日本人《にほんじん》の母《はは》の間《あいだ》に生《う》まれ、5歳《さい》で日本《にほん》に移住《いじゅう》。終戦後《しゅうせんご》、ドイツに留学《りゅうがく》するが聴力《ちょうりょく》を失《うしな》う。62歳《さい》で帰国《きこく》。その後《ご》NHK《エヌエイチケイ》で特集《とくしゅう》され話題《わだい》になる。現在《げんざい》、左耳《ひだりみみ》の聴力《ちょうりょく》は40%まで回復《かいふく》している。

“間違《まちが》えたっていいじゃない、機械《きかい》じゃないんだから”

母《はは》の指導《しどう》のもとピアノを始《はじ》めたフジコ・ヘミングは、「天才少女《てんさいしょうじょ》」と呼《よ》ばれていた。30歳《さい》でドイツ・ベルリン国立音楽学校《こくりつおんがくがっこう》に留学《りゅうがく》。「リストとショパンを弾《ひ》くために生《う》まれたピアニスト」とも称《しょう》された。

ヨーロッパ各地《かくち》で、演奏家《えんそうか》として名《な》を馳《は》せていったが、37歳《さい》のときに、聴力《ちょうりょく》を失《うしな》ってしまう。しかし、約《やく》30年《ねん》の時《とき》を経《へ》てフジコは「人生《じんせい》をもう一度《いちど》取《と》り戻《もど》したい」と再《ふたた》びピアニストとして出発《しゅっぱつ》した。

この言葉《ことば》にあるように、フジコ・ヘミングは、譜面《ふめん》どおり正確《せいかく》に弾《ひ》くことを重視《じゅうし》しなかった。自分独特《じぶんどくとく》のリズムで、伝《つた》えたいままに弾《ひ》く。伸《の》び伸《の》びやることで、人《ひと》は輝《かがや》けるのだ。

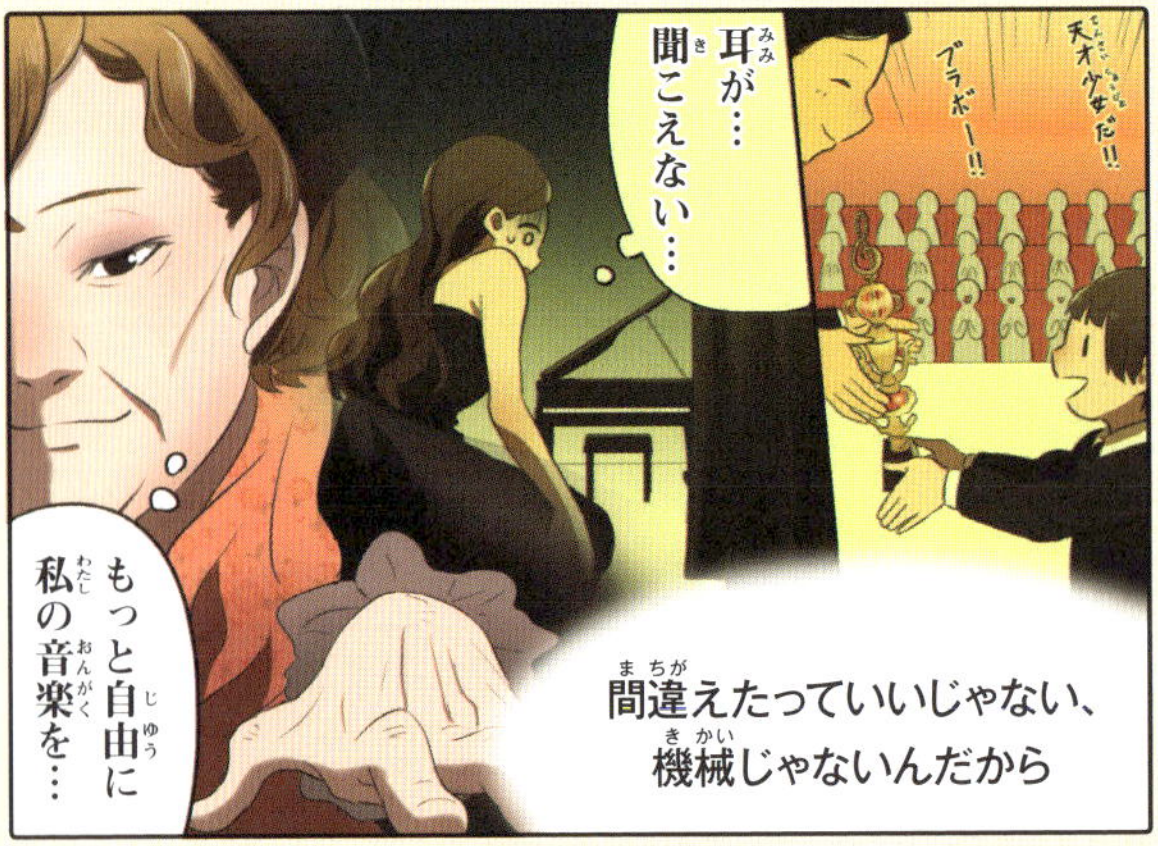
天才少女だ!!
ブラボー!!
耳《みみ》が…聞《き》こえない…
もっと自由《じゆう》に私《わたし》の音楽《おんがく》を…
間違《まちが》えたっていいじゃない、
機械《きかい》じゃないんだから

オンリーワンであることを
応援《おうえん》してくれることば

麿赤兒《まろあかじ》
（大森《おおもり》宏《ひろし》）

〝この世《よ》に生《う》まれ入《い》ったことこそ大《おお》いなる才能《さいのう》とす〟

麿赤兒《まろあかじ》は日本《にほん》の舞踏家《ぶとうか》。裸体《らたい》、剃髪《ていはつ》に金粉《きんぷん》、白塗《しろぬ》りで行《おこな》う独特《どくとく》の身体表現《しんたいひょうげん》で、「ＢＵＴＯＨ《ブトウ》」として海外《かいがい》からも高《たか》い評価《ひょうか》を受《う》けている。

麿赤兒《まろあかじ》は長野県白馬村《ながのけんはくばむら》で夏合宿《なつがっしゅく》を毎年《まいとし》行《おこな》っている。世界中《せかいじゅう》から集《あつ》まった若者《わかもの》たちは、布《ぬの》1枚《まい》の衣装《いしょう》で厳《きび》しい稽古《けいこ》を受《う》けているうちに、生《う》まれ変《か》わっていくという。舞踏《ぶとう》の深《ふか》みに触《ふ》れ、「生命《せいめい》」という大《おお》いなる自分《じぶん》の才能《さいのう》に気《き》づかされるのかもしれない。

そんな麿赤兒《まろあかじ》の放《はな》ったこの言葉《ことば》は、ただ生《い》きていることの尊《とうと》さを教《おし》えてくれる。四字熟語《よじじゅくご》にして「天賦典式《てんぷてんしき》」。落《お》ち込《こ》んだときのために、常《つね》に心《こころ》に抱《いだ》いておきたい言葉《ことば》だ。

舞踏家《ぶとうか》、俳優《はいゆう》

1943年《ねん》～。石川《いしかわ》生《う》まれ。早稲田大学中退《わせだだいがくちゅうたい》。唐十郎《からじゅうろう》の状況劇場《じょうきょうげきじょう》に俳優《はいゆう》として参加《さんか》し、唐《から》の「特権的肉体論《とっけんてきにくたいろん》」を体現《たいげん》した。退団後《たいだんご》、自《みずか》らの舞踏集団《ぶとうしゅうだん》「大駱駝艦《だいらくだかん》」を立《た》ち上《あ》げる。長男《ちょうなん》は映画監督《えいがかんとく》の大森立嗣《おおもりたつし》、次男《じなん》は俳優《はいゆう》の大森南朋《おおもりなお》。

9

オンリーワンであることを
応援《おうえん》してくれることば

ジョン・F《エフ》・ケネディ

アメリカ大統領《だいとうりょう》

1917～1963年《ねん》。アメリカ生《う》まれ。ハーバード大《だい》学卒業《がくそつぎょう》。「ニューフロンティア」をスローガンに第《だい》35代《だい》アメリカ大統領《だいとうりょう》に就任《しゅうにん》した。ソビエト連邦《れんぽう》との武力衝突《ぶりょくしょうとつ》を回避《かいひ》し、人種差別撤廃《じんしゅさべつてっぱい》に取《と》り組《く》み、宇宙開発《うちゅうかいはつ》を推進《すいしん》した。任期《にんき》2年目《ねんめ》でパレード中《ちゅう》に暗殺《あんさつ》された。

“私《わたし》は自分《じぶん》が何者《なにもの》か よく知《し》っているから、いちいち態度《たいど》や 様子《ようす》を変《か》えることに心《こころ》を使《つか》わなくていい”

ジョン・F《エフ》・ケネディは、最年少《さいねんしょう》の43歳《さい》でアメリカ合衆国大統領《がっしゅうこくだいとうりょう》に就任《しゅうにん》。大統領選挙《だいとうりょうせんきょ》では、米国史上初《べいこくしじょうはつ》のテレビ討論《とうろん》で、国民《こくみん》に好印象《こういんしょう》を与《あた》え、実績《じっせき》のあるニクソン副大統領《ふくだいとうりょう》を僅差《きんさ》でかわして勝利《しょうり》している。

新《あたら》しい世代《せだい》の象徴《しょうちょう》として、国民《こくみん》の期待《きたい》を一身《いっしん》に背負《せお》ったケネディ。選挙《せんきょ》に勝《か》った理由《りゆう》として語《かた》ったのが、この言葉《ことば》である。

相手《あいて》の立場《たちば》や態度《たいど》、状況《じょうきょう》などによって、つい、自分《じぶん》のふるまいを変《か》えてしまうことがあるが、それでは、周囲《しゅうい》によい印象《いんしょう》を与《あた》えないし、深《ふか》く信頼《しんらい》されることもないだろう。何《なに》よりも、自分《じぶん》が自分《じぶん》のことを嫌《いや》になってしまう。だからこそ、自分《じぶん》をよく理解《りかい》して、ぶれることのない堂々《どうどう》としたスタンスを持《も》とうと考《かんが》えていたのである。

同《おな》じことを言《い》っているのは……

相田《あいだ》みつを ～詩人《しじん》～

そのままでいいがな

栃木《とちぎ》生《う》まれ。自作《じさく》の詩《し》を独自《どくじ》の筆法《ひっぽう》で書《か》く。『にんげんだもの』はベストセラー。

こちらの席《せき》どうぞ！
あら 悪《わる》いわねぇ
こちらの席《せき》どうぞ！
ありがとう
こちらの席《せき》どうぞ！
私《わたし》は相手《あいて》が誰《だれ》であろうが態度《たいど》を変《か》えないのだ
ワン
ケネディ氏《し》僅差《きんさ》で勝利《しょうり》です！
ワー
選挙《せんきょ》に勝《か》った理由《りゆう》はなんですか？
私《わたし》は自分《じぶん》が何者《なにもの》かよく知《し》っているから、いちいち態度《たいど》や様子《ようす》を変《か》えることに心《こころ》を使《つか》わなくていい

ほかにもある

“われわれの問題《もんだい》は、人間《にんげん》が生《う》んだものである。それゆえ、人間《にんげん》はそれを解決《かいけつ》することができる”

大《おお》きな壁《かべ》が目《め》の前《まえ》に立《た》ちはだかると、「こんなことはできない」とあきらめてしまいそうになる。

だが、どんな問題《もんだい》にも共通点《きょうつうてん》があると、ケネディは言《い》う。それは「人間《にんげん》が生《う》み出《だ》した」という点《てん》だ。そうであれば、同《おな》じ人間《にんげん》が解決《かいけつ》できないはずはない。困難《こんなん》に立《た》ち向《む》かう勇気《ゆうき》をくれる言葉《ことば》。

まめ知識《ちしき》

ケネディと宇宙開発《うちゅうかいはつ》

1961年《ねん》、大統領《だいとうりょう》に就任《しゅうにん》したケネディは「1960年代《ねんだい》の終《お》わりまでに、月面《げつめん》に人間《にんげん》を着陸《ちゃくりく》させ、安全《あんぜん》に地球《ちきゅう》に戻《もど》すこと」を国家最優先計画《こっかさいゆうせんけいかく》とした。NASA《ナサ》は莫大《ばくだい》な予算《よさん》を使《つか》って宇宙計《うちゅうけい》画《かく》を推進《すいしん》するが、1963年《ねん》にケネディは任期半《にんきなか》ばで暗殺《あんさつ》されてしまう。しかし、続《つづ》くジョンソン大統領《だいとうりょう》、ニクソン大統領《だいとうりょう》も宇宙計画《うちゅうけいかく》を続行《ぞっこう》させた。1969年《ねん》、アポロ11号《ごう》が人類初《じんるいはつ》の月面《げつめん》着陸《ちゃくりく》に成功《せいこう》し、ケネディの目標《もくひょう》は達《たっ》成《せい》された。

10

オンリーワンであることを応援《おうえん》してくれることば

勝《かつ》海舟《かいしゅう》（勝《かつ》麟太郎《りんたろう》）

幕臣《ばくしん》、政治家《せいじか》

1823～1899年《ねん》。東京《とうきょう》生《う》まれ。ペリー来航《らいこう》の際《さい》、幕府《ばくふ》に意見書《いけんしょ》を提《てい》出《しゅつ》して、登用《とうよう》された。咸《かん》臨丸《りんまる》でアメリカに渡《わた》る。戊辰戦争《ぼしんせんそう》で劣勢《れっせい》となった幕府《ばくふ》の陸軍総裁《りくぐんそうさい》に任《にん》命《めい》されるが、新政府軍《しんせいふぐん》参謀《さんぼう》の西郷隆盛《さいごうたかもり》と話《はな》し合《あ》って、江戸城総攻撃《えどじょうそうこうげき》をやめさせた。

“行《おこな》いは俺《おれ》のもの、批判《ひはん》は他人《たにん》のもの 私《わたし》の知《し》れた事《こと》ではない”

動乱《どうらん》の幕末期《ばくまつき》。滅《ほろ》びゆく江戸《えど》幕府側《ばくふがわ》の人《にん》間《げん》として、東奔西走《とうほんせいそう》したのが、勝海舟《かつかいしゅう》である。勝《かつ》は、戊辰戦争《ぼしんせんそう》では幕府側《ばくふがわ》として、倒幕《とうばく》を目指《めざ》す西郷隆盛《さいごうたかもり》と話《はな》し合《あ》い、戦《たたか》うことなく、江戸城《えどじょう》を明《あ》け渡《わた》す「無血開城《むけつかいじょう》」にこぎつけたことで知《し》られている。幕臣《ばくしん》でありながら幕政批判《ばくせいひはん》を繰《く》り返《かえ》した勝海舟《かつかいしゅう》。開国《かいこく》を唱《とな》えたという点《てん》でも、アウトローであった。

もちろん、批判《ひはん》も少《すく》なくなかったが、勝《かつ》はこの言葉《ことば》にあるように、自分《じぶん》の行《おこな》いとそれに対《たい》する他人《たにん》の批判《ひはん》を切《き》り離《はな》して考《かんが》えていた。

なかなかここまで割《わ》り切《き》ることは難《むずか》しい。だが、自分《じぶん》がコントロールできないことは「悩《なや》まない」ということで、いくらか楽《らく》に人生《じんせい》が過《す》ごせそうだ。

同《おな》じことを言《い》っているのは……

ハインリッヒ・ハイネ ～詩人《しじん》～

人間《にんげん》が偉大《いだい》になればなるほど、罵倒《ばとう》の矢《や》に当《あ》たりやすくなる。凡人《ぼんじん》には罵倒《ばとう》の矢《や》さえなかなか当《あ》たらない

ドイツ生《う》まれ。フランスに亡命《ぼうめい》。詩《し》集《しゅう》『歌《うた》の本《ほん》』、評論《ひょうろん》『ロマン派《は》』など。

※ 大奸物《だいかんぶつ》……とても悪《わる》い人《ひと》、犯罪者《はんざいしゃ》。

ほかにもある

“大事業《だいじぎょう》を仕《し》遂《と》げるくらいの人《ひと》は、かえって世間《せけん》から悪《わる》くいわれるものさ。おれなども、一時《いっとき》は大悪人《だいあくにん》とか、※大奸物《だいかんぶつ》とかいわれたっけ”

批判《ひはん》を恐《おそ》れなかった勝海舟《かつかいしゅう》だが、むしろ、大《おお》きなことを成《な》し遂《と》げる人物《じんぶつ》は、批判《ひはん》されて当《あ》たり前《まえ》だと考《かんが》えていた。誰《だれ》からも反対《はんたい》されないようなことばかりやっていては、物事《ものごと》を変《か》えることは難《むずか》しい。ブレない信念《しんねん》を持《も》つことが大切《たいせつ》だ。

まめ知識《ちしき》

福澤諭吉《ふくざわゆきち》の批判《ひはん》をあっさりかわす

日米修好通商条約《にちべいしゅうこうつうしょうじょうやく》に際《さい》してアメリカへ渡《わた》った護衛艦《ごえいかん》、咸臨丸《かんりんまる》には勝海《かつかい》舟《しゅう》とともに福澤諭吉《ふくざわゆきち》も乗《の》っていた。このとき、勝《かつ》が船酔《ふなよ》いで何《なに》もできなかったことを福澤《ふくざわ》は自著《じちょ》に書《か》いている。また、福澤《ふくざわ》は『瘠我慢《やせがまん》の説《せつ》』で幕府軍《ばくふぐん》として新政府軍《しんせいふぐん》と戦《たたか》わなかった勝《かつ》を批判《ひはん》。勝《かつ》が返事《へんじ》の手紙《てがみ》に書《か》いたのが右《みぎ》ページの言葉《ことば》だった。原文《げんぶん》は「行《こう》蔵《ぞう》は我《われ》に存《そん》す、毀誉《きよ》は他人《たにん》の主張《しゅちょう》、我《われ》に与《あず》からず我《われ》に関《かん》せずと存《ぞん》じ候《そうろう》。」

11

オンリーワンであることを
応援《おうえん》してくれることば

藤《ふじ》田《た》 哲《てつ》也《や》

気象学者《きしょうがくしゃ》

1920～1998年《ねん》。福岡《ふくおか》生《う》まれ。気象学《きしょうがく》の名門《めいもん》であるシカゴ大学《だいがく》で教授《きょうじゅ》を務《つと》めた。航空事故《こうくうじこ》の原因《げんいん》であるダウンバーストの研究《けんきゅう》を行《おこな》い、事故《じこ》を激減《げきげん》させた。ダウンバーストは、長崎《ながさき》に落《お》とされた原子爆弾《げんしばくだん》の被害調《ひがいちょう》査《さ》を通《つう》じて発見《はっけん》された。

〝恥《は》ずかしがらずに、言《い》いたいことをいいなさい〟

竜巻《たつまき》の強《つよ》さを6段階《だんかい》で表《あらわ》す、「藤田《ふじた》スケール」（F《エフ》スケール）。それを定《さだ》めたのが、藤《ふじ》田哲也《たてつや》である。東京大学《とうきょうだいがく》で博士号《はくしごう》を取得後《しゅとくご》、渡米《とべい》。シカゴ大学気象学科《だいがくきしょうがっか》の研究員《けんきゅういん》となってから、航空機《こうくうき》の運航《うんこう》に影響《えいきょう》を与《あた》える気象《きしょう》現象《げんしょう》の「ダウンバースト」を発見《はっけん》し、発表《はっぴょう》した。だが、ほとんどの学者《がくしゃ》から激《はげ》しい批《ひ》判《はん》を浴《あ》びている。それでもあきらめずに、

自分《じぶん》の説《せつ》が正《ただ》しいことを立証《りっしょう》した藤田《ふじた》が、若者《わかもの》たちに向《む》けての講演会《こうえんかい》で語《かた》った言葉《ことば》がこれだ。「半分《はんぶん》は間違《まちが》っているかもしれないが、残《のこ》り半分《はんぶん》は正《ただ》しいかもしれない。もしあなたの主張《しゅちょう》の50％《パーセント》が正《ただ》しければ、価《か》値《ち》ある人生《じんせい》を送《おく》ったということです」と続《つづ》ける。自分《じぶん》の考《かんが》えをきちんと言葉《ことば》にすることに重《おも》きを置《お》いた、藤田《ふじた》からのメッセージだ。

同《おな》じことを言《い》っているのは……

瀬戸内《せとうち》 寂聴《じゃくちょう》 ～小説家《しょうせつか》、僧《そう》～

➡P.180

健康《けんこう》の秘訣《ひけつ》は、
言《い》いたいことがあったら
口《くち》に出《だ》して言《い》うことです

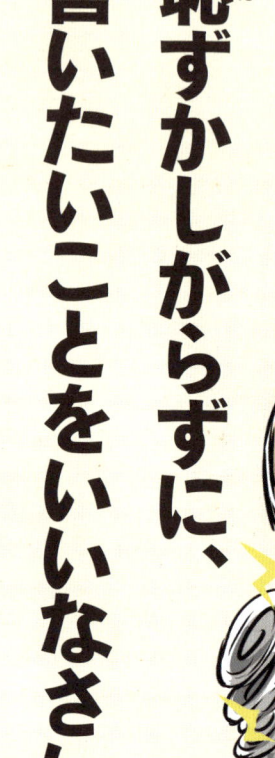

ほかにもある

“すべての嵐《あらし》が同《おな》じではないんです。人間《にんげん》と一緒《いっしょ》です”

膨大《ぼうだい》なデータを集積《しゅうせき》して台風《たいふう》を分析《ぶんせき》した藤田《ふじた》は「気象学《きしょうがく》のシャーロック・ホームズ」とも称《しょう》された。竜巻《たつまき》や嵐《あらし》に魅《み》せられた藤《ふじ》田《た》。その理由《りゆう》を語《かた》ったのが、この言葉《ことば》である。「調査《ちょうさ》に出《で》るたび違《ちが》うものに出会《であ》います。それが、私《わたくし》の原動力《げんどうりょく》なのです」と続《つづ》けた。知識《ちしき》や経験《けいけん》があるからこそ、変化《へんか》に気《き》づける。変化《へんか》に気《き》づけるから、楽《たの》しむことができる。

まめ知識《ちしき》

研究結果《けんきゅうけっか》を自費出版《じひしゅっぱん》

通常《つうじょう》、科学論文《かがくろんぶん》はほかの研究者《けんきゅうしゃ》によって時間《じかん》をかけて検証《けんしょう》されてから科学雑誌《かがくざっし》などに掲載《けいさい》される。藤田《ふじた》は自分《じぶん》のダウンバースト理論《りろん》に自信《じしん》があり、飛行機事故《ひこうきじこ》を減《へ》らすために公《こう》表《ひょう》は緊急《きんきゅう》を要《よう》すると考《かんが》えた。そのため研究結果《けんきゅうけっか》を科学雑誌《かがくざっし》に提出《ていしゅつ》せずに自費出版《じひしゅっぱん》する。理論《りろん》が斬新《ざんしん》だったことに加《くわ》え、手順《てじゅん》に従《したが》わなかったので同業《どうぎょう》の研究者《けんきゅうしゃ》は批判《ひはん》。だが、パイロットたちは実体験《じったいけん》から支持《しじ》した。後《のち》に研究者《けんきゅうしゃ》によっても検証《けんしょう》された。

12

オンリーワンであることを
応援《おうえん》してくれることば

スティーヴィー・ワンダー

歌手《かしゅ》

1950年《ねん》〜。アメリカ生《う》まれ。盲目《もうもく》のシンガーソングライター。世界《せかい》でもっとも権威《けんい》のある音楽《おんがく》賞《しょう》の一《ひと》つであるグラミー賞《しょう》などを受賞《じゅしょう》。黒人児《こくじんじ》童救済活動《どうきゅうさいかつどう》や人権活動《じんけんかつどう》にも音楽家《おんがくか》として貢献《こうけん》している。

“私《わたし》にできるのは、私《わたし》ができることについて、私《わたし》ができるベストを尽《つ》くすこと”

スティーヴィー・ワンダーは、数々《かずかず》の名曲《めいきょく》を生《う》み出《だ》した盲目《もうもく》のソウルシンガー。「Sir《サー》 Duke《デューク》」などは、日本《にほん》のCM《シーエム》でも流《なが》れているので、どこかで聞《き》いたことがあるはずだ。

ワンダーは生《う》まれてすぐ盲目《もうもく》となった。そのことがかえって、音《おと》への感性《かんせい》を研《と》ぎすまさせたのかもしれない。幼少期《ようしょうき》からピアノ、ハーモニカ、ドラムをマスターして、11歳《さい》でデビューを果《は》たしている。以来《いらい》、トップスターとして走《はし》り続《つづ》けたワンダー。その努力《どりょく》は並大抵《なみたいてい》のものではなかったが、この言葉《ことば》にあるように、本人《ほんにん》はただ目《め》の前《まえ》にあることにひたすら打《う》ち込《こ》んだに過《す》ぎなかった。今《いま》、置《お》かれている環境《かんきょう》でベストを尽《つ》くす。すると、自分《じぶん》でも気《き》づかないうちに、何歩《なんぼ》も先《さき》に進《すす》んでいるはずだ。

同《おな》じことを言《い》っているのは……

デール・カーネギー 〜教育者《きょういくしゃ》〜 ➡P.42

最善《さいぜん》を尽《つ》くそう。そのあとは古傘《ふるがさ》をかざして、非難《ひなん》の雨《あめ》が首筋《くびすじ》から背中《せなか》へ流《なが》れ落《お》ちるのを防《ふせ》げばよい

まめ知識《ちしき》

人権問題《じんけんもんだい》に取《と》り組《く》む

「私《わたし》を含《ふく》むほかの人達《ひとたち》に、能力《のうりょく》をフルに機能《きのう》させることができる機会《きかい》を与《あた》えたら、どれだけ素晴《すば》らしい世界《せかい》になるのか想像《そうぞう》してみてください」。国際障害者《こくさいしょうがいしゃ》デーの12月《がつ》３日《か》に、ワンダーが行《おこな》ったスピーチでの一節《いっせつ》。身《しん》体障害者達《たいしょうがいしゃたち》の人権問題《じんけんもんだい》をうったえたワンダーは、南《みなみ》アフリカでの※アパルトヘイト制度《せいど》の廃止《はいし》をうったえたほか、障害者《しょうがいしゃ》や小児糖尿病患者《しょうにとうにょうびょうかんじゃ》の支援《しえん》なども行《おこな》っている。国連平和大使《こくれんへいわたいし》に任命《にんめい》された経験《けいけん》も持《も》つ。

※アパルトヘイト……白人以外《はくじんいがい》の人種《じんしゅ》を差別《さべつ》する政策《せいさく》。

ほかにもある

“目《め》が見《み》えないからといって思《おも》い描《えが》くことができないわけじゃない”

私達《わたしたち》はつい自分《じぶん》の限界《げんかい》を勝手《かって》に決《き》めてしまう。しかしワンダーは違《ちが》う。この言葉《ことば》にあるように、自分《じぶん》の能力《のうりょく》に限界《げんかい》を作《つく》らなかった。11歳《さい》でレコード会社《がいしゃ》と契約《けいやく》を果《は》たし、10年《ねん》間《かん》にわたってヒットを連発《れんぱつ》。そこから一度《いちど》は不調《ふちょう》におちいるものの、革新的《かくしんてき》なアルバム『キー・オブ・ライフ』で完全復活《かんぜんふっかつ》を果《は》たす。自分《じぶん》をもっと信《しん》じたいときの言葉《ことば》。

13

オンリーワンであることを
応援《おうえん》してくれることば

手塚《てづか》治虫《おさむ》

漫画家《まんがか》

1928～1989年《ねん》。大阪《おおさか》生《う》まれ。本名《ほんみょう》、手塚治《てつかおさむ》。大阪大学医学部卒業《おおさかだいがくいがくぶそつぎょう》。医学博士《いがくはくし》。『マアチャンの日記帳《にっきちょう》』でデビューし、『ジャングル大帝《たいてい》』『リボンの騎士《きし》』などの大作《たいさく》を発表《はっぴょう》した。手塚《てづか》プロダクションを主宰《しゅさい》し、自分《じぶん》の漫画《まんが》『鉄腕《てつわん》アトム』をテレビアニメ化《か》した。

〃僕《ぼく》は描《か》きたいんです。描《か》くことならいくらでもある〃

「漫画《まんが》の神様《かみさま》」手塚治虫《てづかおさむ》は、日本特有《にほんとくゆう》のストーリー漫画《まんが》の起源《きげん》を作《つく》り出《だ》した。『鉄腕《てつわん》アトム』『ブラック・ジャック』『火《ひ》の鳥《とり》』など数《かぞ》え切《き》れないほどの傑作《けっさく》は、時代《じだい》を超《こ》えて読《よ》み継《つ》がれている。日本《にほん》で初《はじ》めて連続《れんぞく》テレビアニメを実現《じつげん》させたのも手塚《てづか》だった。

漫画家《まんがか》という職業《しょくぎょう》で生活《せいかつ》ができるとは考《かんが》えず、医師免許《いしめんきょ》もとって医師《いし》を目指《めざ》した手《て》塚《づか》だが、結局《けっきょく》は漫画家《まんがか》の道《みち》を選《えら》んだ。

この言葉《ことば》は晩年《ばんねん》、子《こ》ども向《む》けの漫画《まんが》の連《れん》載依頼《さいいらい》がきたときのものだ。すでに多忙《たぼう》でありながら、体調不良《たいちょうふりょう》だったにもかかわらず、引《ひ》き受《う》けようとした手塚《てづか》。「子《こ》どもは未来《みらい》を見《み》ているから、子《こ》どものための漫画《まんが》を描《えが》かなきゃいけない」と続《つづ》けている。「やりたい」気持《きも》ちが原動力《げんどうりょく》となった。

同《おな》じことを言《い》っているのは……

葛飾《かつしか》 北斎《ほくさい》 ～画家《がか》～

天《てん》が私《わたし》にあと十年《じゅうねん》の時《とき》を、
いや五年《ごねん》の命《いのち》を与《あた》えてくれるなら、
本当《ほんとう》の絵描《えか》きになってみせるものを

東京《とうきょう》生まれ。江戸時代《えどじだい》末期《まっき》の浮世絵師《うきよえし》。海外《かいがい》にも影響《えいきょう》を与《あた》えた。『富《ふ》嶽三十六景《がくさんじゅうろっけい》』など。

漫画《まんが》では食《た》べていけないだろう
医者《いしゃ》になろう！
でも…結局漫画《けっきょくまんが》家《か》になってしまった
一番《いちばん》おすすめの作品《さくひん》はなんですか？
次《つぎ》の作品《さくひん》を見《み》てください
僕《ぼく》は描《か》きたいんです。描《か》くことならいくらでもある

ほかにもある

“となりの部屋《へや》へ行《い》くんだ。仕事《しごと》をする。仕事《しごと》をさせてくれ”

睡眠時間《すいみんじかん》の長《なが》さよりもリズムを重視《じゅうし》した手塚《てづか》は、眠《ねむ》っても２～３時間程度《じかんていど》で、そのわずかな睡眠《すいみん》さえとらない日《ひ》も多《おお》かった。胃癌《いがん》により享年《きょうねん》60歳《さい》で他界《たかい》。最期《さいご》となったこの言葉《ことば》は懇願《こんがん》に満《み》ちていた。死《し》の直前《ちょくぜん》まで命《いのち》を削《けず》り、手塚《てづか》は漫画《まんが》を描《か》き続《つづ》けた。生《い》きている時間《じかん》の価値《かち》をいかに高《たか》めるか。それは、自分次第《じぶんしだい》なのだ。

まめ知識《ちしき》

子《こ》どもは未来人《みらいじん》

手塚《てづか》は子《こ》どものことを「未来人《みらいじん》」と呼《よ》び、未来《みらい》を担《にな》う子《こ》どものために漫画《まんが》を描《か》くことを使命《しめい》と考《かんが》えていた。だから、体調《たいちょう》の悪《わる》い晩年《ばんねん》でも子《こ》ども向《む》け漫画《まんが》の連載依頼《れんさいいらい》がきたら、引《ひ》き受《う》けようとしたのだった。また、手《て》塚《づか》は一番《いちばん》のおすすめの作品《さくひん》を聞《き》かれると「次《つぎ》の作品《さくひん》を見《み》てください」と答《こた》えていた。そんな手塚《てづか》もまた「未《み》来人《らいじん》」なのだと手塚《てづか》プロダクション社長《しゃちょう》 松谷孝征《まつたにたかゆき》は『手塚治虫《てづかおさむ》　壁《かべ》を超《こ》える言葉《ことば》』に書《か》いている。

14

オンリーワンであることを
応援《おうえん》してくれることば

伊達《だて》 政宗《まさむね》

“わからぬ将来《しょうらい》のことを心配《しんぱい》しているより、まず目前《もくぜん》のことをする”

戦国時代《せんごくじだい》の末期《まっき》に登場《とうじょう》した戦国武将《せんごくぶしょう》、伊達政宗《だてまさむね》。幼少期《ようしょうき》、天然痘《てんねんとう》にかかり、右目《みぎめ》を失明《しつめい》したため、右目《みぎめ》を眼帯《がんたい》で覆《おお》うようになった。そのことから「独眼竜政宗《どくがんりゅうまさむね》」とも呼《よ》ばれるが、後世《こうせい》の人々《ひとびと》からはこんなふうにも呼《よ》ばれている。「戦国一《せんごくいち》の世渡《よわた》り上手《じょうず》」――と。

政宗《まさむね》は、豊臣秀吉《とよとみひでよし》、徳川家康《とくがわいえやす》ばかりか、2代将軍《だいしょうぐん》の徳川秀忠《とくがわひでただ》、3代将軍《だいしょうぐん》の徳川家光《とくがわいえみつ》にも気《き》に入《い》られるなど、武力《ぶりょく》よりも人間力《にんげんりょく》で、戦国時代《せんごくじだい》から江戸時代《えどじだい》にかけての激動《げきどう》の情勢《じょうせい》を乗《の》り切《き》った。

そんな政宗《まさむね》は、遠《とお》い将来《しょうらい》のことよりも、まずは目《め》の前《まえ》でのことを重視《じゅうし》していた。今《いま》、何《なに》をするべきなのか、もう一度《いちど》、考《かんが》えてみよう。

武将《ぶしょう》

1567～1636年《ねん》。山形生《やまがたう》まれ。幼《おさな》い頃《ころ》に右目《みぎめ》を失明《しつめい》し、後《のち》に「独眼竜《どくがんりゅう》」と呼《よ》ばれる。領土拡大《りょうどかくだい》を始《はじ》めるが、豊臣秀吉《とよとみひでよし》に服従《ふくじゅう》した。関ヶ原《せきがはら》の戦《たたか》いでは徳川家康《とくがわいえやす》の軍《ぐん》に加《くわ》わり、仙台藩主《せんだいはんしゅ》となる。土木工事《どぼくこうじ》、米《こめ》の流通《りゅうつう》の仕組《しく》み作《づく》り、寺社仏閣《じしゃぶっかく》の造営《ぞうえい》などをして藩《はん》の経営《けいえい》に尽力《じんりょく》した。

同《おな》じことを言《い》っているのは……

太宰《だざい》 治《おさむ》 ～小説家《しょうせつか》～

一日一日《いちにちいちにち》を、たっぷりと生《い》きていくより他《ほか》はない。明日《あす》のことを思《おも》い煩《わずら》うな

青森生《あおもりう》まれ。自虐的《じぎゃくてき》で絶妙《ぜつみょう》な語《かた》り口《くち》。『人間失格《にんげんしっかく》』『斜陽《しゃよう》』『走《はし》れメロス』などがある。

ほかにもある

“曇《くも》りなき心《こころ》の月《つき》を さき立《だ》てて 浮世《うきよ》の闇《やみ》を照《て》らしてぞ行《い》く”

戦国武将《せんごくぶしょう》としては長寿《ちょうじゅ》の70歳《さい》で病死《びょうし》した政宗《まさむね》が最期《さいご》に詠《よ》んだ句《く》。「先《さき》の見《み》えない闇《やみ》のような戦国《せんごく》の時代《じだい》を、一点《いってん》の曇《くも》りもない月《つき》のような信念《しんねん》の光《ひかり》で照《て》らして歩《あゆ》んできた」という意味《いみ》。一生《いっしょう》を振《ふ》り返《かえ》って、自分《じぶん》の信念《しんねん》と行動《こうどう》は正《ただ》しかったという自負《じふ》が表《あらわ》れている。どんな環境《かんきょう》でも曇《くも》りのない心《こころ》で生《い》きれば、悔《く》いのない人生《じんせい》を送《おく》れるはずだ。

まめ知識《ちしき》

元祖《がんそ》 伊達男《だておとこ》

政宗《まさむね》は和歌《わか》、能《のう》、茶道《さどう》、書道《しょどう》などの文化芸術《ぶんかげいじゅつ》に優《すぐ》れ、衣装《いしょう》にもこだわり、派手《はで》な行動《こうどう》をして人々《ひとびと》を驚《おどろ》かせた。豊臣秀吉《とよとみひでよし》の小田原《おだわら》攻《ぜ》めに遅《おく》れて参上《さんじょう》したときは、死《し》を覚悟《かくご》する白装束《しろしょうぞく》で謁見《えっけん》、咎《とが》めを免《まぬが》れた。また、文禄《ぶんろく》の役《えき》の際《さい》は、豪華《ごうか》な衣装《いしょう》をまとわせた兵士《へいし》たちを率《ひき》いて行軍《こうぐん》した。

このような伊達政宗《だてまさむね》の性格《せいかく》や行動《こうどう》から、「人目《ひとめ》をひく粋《いき》な人《ひと》」という意味《いみ》の「伊達者《だてもの》」「伊達男《だておとこ》」という言葉《ことば》が生《う》まれた。

シェイクスピア
（ウィリアム・シェイクスピア）

劇作家《げきさっか》

1564～1616年《ねん》。イギリス生《う》まれ。高等教育《こうとうきょういく》は受《う》けず、俳優《はいゆう》、作家《さっか》として劇《げき》に関《かか》わった。ロンドンに常設《じょうせつ》の劇場《げきじょう》グローブ座《ざ》を建《た》てて株主《かぶぬし》となり、脚本《きゃくほん》を書《か》き続《つづ》けた。現在《げんざい》に至《いた》るまで上演《じょうえん》、翻案《ほんあん》され続《つづ》け、その台詞《せりふ》は慣用句《かんようく》にもなっている。

〝他人《たにん》もまた同《おな》じ悲《かな》しみに悩《なや》んでいると思《おも》えば、心《こころ》の傷《きず》はいやされなくても気《き》はらくになる〟

ウィリアム・シェイクスピアは、ルネサンス演劇《えんげき》を牽引《けんいん》した、イギリスの天才劇作家《てんさいげきさっか》。『ロミオとジュリエット』『ヴェニスの商人《しょうにん》』『夏《なつ》の夜《よ》の夢《ゆめ》』など多《おお》くの傑作《けっさく》があり、特《とく》に『ハムレット』『マクベス』『オセロー』『リア王《おう》』は「四大悲劇《よんだいひげき》」として高《たか》く評価《ひょうか》されている。また、『ロミオとジュリエット』はミュージカル『ウエストサイド物語《ものがたり》』の、『マクベス』は映画《えいが》『蜘蛛巣城《くものすじょう》』の元《もと》ネタになるなど、翻案《ほんあん》も多《おお》い。

シェイクスピアのこの言葉《ことば》は、想像力《そうぞうりょく》の大切《たいせつ》さを教《おし》えてくれる。自分《じぶん》が今《いま》、羨《うらや》ましいと心底感《しんそこかん》じているような人《ひと》でも、やはり悩《なや》みがあり、苦《くる》しみがある。悩《なや》んでいるのは、君《きみ》だけじゃない。それに気《き》づけば、少《すこ》しは肩《かた》が軽《かる》くなる。

同《おな》じことを言《い》っているのは……

マルクス・トゥッリウス・キケロ ～政治家《せいじか》、文筆家《ぶんぴつか》、哲学者《てつがくしゃ》～ ➡P.112

**どんな悲《かな》しみでも、
時間《じかん》が軽減《けいげん》し、
やわらげてくれないようなものはない**

僕《ぼく》はこれらの作品《さくひん》を書《か》きました
ヴェニスの商人
ジュリアス シーザー
ロミオと ジュリエット
現実《げんじつ》でも悲劇《ひげき》はある
オセロー
こんなこともあるよね
他人《たにん》もまた同《おな》じ悲《かな》しみに悩《なや》んでいると思《おも》えば、心《こころ》の傷《きず》はいやされなくても気《き》はらくになる
またがんばればいいか！

ほかにもある

“泣《な》くがいい、悲《かな》しみを口《くち》に出《だ》さずにいると、いつかいっぱいにあふれて胸《むね》が張《は》り裂《さ》けてしまうぞ”

四大悲劇《よんだいひげき》のなかでも最高傑作《さいこうけっさく》と称《しょう》される『マクベス』での一節《いっせつ》。

泣《な》きたいときは、思《おも》いっきり泣《な》いてもいい。そうすれば、案外《あんがい》すっきりするもの。我慢《がまん》すれば、飲《の》み込《こ》んだ悲《かな》しみで、胸《むね》がいっぱいになってしまう。そんな苦《くる》しいときに思《おも》い出《だ》したい言葉《ことば》。知《し》らず知《し》らずのうちに、自分《じぶん》を追《お》い詰《つ》めてしまわぬように。

まめ知識《ちしき》

ほとんどの作品《さくひん》には元《もと》ネタがある

シェイクスピアはさまざまな物語《ものがたり》を書《か》いたが、そのほとんどには元《もと》ネタとなる作品《さくひん》があった。当時《とうじ》は著作権《ちょさくけん》という考《かんが》え方《かた》はなく、シェイクスピアはすでにあるいくつかの物語《ものがたり》から、あらすじやキャラクターを借《か》りてきて、うまく組《く》み替《か》えて傑作《けっさく》に仕上《しあ》げていった。もし似《に》たお話《はなし》を作《つく》ることが禁止《きんし》されていたら、元《もと》ネタの作品《さくひん》は忘《わす》れられ、シェイクスピアの傑作《けっさく》たちは生《う》まれなかったかもしれない。

16

フロイト（ジークムント・フロイト）

〝力《ちから》は、あなたの弱《よわ》さの中《なか》から生《う》まれるのです〟

精神科医《せいしんかい》

1856～1939年《ねん》。チェコ生《う》まれ。ウィーン大学医《だいがくい》学部《がくぶ》を卒業《そつぎょう》。開業医《かいぎょうい》になり、神経症《しんけいしょう》の治療技《ちりょうぎ》術《じゅつ》としての精神分析《せいしんぶんせき》を確《かく》立《りっ》した。また、夢《ゆめ》や無意《むい》識《しき》のはたらきを分析《ぶんせき》して理論化《りろんか》し、議論《ぎろん》を呼《よ》んだ。フロイトの思想《しそう》は後《のち》の哲学《てつがく》、文学《ぶんがく》、批評《ひひょう》に深《ふか》い影響《えいきょう》を与《あた》えた。

心《こころ》の問題《もんだい》を科学的《かがくてき》に取《と》り扱《あつか》う「精神分析《せいしんぶんせき》学《がく》」を創始《そうし》したジークムント・フロイト。開業《かいぎょう》してヒステリーなどの神経疾患《しんけいしっかん》の患者《かんじゃ》と向《む》き合《あ》い、治療《ちりょう》を行《おこな》った。症状《しょうじょう》や行動《こうどう》の背後《はいご》には、心《こころ》の奥底《おくそこ》では思《おも》っているのに本《ほん》人《にん》は気《き》づいていない「無意識《むいしき》」があると考《かんが》え、無意識《むいしき》の願望《がんぼう》を自覚《じかく》させることで治《なお》そうとした。夢《ゆめ》の意味《いみ》を解釈《かいしゃく》する「夢分析《ゆめぶんせき》」や、思《おも》いついたことを自由《じゆう》に語《かた》らせる「自由連《じゆうれん》想法《そうほう》」などの方法《ほうほう》を考案《こうあん》した。

自分《じぶん》の弱《よわ》さとどのように折《お》り合《あ》いをつけるか――。生《い》きていくうえで誰《だれ》もが直面《ちょくめん》する苦悩《くのう》だが、人間《にんげん》の複雑《ふくざつ》な心理《しんり》を研究《けんきゅう》し尽《つ》くしたフロイトの言葉《ことば》は実《じつ》に心強《こころづよ》い。弱《よわ》いからこそ工夫《くふう》や努力《どりょく》が必要《ひつよう》だと思《おも》って、努力《どりょく》を続《つづ》けようというメッセージなのだ。

同《おな》じことを言《い》っているのは……

ラ・ロシュフコー ～著述家《ちょじゅつか》～

社交《しゃこう》においては、われわれの優《すぐ》れた特性《とくせい》によってよりも、欠点《けってん》によって気《き》に入《い》られることのほうが、かえって多《おお》い

フランス生《う》まれ。『箴言集《しんげんしゅう》』を書《か》き、辛辣《しんらつ》で鋭《するど》い言葉《ことば》で人間性《にんげんせい》を表現《ひょうげん》した。

向《む》き合《あ》うことで強《つよ》くなれます
ガタ
ガタ
力《ちから》はあなたの弱《よわ》さの中《なか》から生《う》まれるのです
気《き》持《も》ちを抑《おさ》えつけず、正直《しょうじき》に
ニャー
自由連想法《じゆうれんそうほう》
うーん
うーん
ワン！！
ケケケ…
夢分析《ゆめぶんせき》

まめ知識《ちしき》

弟子《でし》の夢《ゆめ》を分析《ぶんせき》して失神《しっしん》

フロイトにとってカール・ユングは弟子《でし》かつ息子《むすこ》のような存在《そんざい》だったが、理論《りろん》に違《ちが》いが出《で》てきていた。あるときフロイトはユングの夢《ゆめ》を分析《ぶんせき》して、彼《かれ》が自分《じぶん》の死《し》を願《ねが》っていると解釈《かいしゃく》し、失神《しっしん》してしまう。ユングは否定《ひてい》したが疑念《ぎねん》は残《のこ》り、その後二人《ごふたり》で参加《さんか》した精神分析学会《せいしんぶんせきがっかい》でフロイトは確信《かくしん》し、気《き》を失《うしな》って椅子《いす》から崩《くず》れ落《お》ちた。以《い》来二人《らいふたり》は決別《けつべつ》したが、ユングはナチスによるユダヤ人迫害《じんはくがい》の際《さい》、ユダヤ人《じん》であるフロイトを助《たす》けに行《い》った。

ほかにもある

“自分《じぶん》にひたすら正直《しょうじき》でいることは、よい修練《しゅうれん》になる”

自分《じぶん》を大《おお》きく見《み》せたいと見栄《みえ》を張《は》っても、空《むな》しいだけ。なぜならば、自分《じぶん》は自分《じぶん》のことをよく知《し》っているからだ。自分《じぶん》に正《しょう》直《じき》であることは修練《しゅうれん》だと、フロイトは言《い》う。それだけ難《むずか》しいことだし、そうすることで、自分《じぶん》が磨《みが》かれるということだ。自慢《じまん》する人《ひと》ほど、不安《ふあん》を抱《かか》えているもの。本当《ほんとう》に自信《じしん》がある人《ひと》ほど、自分《じぶん》に正直《しょうじき》である。

アルフレッド・アドラー

精神科医《せいしんかい》、心理学者《しんりがくしゃ》

1870～1937年《ねん》。オーストリア生《う》まれ。ウィーン大学卒業《だいがくそつぎょう》。フロイトのウィーン精神分析学協会《せいしんぶんせきがくきょうかい》に加《くわ》わるが、理論《りろん》に反対《はんたい》して離《はな》れた。独自《どくじ》の心理学《しんりがく》を作《つく》り、賛同者《さんどうしゃ》が集《あつ》まった。子《こ》どもの教育《きょういく》に関《かん》する著書《ちょしょ》も多《おお》い。

“弱点《じゃくてん》は強《つよ》みに変《か》えられる”

アルフレッド・アドラーは、オーストリア出身《しゅっしん》の精神科医《せいしんかい》、心理学者《しんりがくしゃ》。「アドラー心理学《しんりがく》」と呼《よ》ばれる個人心理学《こじんしんりがく》を創始《そうし》した。これは「どうすれば人《ひと》は幸《しあわ》せに生《い》きられるのか」を追求《ついきゅう》した学問《がくもん》で、「自分《じぶん》が変《か》わることでいろんな人《ひと》といい関係《かんけい》になる。そうすれば悩《なや》みもなくなり、幸《しあわ》せな人生《じんせい》が送《おく》れるようになる」としている。

アドラーは『個人心理学講義《こじんしんりがくこうぎ》』で、フライタークという人《ひと》を紹介《しょうかい》している。視力《しりょく》が弱《よわ》かったためにほかの人《ひと》よりも想像《そうぞう》の世界《せかい》をよく見《み》ることができ、感受性《かんじゅせい》を育《はぐく》んですばらしい詩人《しじん》になった人物《じんぶつ》だ。このエピソードから、一見《いっけん》、弱点《じゃくてん》や短所《たんしょ》に見《み》えることは、克服《こくふく》しなくても、視点《してん》を変《か》えれば強《つよ》みに変《か》えることができると考《かんが》えていたのだ。

同《おな》じことを言《い》っているのは……

トーマス・フラー ～神学者《しんがくしゃ》、歴史家《れきしか》～

なんでもやれる人《ひと》に秀《ひい》でたる人《ひと》はいない

イギリス生《う》まれ。『イギリス名士列伝《めいしれつでん》』『聖戦《せいせん》の歴史《れきし》』などの著書《ちょしょ》がある。

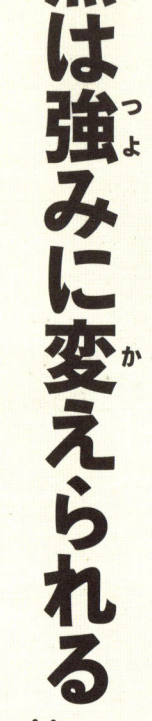

弱点《じゃくてん》は強《つよ》みに変《か》えられる
大《おお》きい方《ほう》がエライんだぞ
ぼくちっちゃいからヤバイ！
ひっ
ちっちゃいから助《たす》かったぁ

まめ知識《ちしき》

「他者《たしゃ》は仲間《なかま》」で戦争《せんそう》を止《と》めたい

第一次世界大戦《だいいちじせかいたいせん》では、軍医《ぐんい》として陸軍《りくぐん》の精神神経科《せいしんしんけいか》で働《はたら》いていたアドラー。幼《おさな》い頃《ころ》に弟《おとうと》を亡《な》くしたことから医師《いし》を目指《めざ》したアドラーにとって、治療《ちりょう》した兵士《へいし》を再《ふたた》び死地《しち》に送《おく》り返《かえ》す軍医《ぐんい》の任務《にんむ》は辛《つら》いものだった。しかし治療《ちりょう》しなければ、彼《かれ》らは社会復帰《しゃかいふっき》もできない。戦争《せんそう》を見《み》つめたアドラーは、「他者《たしゃ》を仲間《なかま》だとみなす意識《いしき》」を世界規模《せかいきぼ》で育《そだ》てることができれば、戦争《せんそう》を食《く》い止《と》められると考《かんが》えたのだった。

ほかにもある

“失敗《しっぱい》をおそれる必要《ひつよう》はない！ 失敗《しっぱい》したら、次《つぎ》に失敗《しっぱい》しないようにすればいいのだ！”

失敗《しっぱい》を後《うし》ろ向《む》きに考《かんが》えてしまうことは少《すく》なくない。それどころか、失敗《しっぱい》することを恐《おそ》れるがあまり、がんじがらめになって行動《こうどう》をためらってしまう人《ひと》さえいる。

しかし、挑戦《ちょうせん》に失敗《しっぱい》はつきものだ。どんどん失敗《しっぱい》しながら、次《つぎ》に生《い》かす。そうすれば、必《かなら》ず大《おお》きな花《はな》を咲《さ》かせることができるはずだ。

18

オンリーワンであることを
応援《おうえん》してくれることば

デール・カーネギー

教育者《きょういくしゃ》

1888～1955年《ねん》。アメリカ生《う》まれ。セールスマンとしてキャリアを積《つ》んだ後《あと》、YMCA《ワイエムシーエー》で話《はな》し方《かた》の講座《こうざ》を担当《たんとう》。そのテキスト『話《はな》す力《ちから》』がベストセラーに。『人《ひと》を動《うご》かす』『道《みち》は開《ひら》ける』はビジネス書《しょ》、自己啓発書《じこけいはつしょ》の古《こ》典的名著《てんてきめいちょ》として現在《げんざい》でも世界中《せかいじゅう》で読《よ》まれている。

“運命《うんめい》がレモンをくれたら、それでレモネードをつくる努力《どりょく》をしよう”

デール・カーネギーはアメリカ生《う》まれの教育者《きょういくしゃ》で、死後《しご》60年《ねん》経《た》った今《いま》でも多《おお》くのビジネスマンに支持《しじ》されている。

あなたの得意《とくい》なことは何《なん》だろうか。走《はし》るのが得意《とくい》な人《ひと》もいれば、理科《りか》が得意《とくい》な人《ひと》もいるだろう。しかし、どうしても人《ひと》は自分《じぶん》の足《た》りないことばかりに目《め》がいきがちだ。

カーネギーは『道《みち》は開《ひら》ける』でこの言葉《ことば》を紹介《しょうかい》した。レモンは嫌《いや》なもの、悪《わる》いもののたとえである。だがレモンは工夫《くふう》することでレモネードという、おいしい、良《よ》いものに変《か》えることができる。自分《じぶん》に与《あた》えられた状況《じょうきょう》を見《み》て不満《ふまん》を感《かん》じても、それをただ嘆《なげ》くのではなく、うまく利用《りよう》して良《よ》いものに変《か》える努力《どりょく》をしてみよう。不利《ふり》に思《おも》えた状況《じょうきょう》も、逆《ぎゃく》に生《い》かせば成功《せいこう》できるだろう。

同《おな》じことを言《い》っているのは……

チャールズ・シュルツ ～漫画家《まんがか》～

配《くば》られたカードで
勝負《しょうぶ》するっきゃないのさ、
それがどういう意味《いみ》であれ

アメリカ生《う》まれ。『ピーナッツ』で人気《にんき》。その登場《とうじょう》キャラクター、スヌーピーの台詞《せりふ》より。

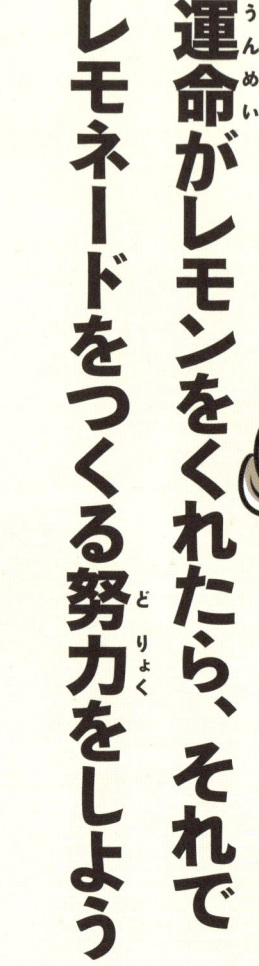

まめ知識《ちしき》

相手《あいて》の意見《いけん》を変《か》える方法《ほうほう》

　カーネギーによると、人《ひと》は一度《いちど》「ノー」と答《こた》えてしまうと、途中《とちゅう》で意見《いけん》が変《か》わってもプライドが邪魔《じゃま》をして撤回《てっかい》できなくなってしまうという。だから、反対意見《はんたいいけん》の相手《あいて》を説得《せっとく》するには、最初《さいしょ》は「イエス」と答《こた》えてもらえるような、共通《きょうつう》の立場《たちば》に立《た》った話《はなし》をする。すると相手《あいて》は心《こころ》を開《ひら》いて話《はなし》を聞《き》いてくれるようになる。その後《あと》は、同《おな》じ問題《もんだい》を違《ちが》う方法《ほうほう》で解決《かいけつ》しようとしているだけという立場《たちば》で、説得《せっとく》するとよいと言《い》っている。

ほかにもある

“人《ひと》を熱烈《ねつれつ》に動《うご》かそうと思《おも》ったら、相手《あいて》の言《い》い分《ぶん》を熱心《ねっしん》に聞《き》かなければならない”

　他者《たしゃ》を認《みと》める重要性《じゅうようせい》を説《と》き続《つづ》けたカーネギーの言葉《ことば》。

　このほかに、カーネギーは、人《ひと》を説得《せっとく》する原則《げんそく》として「議論《ぎろん》をさける」「誤《あやま》りを指《し》摘《てき》しない」「誤《あやま》りを認《みと》める」「穏《おだ》やかに話《はな》す」などを挙《あ》げた。

　どれだけ相手《あいて》の立場《たちば》に立《た》って考《かんが》えられるか、もう一度《いちど》考《かんが》えてみよう。

12

オンリーワンであることを
応援《おうえん》してくれることば

永井荷風《ながいかふう》

作家《さっか》

1879～1959年《ねん》。東京《とうきょう》生《う》まれ。東京高商付《とうきょうこうしょうふ》属学校《ぞくがっこう》を中退《ちゅうたい》、アメリカ、フランスへ渡《わた》って帰《き》国《こく》。その経験《けいけん》を本《ほん》にした。慶應義塾大学教授《けいおうぎじゅくだいがくきょうじゅ》になり、『三田文学《みたぶんがく》』を創刊《そうかん》。西洋《せいよう》の文化《ぶんか》より江戸時《えどじ》代《だい》の文化《ぶんか》を好《この》んで小説《しょうせつ》を書《か》いた。

“ぼくは自分《じぶん》のやりたいことはドンドンやって楽《たの》しむ。楽《たの》しんだことは後《あと》で後悔《こうかい》しない”

作家《さっか》、永井荷風《ながいかふう》は、耽美派《たんびは》の旗手《きしゅ》として『あめりか物語《ものがたり》』『すみだ川《がわ》』などを発表《はっぴょう》。穏《おだ》やかな詩情《しじょう》や鋭《するど》い芸術鑑賞《げいじゅつかんしょう》によって文化《ぶんか》勲章《くんしょう》を受章《じゅしょう》し、芸術院会員《げいじゅついんかいいん》にも選《えら》ばれた。

荷風《かふう》は、人《ひと》と接《せっ》することを嫌《きら》い、「偏奇《へんき》館《かん》」と名《な》づけたペンキ塗《ぬ》りの洋館《ようかん》で自由気《じゆうき》ままな生活《せいかつ》を好《この》んだ。結婚《けっこん》や家庭《かてい》に束縛《そくばく》されることや、人《ひと》と群《む》れることを拒《こば》み、一人《ひとり》の人生《じんせい》を謳歌《おうか》し、文学《ぶんがく》に身《み》を投《とう》じた。

そんな荷風《かふう》が、人生《じんせい》で決《き》めていたのが、「自分《じぶん》のやりたいことをドンドンやる」ということ。そして、ここが大切《たいせつ》なのだが、楽《たの》しんだことは後悔《こうかい》しないようにしていた。

西洋化《せいようか》していく日本《にほん》を批判《ひはん》し、かつての江戸文化《えどぶんか》を深《ふか》く愛《あい》した粋人《すいじん》、永井荷風《ながいかふう》。その生《い》き方《かた》に憧《あこが》れる人《ひと》は少《すく》なくないだろう。

同《おな》じことを言《い》っているのは……

J《ジェイ》・M《エム》・ウステリ ～詩人《しじん》～

ランプがまだ燃《も》えているうちに人生《じんせい》を楽《たの》しみ給《たま》え。しぼまないうちに、バラの花《はな》を摘《つ》み給《たま》え

スイス生《う》まれ。チューリッヒの方言《ほうげん》を取《と》り入《い》れたドイツ語《ご》で詩《し》を書《か》いた。

一人《ひとり》で生《い》きるのが楽《らく》だ…
のび〜〜
最近《さいきん》、日本《にほん》は西洋化《せいようか》されてるけど…
うん!! おもしろい!!
僕《ぼく》は江戸文化《えどぶんか》が好《す》きだなぁ…
八犬伝《はっけんでん》
自分《じぶん》のやりたいことを好《す》きにやってきたけれど
文化勲章受章《ぶんかくんしょうじゅしょう》
嬉《うれ》しいなぁ
あめりか物語
すみた川
ぼくは自分《じぶん》のやりたいことはドンドンやって楽《たの》しむ。楽《たの》しんだことは後《あと》で後悔《こうかい》しない

ほかにもある

“自覚《じかく》さえすれば どんな生活《せいかつ》にだって 深《ふか》い意味《いみ》が出来《でき》る”

一見《いっけん》、平凡《へいぼん》な日々《ひび》も少《すこ》しずつ変化《へんか》していく。気《き》づきがあれば、毎日《まいにち》の生活《せいかつ》にも意味《いみ》を見《み》いだすことができるはず。荷風《かふう》は、人生《じんせい》の楽《たの》しむポイントは「自覚《じかく》を持《も》つこと」だとしていた。そうすることで、深《ふか》い意味《いみ》が出《で》てくる。くだらなさ、みっともなさも含《ふく》めて、人生《じんせい》を広《ひろ》い視野《しや》でとらえるということだろう。いつだって、お楽《たの》しみはこれからだ。

まめ知識《ちしき》

翻訳詩集《ほんやくししゅう》『珊瑚集《さんごしゅう》』

フランスから帰国《きこく》した荷風《かふう》は、1913年《ねん》にフランスの詩《し》を翻訳《ほんやく》して『珊瑚集《さんごしゅう》』として発表《はっぴょう》した。これは1905年《ねん》の上田敏《うえだびん》の『海潮音《かいちょうおん》』と並《なら》んで西洋《せいよう》の詩《し》をわかりやすい日本語《にほんご》で紹介《しょうかい》した初期《しょき》のもので、後《のち》の詩人《しじん》たちに大《おお》きな影響《えいきょう》を与《あた》えた。荷風《かふう》はこの詩集《ししゅう》を何度《なんど》も書《か》き直《なお》している。その際《さい》には元《もと》のフランス語《ご》を読《よ》み返《かえ》さず、意味《いみ》が多少変《たしょうか》わってしまっても、日本語《にほんご》の詩《し》として表現《ひょうげん》を洗練《せんれん》させていったと言《い》われている。

20

オンリーワンであることを
応援《おうえん》してくれることば

坂口安吾《さかぐちあんご》

作家《さっか》、評論家《ひょうろんか》

1906〜1955年《ねん》。新潟生《にいがたう》まれ。東洋大学《とうようだいがく》で哲学《てつがく》やフランス語《ご》などを学《まな》ぶ。同人誌《どうじんし》『言葉《ことば》』を創刊《そうかん》。第二次世界大戦後《だいにじせかいたいせんご》、『堕落論《だらくろん》』、『白痴《はくち》』で話題《わだい》となり、「無頼派《ぶらいは》」と呼《よ》ばれて流行作家《りゅうこうさっか》として活躍《かつやく》した。文明批評《ぶんめいひひょう》にも優《すぐ》れたものが多《おお》い。

〝人生《じんせい》はつくるものだ 必然《ひつぜん》の姿《すがた》などというものはない〟

坂口安吾《さかぐちあんご》は、エッセイ『堕落論《だらくろん》』や小説《しょうせつ》『白痴《はくち》』で一躍《いちやく》、流行作家《りゅうこうさっか》になった。推理《すいり》小説《しょうせつ》や探偵小説《たんていしょうせつ》など幅広《はばひろ》く執筆《しっぴつ》し、『不連《ふれん》続殺人事件《ぞくさつじんじけん》』では探偵作家《たんていさっか》クラブ賞《しょう》を受賞《じゅしょう》している。太宰治《だざいおさむ》などとともに「無頼派《ぶらいは》」と呼《よ》ばれた安吾《あんご》は、戦争中《せんそうちゅう》の倫理観《りんりかん》をことごとく否定《ひてい》。「堕落《だらく》することを肯定《こうてい》する」という斬新《ざんしん》な切《き》り口《くち》で書《か》かれた『堕落論《だらくろん》』は大《おお》きな反響《はんきょう》を呼《よ》んだ。

同時代《どうじだい》の評論家《ひょうろんか》、小林秀雄《こばやしひでお》についてのエッセイ『教祖《きょうそ》の文学《ぶんがく》』に出《で》てくるのがこの言葉《ことば》だ。安吾《あんご》は「こうでなければならない」という考《かんが》え方《かた》から抜《ぬ》け出《だ》して、「人生《じんせい》を自分《じぶん》でつくっていこう」と考《かんが》えた。決《き》められたレールではなく、自《みずか》ら切《き》り開《ひら》いた道《みち》を進《すす》め。

同《おな》じことを言《い》っているのは……

ジェームズ・アレン 〜著述家《ちょじゅつか》〜

人《ひと》は自《みずか》らが思《おも》った通《とお》りの自分《じぶん》になる。とりわけ人格《じんかく》というものは、自《みずか》らがめぐらせた、すべての思考《しこう》の完全《かんぜん》な総体《そうたい》である

イギリス生《う》まれ。自己啓発書《じこけいはつしょ》と詩《し》を書《か》いた。『「原因《げんいん》」と「結果《けっか》」の法則《ほうそく》』など。

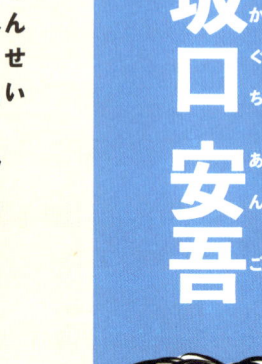

短編小説《たんぺんしょうせつ》を書《か》いたがもっと様々《さまざま》なジャンルを書《か》きたいなあ
う〜ん
随筆《ずいひつ》
歴史《れきし》
自伝《じでん》
こうでなきゃいけないなんてないよな
堕落《だらく》することを肯定《こうてい》するなんて斬新《ざんしん》だ！
面白《おもしろ》い！
堕落《だ》論《らくろん》
坂口安吾《さかぐちあんご》
人生《じんせい》はつくるものだ必然《ひつぜん》の姿《すがた》などというものはない
堕落《だらく》してもよいのだ

ほかにもある

“人間《にんげん》は生《い》きることが、全部《ぜんぶ》である。死《し》ねば、なくなる”

夢《ゆめ》を叶《かな》えられなかったり、親《おや》に理解《りかい》してもらえなかったり、友人《ゆうじん》に誤解《ごかい》されたり……。つらいことがあると、生《い》きていくこと自体《じたい》が嫌《いや》になってしまうことが誰《だれ》にでもあるだろう。だが、悩《なや》みを持《も》つこともまた、生《い》きているからこそなのだ。確《たし》かに今《いま》生《い》きているということ。本当《ほんとう》はそれこそが、かけがえのないことなのである。

まめ知識《ちしき》

法隆寺《ほうりゅうじ》は、焼《や》けてしまってかまわない?!

過激《かげき》な言動《げんどう》で知《し》られる安吾《あんご》は『日《に》本文化私観《ほんぶんかしかん》』で「法隆寺《ほうりゅうじ》も平等院《びょうどういん》も焼《や》けてしまって一向《いっこう》に困《こま》らぬ」と主張《しゅちょう》した。法隆寺《ほうりゅうじ》などの美《うつく》しさには、わざわざ歴史的背景《れきしてきはいけい》を考《かん》えて納得《なっとく》しなければいけないから不満《ふまん》だとしている。むしろ刑務所《けいむしょ》や工場《こうじょう》に、ある種《しゅ》の美《うつく》しさを見《み》いだした。「必要《ひつよう》」から生《う》まれる美《び》を発見《はっけん》し、「美《うつく》しさのための美《うつく》しさ」を否定《ひてい》したのだ。そのスタンスは自分《じぶん》の書《か》く文学《ぶんがく》にも貫《つらぬ》いた。

オンリーワンであることを
応援《おうえん》してくれることば

ハイデッガー
（マルティン・ハイデッガー）

哲学者《てつがくしゃ》

1889～1976年《ねん》。ドイツ生《う》まれ。フライブルク大学《だいがく》で哲学者《てつがくしゃ》フッサールから現象学《げんしょうがく》を学《まな》んだ。『存在《そんざい》と時間《じかん》』を発表《はっぴょう》して思想界《しそうかい》で注目《ちゅうもく》される。フライブルク大学総長《だいがくそうちょう》に就任《しゅうにん》。戦後《せんご》、山荘《さんそう》で思索《しさく》を深《ふか》めて著作《ちょさく》を続《つづ》けた。

〝誰《だれ》しもが代《か》わりがきくようで、代《か》わりがきかない〟

20世紀最高《せいきさいこう》の哲学書《てつがくしょ》と言《い》われている『存《そん》在《ざい》と時間《じかん》』。「ものが存在《そんざい》するとはどういうことか」という根本的《こんぽんてき》なテーマに挑《いど》んだ名《めい》著《ちょ》である。作者《さくしゃ》はドイツの哲学者《てつがくしゃ》、マルティン・ハイデッガーである。もっとも重要《じゅうよう》な、哲学者《てつがくしゃ》の一人《ひとり》とも称《しょう》されるハイデッガーが放《はな》ったこの言葉《ことば》から、あなたはどんなことを考《かんが》えるだろうか。

「いや、自分《じぶん》の代《か》わりなんて誰《だれ》でもいるよ」

そう考《かんが》える人《ひと》もいるかもしれない。しかし、あなたという人間《にんげん》は、紛《まぎ》れもなくあなた一人《ひとり》であり、誰一人《だれひとり》として同《おな》じ人《ひと》は、この世界《せかい》にいない。

自分《じぶん》にしかできない何《なに》かがある――。そう思《おも》って、人生《じんせい》を過《す》ごせば、いつもの朝《あさ》が違《ちが》って見《み》えてくるはずだ。

同《おな》じことを言《い》っているのは……

黒澤《くろさわ》 明《あきら》 ～映画監督《えいがかんとく》～

どんな人間《にんげん》だって
ある角度《かくど》から見《み》れば、
そいつは主人公《しゅじんこう》なんでね

東京生《とうきょうう》まれ。世界《せかい》に影響《えいきょう》を与《あた》えた。『羅生門《らしょうもん》』『七人《しちにん》の侍《さむらい》』『蜘蛛巣城《くものすじょう》』など。

まめ知識《ちしき》

『存在《そんざい》と時間《じかん》』

ハイデッガーによると、人間《にんげん》は「存在《そんざい》とは何《なに》か」を考《かんが》える点《てん》でほかのものや動物《どうぶつ》とは違《ちが》うという。このような人間《にんげん》のあり方を「現存在《ダーザイン》」と呼《よ》ぶ。また、人《ひと》は日常生活《にちじょうせいかつ》のなかで、ほかの誰《だれ》と交換《こうかん》しても変《か》わらない存在《そんざい》になることもあるが、自分《じぶん》の死《し》だけは他人《たにん》と交換《こうかん》できない。人間《にんげん》は自分《じぶん》の死《し》の可能性《かのうせい》と向《む》き合《あ》ってはじめて、固有《こゆう》な存在《そんざい》として目覚《めざ》めることができる。このような人間《にんげん》のあり方《かた》を「死《し》への存在《そんざい》」と呼《よ》んでいる。

ほかにもある

**“人《ひと》は、いつか必《かなら》ず死《し》ぬ
ということを思《おも》い知《し》らなければ、
生《い》きているということを
実感《じっかん》することもできない”**

いつの日《ひ》か、死《し》は必《かなら》ず訪《おとず》れる。このことを知《し》っているのは、動物《どうぶつ》のなかで、人間《にんげん》だけだと言《い》われている。誰《だれ》にでも最期《さいご》がある。それは、平等《びょうどう》に訪《おとず》れる。だからこそ、今《いま》が輝《かがや》くのだ。

やりたいことは、やりたいときに。会《あ》いたい人《ひと》には、会《あ》えるうちに。今《いま》すぐ、行動《こうどう》を起《お》こそう。

22

オンリーワンであることを
応援《おうえん》してくれることば

宮本《みやもと》 武蔵《むさし》

〝心《しん》は空《くう》なり〟

剣豪《けんごう》、宮本武蔵《みやもとむさし》。その伝説的《でんせつてき》な強《つよ》さは語《かた》り草《ぐさ》になっている。13歳《さい》のときに初《はじ》めて決闘《けっとう》に勝《か》ち、諸国《しょこく》を放浪《ほうろう》。29歳《さい》まで60回以上《かいいじょう》も決闘勝負《けっとうしょうぶ》を行《おこな》い、一度《いちど》も負《ま》けなかったと言《い》われている。実戦《じっせん》を通《つう》じて、ひたすら剣《けん》の実力《じつりょく》を磨《みが》くことだけに専念《せんねん》した。「二天《にてん》一流《いちりゅう》」という武蔵独特《むさしどくとく》の二刀流《にとうりゅう》も編《あ》み出《だ》した。宿命《しゅくめい》のライバル、佐々木小次郎《ささきこじろう》に勝《か》った「巌流島《がんりゅうじま》の戦《たたか》い」も有名《ゆうめい》だ。

60歳《さい》になった武蔵《むさし》は『五輪書《ごりんのしょ》』を書《か》き、兵法《へいほう》の極意《ごくい》を説明《せつめい》した。実戦的《じっせんてき》な戦《たたか》い方《かた》を述《の》べた後《あと》、結論《けつろん》として出《で》てくるのがこの言葉《ことば》だ。いろいろ作戦《さくせん》を練《ね》るよりも、心《こころ》を空《くう》にして挑《いど》んだほうが勝《か》てることがある。その境地《きょうち》に至《いた》るのは難《むずか》しいが、肩《かた》に力《ちから》が入《はい》りそうなときに、思《おも》い出《だ》したい言葉《ことば》。

剣豪《けんごう》

1584〜1645年《ねん》。岡山生《おかやまう》まれ。少年期《しょうねんき》から剣術《けんじゅつ》に優《すぐ》れ、剣術家《けんじゅつか》の佐々木《ささき》小次郎《こじろう》との決闘《けっとう》に勝《か》って名《な》が知《し》られるようになった。小倉藩主《こくらはんしゅ》小笠原忠真《おがさわらただざね》の剣客《けんかく》となり、島原《しまばら》・天草一揆《あまくさいっき》の鎮圧《ちんあつ》に参加《さんか》。晩年《ばんねん》は熊本藩主《くまもとはんしゅ》細川忠利《ほそかわただとし》につかえた。兵法書《へいほうしょ》『五輪書《ごりんのしょ》』を著《あらわ》した。

同《おな》じことを言《い》っているのは……

坂村《さかむら》 真民《しんみん》 〜詩人《しじん》〜

咲《さ》くも無心《むしん》　散《ち》るも無心《むしん》
花《はな》は嘆《なげ》かず　今《いま》を生《い》きる

熊本《くまもと》生まれ。仏教詩人《ぶっきょうしじん》。「癒《いや》しの詩人《しじん》」と言《い》われる。『念《ねん》ずれば花《はな》ひらく』など。

五輪書《ごりんのしょ》
「地《ち》の巻《まき》」は兵法《へいほう》の概略《がいりゃく》
ザザー…
ジリ
ジリ
「水《すい》の巻《まき》」！剣術《けんじゅつ》の極意《ごくい》
「火《か》の巻《まき》」！実戦《じっせん》で勝《か》つための核心《かくしん》！
「風《ふう》の巻《まき》」はほかの流派《りゅうは》との比較《ひかく》だ！
二天一流《にてんいちりゅう》
「空《くう》の巻《まき》」
心《しん》は空《くう》なり
本質《ほんしつ》を極《きわ》めて至《いた》る何《なに》にもとらわれない境地《きょうち》

ほかにもある

“一理《いちり》に達《たっ》すれば万法《ばんぽう》に通《つう》ず”

剣《けん》の道《みち》を極《きわ》めた武蔵《むさし》だったが、優《すぐ》れた水墨画《すいぼくが》や工芸品《こうげいひん》を残《のこ》したほか、書《しょ》も見事《みごと》なものであった。多才《たさい》な人《ひと》だからこそ、と思《おも》うかもしれないが、一《ひと》つのことを極《きわ》め、一《ひと》つの真理《しんり》に達《たっ》することができれば、ほかの分野《ぶんや》とも根底《こんてい》ではつながっていることが多《おお》い。真理《しんり》は一《ひと》つ。生涯《しょうがい》をかけてそれにどれだけ近《ちか》づけるかどうか、だろう。

まめ知識《ちしき》

『五輪書《ごりんのしょ》』の「空《くう》の巻《まき》」

『五輪書《ごりんのしょ》』は仏教《ぶっきょう》の「五大《ごだい》」になぞらえて地水火風空《ちすいかふうくう》の5巻《かん》より成《な》る。「地《ち》の巻《まき》」は兵法《へいほう》の概略《がいりゃく》、「水《すい》の巻《まき》」は剣術《けんじゅつ》の極意《ごくい》、「火《か》の巻《まき》」は実戦《じっせん》で勝《か》つための核心《かくしん》、「風《ふう》の巻《まき》」はほかの流派《りゅうは》との比較《ひかく》である。最後《さいご》の「空《くう》の巻《まき》」はほかの巻《まき》と比《くら》べて記述《きじゅつ》が極端《きょくたん》に少《すく》なく、「心《しん》は空《くう》なり」で締《し》めくくる。「ものごとの本質《ほんしつ》を知《し》り、そこには何《なに》もないことを知《し》った上《うえ》で、その有無《うむ》にとらわれない」という兵法《へいほう》の神髄《しんずい》が表《あらわ》れているとされる。

23

オンリーワンであることを応援《おうえん》してくれることば

ブルース・リー

俳優《はいゆう》

1940～1973年《ねん》。アメリカ生《う》まれ。ワシントン大学《だいがく》で哲学《てつがく》を学《まな》びつつ、中国拳法《ちゅうごくけんぽう》を元《もと》にした独自《どくじ》の流派《りゅうは》を作《つく》り出《だ》した。香港映画《ホンコンえいが》『ドラゴン危機一髪《ききいっぱつ》』に出演《しゅつえん》、続《つづ》いて自《みずか》ら監督《かんとく》かつ主演《しゅえん》する一連《いちれん》のカンフー映画《えいが》を制作《せいさく》した。ハリウッドとの合作《がっさく》『燃《も》えよドラゴン』公開直前《こうかいちょくぜん》に急死《きゅうし》した。

“Don't《ドント》 think《シンク》. Feel《フィール》!”

［ 考《かんが》えるな、感《かん》じろ！ ］

格闘家《かくとうか》にして俳優《はいゆう》のブルース・リー。この世《よ》を去《さ》って半世紀《はんせいき》近《ちか》く経《た》った今《いま》でも、新《あら》たな熱狂的《ねっきょうてき》ファンを生《う》み出《だ》し、多《おお》くの人々《ひとびと》に影響《えいきょう》を与《あた》えている。

主演《しゅえん》した映画《えいが》では、見事《みごと》なアクションで香《ホン》港《コン》の歴代興行記録《れきだいこうぎょうきろく》を塗《ぬ》り替《か》え、さらにハリウッドとの合作映画《がっさくえいが》『燃《も》えよドラゴン』は爆発的《ばくはってき》なヒットとなり、世界中《せかいじゅう》にカンフー・ブームを巻《ま》き起《おこ》した。この映画《えいが》で、リー演《えん》じる主人公《しゅじんこう》が、弟子《でし》に武術《ぶじゅつ》を指導《しどう》する場面《ばめん》で放《はな》ったのがこの台詞《せりふ》だ。

いつの間《ま》にか、考《かんが》えてばかりで体《からだ》が動《うご》かなくなっていないだろうか。時《とき》には、自分《じぶん》の本能《ほんのう》を信《しん》じて、その時《とき》の気持《きも》ちや状況《じょうきょう》を感《かん》じて、身《み》を委《ゆだ》ねてみるのもいいだろう。

同《おな》じことを言《い》っているのは……

ヨハン・ヴォルフガング・フォン・ゲーテ ～詩人《しじん》～

感覚《かんかく》はあざむかない。
判断《はんだん》があざむくのだ

ドイツ生《う》まれ。シラーとともにドイツ古典主義《こてんしゅぎ》を確立《かくりつ》した。著書《ちょしょ》『ファウスト』など。

まめ知識《ちしき》

哲学者《てつがくしゃ》ブルース・リー

　ブルース・リーは大学《だいがく》で哲学《てつがく》を学《まな》んだ思索家《しさくか》でもあった。リーは老子《ろうし》、荘子《そうし》の道《タオ》の思想《しそう》をベースに、易経《えききょう》、禅《ぜん》を取《と》り入《い》れ、陰《いん》と陽《よう》のたとえを駆《く》使《し》して、東洋哲学《とうようてつがく》と武術《ぶじゅつ》の極意《ごくい》を結《むす》びつけた。ハリウッドのアジア人《じん》スターという自分《じぶん》の役割《やくわり》と影響力《えいきょうりょく》に自《じ》覚的《かくてき》だったリーは、東洋《とうよう》の武術《ぶじゅつ》だけではなく思想《しそう》をも西洋《せいよう》に伝《つた》えるため、『燃《も》えよドラゴン』の脚本《きゃくほん》に場面《ばめん》を書《か》き加《くわ》えた。そこに出《で》てくる台詞《せりふ》が「考《かんが》えるな、感《かん》じろ!」である。

ほかにもある

“限界《げんかい》などない、
停滞期《ていたいき》があるだけだ。
そこに留《とど》まってはいけない”

「もうダメだ、これ以上《いじょう》できない」。努力《どりょく》家《か》の人《ひと》ほど、そんな経験《けいけん》があるはずだ。鍛《たん》錬《れん》に鍛錬《たんれん》を重《かさ》ねて、壁《かべ》にぶつかることもあるだろう。

　だが、自分《じぶん》の限界《げんかい》などない、とブルース・リーは考《かんが》えていた。限界《げんかい》だと思《おも》わず、停滞《ていたい》期《き》だと思《おも》えば、また立《た》ち上《あ》がれる気《き》がしてくるから不思議《ふしぎ》だ。

＼ジャパネットたかた、V《ブイ》・ファーレンの／

高田社長《たかたしゃちょう》が教《おし》えてくれる 挑戦《ちょうせん》したくなる言葉《ことば》

独特《どくとく》の声《こえ》で商品《しょうひん》を魅力的《みりょくてき》に紹介《しょうかい》してきた、通信販売会社《つうしんはんばいがいしゃ》「ジャパネットたかた」元社長《もとしゃちょう》の高田明《たかたあきら》さん。
ジャパネット退任後《たいにんご》、サッカー J2《ジェイツー》リーグ「V《ブイ》・ファーレン長崎《ながさき》」の社長《しゃちょう》を務《つと》め、
J１《ジェイワン》昇格《しょうかく》に導《みちび》いた。通信販売《つうしんはんばい》からサッカー界《かい》へと華麗《かれい》に転身《てんしん》し、成功《せいこう》を続《つづ》ける高田社長《たかたしゃちょう》の言葉《ことば》を聞《き》こう。

01

人《ひと》の幸《しあわ》せのために

“売《う》り上《あ》げとか利益《りえき》じゃなくて「いかに人《ひと》の幸《しあわ》せに貢献《こうけん》できるか」”

「幸《しあわ》せ」がミッションだと高田社長《たかたしゃちょう》は言《い》う。通信販売《つうしんはんばい》では、モノを売《う》るだけではなく、その先《さき》にある買《か》った人《ひと》の幸《しあわ》せを考《かんが》えた。サッカーでは、試合《しあい》の90分間《ぶんかん》だけではなく、スタジアムで過《す》ごす約《やく》５時間《じかん》の体験《たいけん》の楽《たの》しさを演出《えんしゅつ》している。人《ひと》に喜《よろこ》ばれることをしよう。

02

〝人間《にんげん》はいつも自己更新《じここうしん》〟

新《あたら》しい初心《しょしん》を

挑戦《ちょうせん》を続《つづ》ける高田社長《たかたしゃちょう》の原動力《げんどうりょく》は「自己更新《じここうしん》」。いくつになっても自分《じぶん》を変《か》えてゆき、新《あたら》しく「初心《しょしん》」の気持《きも》ちを持《も》つこと。「初心《しょしん》」は「夢《ゆめ》」に置《お》き換《か》えてもいい。初心《しょしん》の気持《きも》ちを持《も》っていれば、ずっと夢《ゆめ》を追《お》ってがんばることができる。自分《じぶん》を変《か》え、新鮮《しんせん》な気持《きも》ちで夢《ゆめ》を追《お》おう。

Chapter 02

自分《じぶん》を見《み》つめ直《なお》したくなったときのことば

今《いま》の自分《じぶん》の限界《げんかい》を知《し》ると、
今《いま》よりももっと成長《せいちょう》することができます。
自分自身《じぶんじしん》を成長《せいちょう》させたいときに読《よ》むと
ヒントがもらえるでしょう。

自分《じぶん》を見《み》つめ直《なお》したくなったときのことば

24

ニーチェ

（フリードリヒ・ヴィルヘルム・ニーチェ）

哲学者《てつがくしゃ》

1844～1900年《ねん》。ドイツ生《う》まれ。ギリシャ古典《こてん》と尊敬《そんけい》する音楽家《おんがくか》リヒャルト・ワーグナーの音楽《おんがく》を結《むす》びつける『音楽《おんがく》の精神《せいしん》からの悲劇《ひげき》の誕生《たんじょう》』を出版《しゅっぱん》。『ツァラトゥストラはかく語《かた》りき』を読《よ》んだ音楽家《おんがくか》のリヒャルト・シュトラウスが、同名《どうめい》の曲《きょく》を作曲《さっきょく》するなどの影響《えいきょう》を与《あた》えた。

“脱皮《だっぴ》できない蛇《へび》は破滅《はめつ》する”

ニーチェは「神《かみ》は死《し》んだ」などの短《みじか》い詩《し》的《てき》な言葉《ことば》で、キリスト教《きょう》やそれに基《もと》づくヨーロッパ文明《ぶんめい》を批判《ひはん》。伝統的《でんとうてき》な価値観《かちかん》を否定《ひてい》する「ニヒリズム」の精神《せいしん》は、後《のち》の哲学《てつがく》や芸術《げいじゅつ》に大《おお》きな影響《えいきょう》を及《およ》ぼした。

ニーチェは、激《はげ》しい恋《こい》に落《お》ちたこともある。相手《あいて》はロシア生《う》まれの作家《さっか》、ザロメ。自分《じぶん》の思想《しそう》の後継者《こうけいしゃ》だと考《かんが》えて、2度《ど》プロポーズするが、撃沈《げきちん》。恋《こい》はわずか8ヶ月《かげつ》で終《お》わった。失恋《しつれん》からまもなくして、インスピレーションを得《え》て書《か》き上《あ》げたのが、代表作《だいひょうさく》『ツァラトゥストラはかく語《かた》りき』だった。

この言葉《ことば》は断片的《だんぺんてき》な文章《ぶんしょう》を集《あつ》めた『曙光《しょこう》』に出《で》てくる。人間《にんげん》もまた、自分《じぶん》の考《かんが》え方《かた》を変《か》えることができないならば破滅《はめつ》してしまう。変化《へんか》を恐《おそ》れないように。

同《おな》じことを言《い》っているのは……

岡倉《おかくら》 天心《てんしん》 ～美術評論家《びじゅつひょうろんか》～

変化《へんか》こそ
唯一《ゆいいつ》の永遠《えいえん》である

神奈川《かながわ》生《う》まれ。東京美術学校《とうきょうびじゅつがっこう》を創設《そうせつ》。『茶《ちゃ》の本《ほん》』などで日本文化《にほんぶんか》を海外《かいがい》に紹介《しょうかい》した。

君《きみ》だけなんだ
愛《あい》しているよ
プイ
フラれた・・・
でも、がんばる
今《いま》までの自分《じぶん》を変《か》えてやる!!
脱皮《だっぴ》しない蛇《へび》は破滅《はめつ》する
ぼく『曙光《しょこう》』で書《か》いた・・・
傑作《けっさく》ができたぞ! もう今《いま》までの僕《ぼく》とはちがう!

ほかにもある

“自分《じぶん》の手《て》で書《か》いているのではないという感《かん》じがある”

『ツァラトゥストラはかく語《かた》りき』のアイディアは、電光《でんこう》のように頭《あたま》にひらめいて、ニーチェに筆《ふで》をとらせたという。そのときのことをニーチェはこう振《ふ》り返《かえ》っている。「なによりはっきり気《き》づくのは、頭《あたま》のてっぺんから足《あし》の先《さき》までをつらぬく、身《み》をふるわせる無限《むげん》のスリルである」。夢中《むちゅう》になったときの人間《にんげん》の力《ちから》は計《はか》り知《し》れない。

まめ知識《ちしき》

アポロン的《てき》なものとディオニュソス的《てき》なもの

ニーチェは古代《こだい》ギリシャの思想《しそう》を、理性《りせい》を体現《たいげん》する「アポロン的《てき》なもの」と野性《やせい》を体現《たいげん》する「ディオニュソス的《てき》なもの」のせめぎあいと解釈《かいしゃく》した。当時《とうじ》この考《かんが》えは受《う》け入《い》れられなかったが、現在《げんざい》では古代《こだい》ギリシャに限《かぎ》らず、理性《りせい》と野性《やせい》、秩序《ちつじょ》と混沌《こんとん》などの対立を表《あらわ》す際《さい》にこれらの言葉《ことば》が使《つか》われる。ニーチェは実《じつ》は「ソクラテス的《てき》なもの」も語《かた》っているが、こちらはあまり使《つか》われないようだ。

自分《じぶん》を見《み》つめ直《なお》したくなったときのことば

25

福澤《ふくざわ》諭吉《ゆきち》

思想家《しそうか》、武士《ぶし》、教育者《きょういくしゃ》

1835～1901年《ねん》。大阪《おおさか》生《う》まれ。幕府《ばくふ》の使節《しせつ》に随行《ずいこう》し三度《さんど》欧米《おうべい》に渡《わた》る。慶應義塾大学《けいおうぎじゅくだいがく》の起《き》源《げん》となる蘭学塾《らんがくじゅく》を開《ひら》いた。「商工農士《しょうこうのうし》の差別《さべつ》なく」洋学《ようがく》に志《こころざ》す者《もの》の学習《がくしゅう》の場《ば》とする。『学問《がくもん》のすゝ《す》め』を刊行《かんこう》。上野《うえの》戦争《せんそう》のさなかに経済学《けいざいがく》の講義《こうぎ》をしていた。

〝天《てん》は人《ひと》の上《うえ》に人《ひと》をつくらず 人《ひと》の下《した》に人《ひと》をつくらず〟

福澤諭吉《ふくざわゆきち》と聞《き》いて思《おも》い浮《う》かぶのは、一万円札《いちまんえんさつ》の肖像《しょうぞう》、慶應義塾大学《けいおうぎじゅくだいがく》の創設者《そうせつしゃ》……そして、明治《めいじ》のベストセラー『学問《がくもん》のすゝ《す》め』冒頭《ぼうとう》のこの名言《めいげん》だろう。覚《おぼ》えやすい強烈《きょうれつ》なメッセージだが、諭吉《ゆきち》は決《けっ》して「人間《にんげん》には上《うえ》も下《した》もなく皆平等《みなびょうどう》である」と言《い》いたかったわけではない。その後《あと》に続《つづ》く言葉《ことば》を読《よ》めば、それは明《あき》らかである。

「人《ひと》は生《う》まれながらには平等《びょうどう》のはずなのに、貧《まず》しくもなれば、富豪《ふごう》にもなる。学問《がくもん》をしっかりとやり知識《ちしき》をつけたものは出世《しゅっせ》し、無《む》学《がく》のものは貧乏《びんぼう》となり、下層《かそう》に属《ぞく》するようになるのである」

言葉《ことば》の最初《さいしょ》の部分《ぶぶん》だけを見《み》ると誤解《ごかい》しがちだが、学問《がくもん》の大切《たいせつ》さを説《と》いている。学問《がくもん》こそが、人生《じんせい》を変《か》える。

同《おな》じことを言《い》っているのは……

ウォルト・ホイットマン ～詩人《しじん》～

平等《びょうどう》とは、自分《じぶん》と同様《どうよう》にほかの人々《ひとびと》にも同《おな》じチャンスと権利《けんり》を与《あた》えることだ

アメリカ生《う》まれ。詩集《ししゅう》『草《くさ》の葉《は》』を出版《しゅっぱん》。以《い》後《ご》、同詩集《どうししゅう》を死《し》ぬまで改訂《かいてい》し続《つづ》けた。

天《てん》は人《ひと》の上《うえ》に人《ひと》をつくらず人《ひと》の下《した》に人《ひと》をつくらず
生《う》まれたときはみな平等《びょうどう》なはずだが…
勉強《べんきょう》した場合《ばあい》
勉強《べんきょう》したから立派《りっぱ》になれた
勉強《べんきょう》しなかった場合《ばあい》
あのとき勉強《べんきょう》していれば…
学問《がくもん》が人生《じんせい》を変《か》える
一日《いちにち》、一日《いちにち》を大切《たいせつ》に

ほかにもある

“今日《きょう》も生涯《しょうがい》の一日《いちにち》なり”

福澤諭吉《ふくざわゆきち》のエッセイ集《しゅう》『福翁百餘話《ふくおうひゃくよわ》』の「独立《どくりつ》の根気《こんき》」という章《しょう》に「道中《どうちゅう》の日《ひ》も亦人間生涯《またにんげんしょうがい》の一日《いちにち》で御座《ござ》れば」とある。諭《ゆ》吉《きち》は「どんな日《ひ》も人生《じんせい》における大切《たいせつ》な一《いち》日《にち》だ」と強調《きょうちょう》している。「そのときがきたら」「いつかやろう」などと思《おも》いがちだが、今日《きょう》こそが人生《じんせい》のかけがえのない一日《いちにち》である。そのことを忘《わす》れないように。

まめ知識《ちしき》

表彰《ひょうしょう》されることを断固拒否《だんこきょひ》

一万円札《いちまんえんさつ》の肖像《しょうぞう》にもなる偉《えら》い人《ひと》というイメージが強《つよ》い福澤諭吉《ふくざわゆきち》だが、生前《せいぜん》は国民《こくみん》の一人《ひとり》として生《い》きることを理想《りそう》とした。生涯《しょうがい》の業績《ぎょうせき》に対《たい》して、学位《がくい》、称号《しょうごう》、勲章《くんしょう》、爵位《しゃくい》などが贈《おく》られるという話《はなし》が何度《なんど》もあったが、福《ふく》澤《ざわ》はすべて事前《じぜん》に拒否《きょひ》して実現《じつげん》させなかった。それは謙遜《けんそん》の気持《きも》ちからではなく、「組織《そしき》に所属《しょぞく》することなく独立《どくりつ》して生《い》きている」という自尊《じそん》の気持《きも》ちからだった。

井上《いのうえ》靖《やすし》

“努力《どりょく》する人《ひと》は希望《きぼう》を語《かた》り、怠《なま》ける人《ひと》は不満《ふまん》を語《かた》る”

井上靖《いのうえやすし》は、文化功労者《ぶんかこうろうしゃ》や文化勲章《ぶんかくんしょう》を受賞《じゅしょう》した小説家《しょうせつか》。京都帝国大学文学部哲学科《きょうとていこくだいがくぶんがくぶてつがくか》を卒業後《そつぎょうご》、毎日新聞社《まいにちしんぶんしゃ》に入社《にゅうしゃ》した。サラリーマン生活《せいかつ》のかたわら、執筆活動《しっぴつかつどう》を続《つづ》けて、1950年《ねん》に『闘牛《とうぎゅう》』で第《だい》22回芥川賞《かいあくたがわしょう》を受賞《じゅしょう》した。その後《ご》もしばらくは会社員《かいしゃいん》を続《つづ》けながら、専業《せんぎょう》の作家《さっか》となったのは44歳《さい》のときのこと。次々《つぎつぎ》と名作《めいさく》を生《う》み出《だ》し、『おろしや国酔夢譚《こくすいむたん》』で第《だい》1回日本文学大賞《かいにほんぶんがくたいしょう》、『孔子《こうし》』で野間文芸賞《のまぶんげいしょう》を受賞《じゅしょう》した。

この言葉《ことば》は希望《きぼう》と不満《ふまん》について語《かた》ったもの。二足《にそく》の草鞋《わらじ》を履《は》きながら、下積《したづ》み時代《じだい》を過《す》ごした井上《いのうえ》ならではの言葉《ことば》だろう。愚《ぐ》痴《ち》や不満《ふまん》は、自分《じぶん》が怠《なま》けているからこそ生《う》まれる。努力《どりょく》する人《ひと》の目線《めせん》はひたすら未来《みらい》へあり、言葉《ことば》は希望《きぼう》に満《み》ちあふれている。

小説家《しょうせつか》

1907～1991年《ねん》。北海道《ほっかいどう》生《う》まれ。5歳《さい》で両親《りょうしん》と離《はな》れて戸籍上《こせきじょう》の祖母《そぼ》と暮《く》らした。高校時代《こうこうじだい》から執筆活動《しっぴつかつどう》を始《はじ》める。京都帝国大学文学部哲学科《きょうとていこくだいがくぶんがくぶてつがくか》卒業《そつぎょう》。新聞記者《しんぶんきしゃ》をしながら小説《しょうせつ》を書《か》き、のちに専業小説家《せんぎょうしょうせつか》となった。時代考証《じだいこうしょう》の正確《せいかく》な歴史《れきし》小説《しょうせつ》に定評《ていひょう》がある。

同《おな》じことを言《い》っているのは……

アリストテレス ～哲学者《てつがくしゃ》～

希望《きぼう》は、目覚《めざ》めている者《もの》が見《み》る夢《ゆめ》であり、絶望《ぜつぼう》は、眠《ねむ》れる政治家《せいじか》を待《ま》つ現実《げんじつ》なり

ギリシャ生《う》まれ。プラトンに学《まな》ぶ。あらゆる学問《がくもん》の基礎《きそ》を確立《かくりつ》した「万学《ばんがく》の祖《そ》」。

会社員《かいしゃいん》A
小説家《しょうせつか》になるぞ!
井上靖《いのうえやすし》
まだ3時《じ》だ
夜明《よあ》けまで3時間《じかん》もあるぞ
仕事《しごと》が忙《いそが》しすぎるからもうムリ…
数年後《すうねんご》…
やったー!
賞《しょう》をとったぞ!
努力《どりょく》をする人《ひと》は
希望《きぼう》を語《かた》り、
怠《なま》ける人《ひと》は不満《ふまん》を語《かた》る

ほかにもある

“幸福《こうふく》は求《もと》めない方《ほう》がいい。求《もと》めない眼《め》に、求《もと》めない心《こころ》に、求《もと》めない体《からだ》に、求《もと》めない日々《ひび》に、人間《にんげん》の幸福《こうふく》はあるようだ”

遅咲《おそざ》きだった井上靖《いのうえやすし》は、幾度《いくど》となく期待《きたい》しては、夢《ゆめ》が破《やぶ》れるという経験《けいけん》も多《おお》かったに違《ちが》いない。それでも、ただ小説《しょうせつ》を書《か》くこと、それ自体《じたい》を求《もと》め、昼間《ひるま》に新聞社《しんぶんしゃ》で働《はたら》きながら、夜《よる》に執筆活動《しっぴつかつどう》を行《おこな》った。その結果《けっか》、大《おお》きな幸福《こうふく》をつかんだが、努力《どりょく》の日々《ひび》のなかに幸福《こうふく》はあった。日々《ひび》の幸《しあわ》せに気《き》づけるかどうか。

まめ知識《ちしき》

日本《にほん》の文学賞《ぶんがくしょう》を総《そう》ナメ ノーベル賞《しょう》は逃《のが》す

井上《いのうえ》は、芥川賞《あくたがわしょう》、芸術選奨文部大臣賞《げいじゅつせんしょうもんぶだいじんしょう》、毎日芸術賞《まいにちげいじゅつしょう》、野間文芸賞《のまぶんげいしょう》、読売文学賞《よみうりぶんがくしょう》、日本文学大賞《にほんぶんがくたいしょう》、菊池寛賞《きくちかんしょう》など、日本《にほん》のあらゆる文学賞《ぶんがくしょう》を受賞《じゅしょう》した。その作品《さくひん》は翻訳《ほんやく》されて海外《かいがい》でも広《ひろ》く読《よ》まれ、ノーベル文学賞《ぶんがくしょう》も期待《きたい》されたが、受賞《じゅしょう》は逃《のが》した。誰《だれ》がノーベル賞《しょう》の候補《こうほ》になっていたかは50年間《ねんかん》秘密《ひみつ》にされる決《き》まりだが、2013年《ねん》にノーベル委員長《いいんちょう》は井上靖《いのうえやすし》が当時有力候補《とうじゆうりょくこうほ》だったことを明《あ》かした。

27

自分《じぶん》を見《み》つめ直《なお》したくなったときのことば

三浦《みうら》知良《かずよし》

“学《まな》ばない者《もの》は人《ひと》のせいにする。学《まな》びつつある者《もの》は自分《じぶん》のせいにする。学《まな》ぶということを知《し》っている者《もの》は誰《だれ》のせいにもしない”

日本《にほん》のスポーツ選手《せんしゅ》で「キング」と呼《よ》ばれるのは、彼《かれ》くらいではないだろうか。「キング・カズ」の愛称《あいしょう》で知《し》られる、三浦知良《みうらかずよし》である。

J《ジェイ》リーグ年間最優秀選手賞《ねんかんさいゆうしゅうせんしゅしょう》や得点王《とくてんおう》に輝《かがや》き、ベストイレブンも2回受賞《かいじゅしょう》している。そして、1993年《ねん》には、アジア年間最優秀選手賞《ねんかんさいゆうしゅうせんしゅしょう》を受賞《じゅしょう》した。

J《ジェイ》リーグ創生期《そうせいき》の象徴《しょうちょう》として輝《かがや》き続《つづ》けるカズ。驚《おどろ》くべきことに、51歳《さい》になる2018年現在《ねんげんざい》も、世界最年長《せかいさいねんちょう》のプロサッカー選手《せんしゅ》として、ピッチに立《た》ち続《つづ》ける。

カズが「学《まな》び」について語《かた》ったのが、この言葉《ことば》だ。人《ひと》のせいにも、そして、自分《じぶん》のせいにもしない。それが、学《まな》びを重《かさ》ねた末《すえ》の境地《きょうち》なのだ。

プロサッカー選手《せんしゅ》

1967年《ねん》〜。静岡《しずおか》生《う》まれ。高校《こうこう》1年《ねん》のとき、プロのサッカー選手《せんしゅ》になりたいという夢《ゆめ》をかなえるために一人《ひとり》でブラジルに渡《わた》り活躍《かつやく》。J《ジェイ》リーグの発足《ほっそく》に合《あ》わせて日本《にほん》に戻《もど》り、読売《よみうり》サッカークラブ（現在《げんざい》の東京《とうきょう》ヴェルディ）に移籍《いせき》。ヴェルディの黄金《おうごん》時代《じだい》を築《きず》いた。

同《おな》じことを言《い》っているのは……

矢沢《やざわ》 永吉《えいきち》 〜ミュージシャン〜

**言《い》いたいのは、それひとつだよ。
その生《い》き方《かた》を人《ひと》のせいにしちゃダメだ。
オレも、人《ひと》のせいにしないから。自分《じぶん》で処理《しょり》する**

広島《ひろしま》生《う》まれ。ロックバンド「キャロル」のボーカルとして活躍《かつやく》した後《のち》、ソロに。

ほかにもある

“47歳《さい》の今《いま》も、20歳《さい》のときと情熱《じょうねつ》は全《まった》く変《か》わっていない”

年《とし》を重《かさ》ねることは、大人《おとな》になるということ。そして、あるときからは身体《からだ》がおとろえていくことになる。だが、情熱《じょうねつ》はいつまでも変《か》わらないと、カズは語《かた》る。さらに、こう続《つづ》けている。「ただ、あの頃《ころ》の一《ひと》つひとつの経験《けいけん》は、本当《ほんとう》に重《おも》かったし、今《いま》の自分《じぶん》を作《つく》った礎《いしずえ》になっていることは間違《まちが》いない」。無駄《むだ》な経験《けいけん》などない。

まめ知識《ちしき》

カズダンスの誕生《たんじょう》

カズが得点《とくてん》を決《き》めたときに踊《おど》るゴールパフォーマンス「カズダンス」。細《こま》かいステップを踏《ふ》んで両手《りょうて》を回《まわ》し、最後《さいご》に左手《ひだりて》で股間《こかん》をおさえ右手《みぎて》で天《てん》を指《ゆび》さす。ブラジル時代《じだい》に見《み》たカレカ選手《せんしゅ》の動《うご》きを参考《さんこう》に、1989年《ねん》、テレビ番組《ばんぐみ》『ビートたけしのスポーツ大将《たいしょう》』で初披露《はつひろう》した。さらに田原俊彦《たはらとしひこ》のアドバイスを取《と》り入《い》れて改良《かいりょう》してキレのあるものになった。カズダンスは大《だい》ブームとなり、さまざまなサッカー選手《せんしゅ》が披露《ひろう》している。

28

自分《じぶん》を見《み》つめ直《なお》したくなったときのことば

小早川《こばやかわ》 隆景《たかかげ》

武将《ぶしょう》

1533～1597年《ねん》。広島《ひろしま》生《う》まれ。毛利《もうり》元就《もとなり》の三男《さんなん》。小早川《こはやかわ》家《け》を継《つ》ぎ、毛利《もうり》氏《し》と秀吉《ひでよし》とを橋渡《はしわた》しして秀吉《ひでよし》と親交《しんこう》を結《むす》んだ。四国《しこく》・九州《きゅうしゅう》平定《へいてい》、小田《おだ》原《わら》攻《ぜ》め、文禄《ぶんろく》の役《えき》に参《さん》戦《せん》した。父《ちち》・元就《もとなり》の教《おし》えに従《したが》い、兄弟《きょうだい》と協力《きょうりょく》して毛利《もうり》氏《し》の結束《けっそく》を守《まも》った。

〃自分《じぶん》の好《この》みに合《あ》ったことだけを取《と》り入《い》れるな。むしろ自分《じぶん》が苦手《にがて》なことにこそ立《た》ち向《む》かっていけ〃

毛利元就《もうりもとなり》の三男《さんなん》、小早川隆景《こばやかわたかかげ》。立《た》ちはだかる問題《もんだい》に、工夫《くふう》して対処《たいしょ》する能力《のうりょく》が高《たか》く、軍事的《ぐんじてき》な戦略《せんりゃく》を立《た》てることに関《かん》しては、誰《だれ》よりも優《すぐ》れていた。織田信長《おだのぶなが》が殺《ころ》された「本能寺《ほんのうじ》の変《へん》」の後《あと》、隆景《たかかげ》は豊臣秀吉《とよとみひでよし》に重《おも》んじられ、目立《めだ》って力《ちから》を現《あらわ》し始《はじ》めた。豊臣《とよとみ》政権《せいけん》で強力《きょうりょく》な権力《けんりょく》を持《も》っていた「五大老《ごたいろう》」の一人《ひとり》にも入《はい》っている。

天才軍師《てんさいぐんし》として活躍《かつやく》した隆景《たかかげ》が放《はな》ったのがこの言葉《ことば》だ。耳《みみ》が痛《いた》い人《ひと》は多《おお》いのではないだろうか。誰《だれ》だって、苦手《にがて》なことからは逃《に》げたいものだ。だが、隆景《たかかげ》は、むしろ苦《にが》手《て》なことに立《た》ち向《む》かっていけ、と説《と》いた。苦手《にがて》なことに挑戦《ちょうせん》して初《はじ》めて裸《はだか》の自分《じぶん》と向《む》き合《あ》うことができる。その先《さき》には、これまでにない成長《せいちょう》が待《ま》っているはずだ。

同《おな》じことを言《い》っているのは……

イチロー ～プロ野球選手《やきゅうせんしゅ》～ ➡P.100

キライなことをやれと言《い》われて
やれる能力《のうりょく》っていうのは、
後《あと》でかならず生《い》きてきますよ

ほかにもある

“私《わたし》は決断《けつだん》する前《まえ》には、長《なが》く思案《しあん》する。しかし、いったん決断《けつだん》したあとで二度《にど》と後戻《あともど》りをする必要《ひつよう》はない。思案《しあん》に思案《しあん》を重《かさ》ねたうえで得《え》た決断《けつだん》であるからだ”

秀吉《ひでよし》の軍師《ぐんし》だった黒田孝高《くろだよしたか》に「私《わたし》は決《けつ》断《だん》は早《はや》いが、後《あと》で後悔《こうかい》することが多《おお》い。あなたは少《すく》ない。なぜだろうか」と尋《たず》ねられて、小早川《こばやかわ》が答《こた》えた言葉《ことば》。隆景《たかかげ》が思案《しあん》に時間《じかん》をかけるのは、自分《じぶん》の行動《こうどう》が「他人《たにん》を思《おも》いやる、人《ひと》としての正《ただ》しい生《い》き方《かた》」に反《はん》していないかを熟考《じゅっこう》するためだった。

まめ知識《ちしき》

秀吉《ひでよし》の息子《むすこ》を補佐《ほさ》する五大老《ごたいろう》

晩年《ばんねん》の豊臣秀吉《とよとみひでよし》は死後《しご》の政権《せいけん》の安《あん》定《てい》を考《かんが》え、幼《おさな》い息子《むすこ》の秀頼《ひでより》を補佐《ほさ》させるため、「五大老《ごたいろう》」という政権最《せいけんさい》高《こう》の権力《けんりょく》を持《も》つ機関《きかん》を作《つく》った。メンバーは徳川家康《とくがわいえやす》、前田利家《まえだとしいえ》、毛利輝《もうりてる》元《もと》、宇喜多秀家《うきたひでいえ》、小早川隆景《こばやかわたかかげ》の五人《ごにん》。補佐役《ほさやく》としてスタートしたが、徐々《じょじょ》に、政権《せいけん》を事実上運営《じじつじょううんえい》するようになっていった。隆景《たかかげ》が死《し》ぬと上杉景勝《うえすぎかげかつ》が代《か》わりに入《はい》り、関ヶ原《せきがはら》の戦《たたか》いで崩壊《ほうかい》した。

パスカル（ブレーズ・パスカル）

〝人《ひと》にほめられたいなら、自分《じぶん》のことをほめるな〟

ブレーズ・パスカルはさまざまな顔《かお》を持《も》つ。物理学者《ぶつりがくしゃ》、哲学者《てつがくしゃ》、自然哲学者《しぜんてつがくしゃ》、数学者《すうがくしゃ》、キリスト教神学者《きょうしんがくしゃ》……。物理学者《ぶつりがくしゃ》としては、気体《きたい》や液体《えきたい》の圧力《あつりょく》の性質《せいしつ》を解明《かいめい》した。台風《たいふう》のニュースで耳《みみ》にする「ヘクトパスカル」という言葉《ことば》は、パスカルの名前《なまえ》が由来《ゆらい》でもある。哲学者《てつがくしゃ》としては『パンセ』を書《か》き、数学者《すうがくしゃ》としては、多《おお》くの名言《めいげん》を生《う》み出《だ》した。

16歳《さい》の若《わか》さで円《えん》に関《かん》する重要《じゅうよう》な定理《ていり》「パスカルの定理《ていり》」にたどり着《つ》いた。まさに天才《てんさい》であり、周囲《しゅうい》からは高《たか》く評価《ひょうか》されてしかるべきだろう。

だが、パスカルは、自分《じぶん》のことをほめるようなことはするな、と言《い》う。自分《じぶん》で自分《じぶん》を褒《ほ》めるような振《ふ》る舞《ま》いは、周囲《しゅうい》からは認《みと》めてもらえない。謙虚《けんきょ》な姿勢《しせい》を持《も》とう。

物理学者《ぶつりがくしゃ》、哲学者《てつがくしゃ》

1623～1662年《ねん》。フランス生《う》まれ。幼《おさな》い頃《ころ》から数学《すうがく》や物理学《ぶつりがく》をはじめ多《おお》くの分野《ぶんや》で天才《てんさい》を発揮《はっき》した。パスカルの名前《なまえ》は圧力《あつりょく》の単位《たんい》として現在《げんざい》でも使《つか》われている。また、熱心《ねっしん》なキリスト教徒《きょうと》で、哲学的《てつがくてき》な思索《しさく》もめぐらせていた。体《からだ》が弱《よわ》く、39歳《さい》で亡《な》くなった。

同《おな》じことを言《い》っているのは……

ジャン・ド・ラ・ブリュイエール ～小説家《しょうせつか》～

謙譲《けんじょう》な男《おとこ》は自分自身《じぶんじしん》のことを決《けっ》して語《かた》らない

フランス生《う》まれ。古代《こだい》ギリシャの『人《ひと》さまざま』の翻訳《ほんやく》に自作《じさく》を付《ふ》録《ろく》して出版《しゅっぱん》した。

この「パスカルの定理《ていり》」は私《わたし》が16歳《さい》のときに考《かんが》えたものだ
P
R
Q
A
F
E
D
B
C
これを考《かんが》えた私《わたし》はもしや天才《てんさい》なのでは…!?
ピシャーン!!
ブン
ブン
いやいや…そんなことはない…
人《ひと》にほめられたいなら、自分《じぶん》のことをほめるな
すごい!
天才《てんさい》だ!

ほかにもある

“人間《にんげん》は考《かんが》える葦《あし》である”

人間《にんげん》は宇宙《うちゅう》の中《なか》では、ちっぽけな生《い》き物《もの》にすぎない。自然《しぜん》の中《なか》でもっとも弱《よわ》い、一《いっ》本《ぽん》の葦《あし》のように。しかし、人間《にんげん》は「考《かんが》える」ことができる。宇宙《うちゅう》は考《かんが》えることができない。人間《にんげん》は宇宙《うちゅう》の中《なか》に包《つつ》まれて存在《そんざい》している。だが、人間《にんげん》は考《かんが》えることで、宇宙全体《うちゅうぜんたい》を思考《しこう》の中《なか》に包《つつ》むことができる。思考《しこう》することにこそ人間《にんげん》の気高《けだか》さがあるのだ。

まめ知識《ちしき》

『パンセ』は下書《したが》き

「人間《にんげん》は考《かんが》える葦《あし》である」「クレオパトラの鼻《はな》が低《ひく》かったら地球《ちきゅう》の表情《ひょうじょう》はすっかり変《か》わっていただろう」などで有名《ゆうめい》な『パンセ』は、パスカル自《じ》身《しん》が完成形《かんせいけい》として発表《はっぴょう》したものではない。パスカルはキリスト教《きょう》を擁護《ようご》する本《ほん》を構想《こうそう》しているときに亡《な》くなり、その下書《したが》きの膨大《ぼうだい》なメモがまとめられたものが『パンセ』である。本人《ほんにん》にしかわからないような謎《なぞ》が残《のこ》る部《ぶ》分《ぶん》も多《おお》く、逆《ぎゃく》にそれが多《おお》くの人《ひと》を惹《ひ》きつけているのかもしれない。

ビル・ゲイツ

実業家《じつぎょうか》、慈善活動家《じぜんかつどうか》

1955年《ねん》〜。アメリカ生《う》まれ。裕福《ゆうふく》な家庭《かてい》に生《う》まれ、大学《だいがく》では法学《ほうがく》を学《まな》ぶが、得意《とくい》なプログラミング技術《ぎじゅつ》を生《い》かしてマイクロソフト社《しゃ》を創業《そうぎょう》した。Windows《ウィンドウズ》はOS《オーエス》の市場《しじょう》占有率《せんゆうりつ》1位《い》になった。第《だい》一線《いっせん》からしりぞいた後《あと》は、妻《つま》メリンダとともに慈善《じぜん》活動《かつどう》に力《ちから》を注《そそ》いでいる。

〝成功《せいこう》は、最低《さいてい》の教師《きょうし》だ〟

13歳《さい》で初《はじ》めてプログラムを書《か》いたビル・ゲイツ。ハーバード大学在学中《だいがくざいがくちゅう》に、友人《ゆうじん》ポール・アレンと、プログラミング言語《げんご》BASIC《ベーシック》を個人用《こじんよう》コンピューターで使《つか》えるようにする仕組《しく》みを開発《かいはつ》。19歳《さい》のときに二人《ふたり》でマイクロソフト社《しゃ》を創立《そうりつ》し、事業《じぎょう》に専念《せんねん》するため、大学《だいがく》を中退《ちゅうたい》した。コンピューターを動《うご》かすための基本的《きほんてき》なソフトウェア（OS《オーエス》）として発売《はつばい》したWindows《ウィンドウズ》が大成功《だいせいこう》し、世界的《せかいてき》な大富豪《だいふごう》になった。

ゲイツが「成功《せいこう》」について語《かた》ったのが、この言葉《ことば》だ。その理由《りゆう》として、「優秀《ゆうしゅう》な人間《にんげん》をたぶらかして、失敗《しっぱい》などありえないと思《おも》い込《こ》ませてしまう」と後《あと》に続《つづ》けている。

いつまでも成功体験《せいこうたいけん》にとらわれていては、それ以上《いじょう》の未来《みらい》はやって来《こ》ない。

同《おな》じことを言《い》っているのは……

トーマス・エジソン 〜発明家《はつめいか》、実業家《じつぎょうか》〜 ➡P.136

バカ、それは失敗《しっぱい》じゃない。
一《ひと》つ一《ひと》つ、うまくゆかない方法《ほうほう》を
確認《かくにん》したんだ

ビル13歳《さい》
カタカタ…
すごい
天才《てんさい》か？
ビル19歳《さい》
会社《かいしゃ》を立《た》ち上《あ》げました
マイクロソフト
Microsoft
ゲイツさん世界一《せかいいち》の成功者《せいこうしゃ》ですね！
いいなー
つまり僕《ぼく》は世界一《せかいいち》最低《さいてい》な教師《きょうし》と向《む》き合《あ》っているんだ
成功《せいこう》は最低《さいてい》の教師《きょうし》だ
？？？

ほかにもある

“問題《もんだい》は未来《みらい》だ。だから私《わたし》は、過去《かこ》を振《ふ》り返《かえ》らない”

ゲイツは、ライフワークとして、コンピューター、公衆衛生《こうしゅうえいせい》、環境《かんきょう》の各分野《かくぶんや》で未来《みらい》を予測《よそく》することに取《と》り組《く》んでおり、スマートフォンやソーシャルネットワーキングサービスの流行《りゅうこう》も予測《よそく》していた。ゲイツのモットーが、過去《かこ》を振《ふ》り返《かえ》らないということ。あくまでも考《かんが》えるべきは未来《みらい》。「これからどうするか」が問題《もんだい》なのだ。

まめ知識《ちしき》

総資産《そうしさん》は約《やく》9兆《ちょう》6800億円《おくえん》

2017年《ねん》のアメリカの経済誌《けいざいし》『フォーブス』によると、ゲイツの推定資産《すいていしさん》は860億《おく》ドル（約《やく》９兆《ちょう》6800億円《おくえん》）。４年連続《ねんれんぞく》で世界《せかい》で一番《いちばん》のお金持《かねも》ちとなった。過去《かこ》23年間《ねんかん》で18回目《かいめ》の首位《しゅい》である。また、ゲイツは2017年《ねん》、今世紀最大《こんせいきさいだい》の寄付《きふ》となる約《やく》5070億円《おくえん》相当《そうとう》のマイクロソフト株《かぶ》を寄付《きふ》した。大半《たいはん》は夫妻《ふさい》が創設《そうせつ》した慈善団体《じぜんだんたい》「ビル・アンド・メリンダ・ゲイツ財団《ざいだん》」宛《あ》てだと言《い》われている。

31

自分《じぶん》を見《み》つめ直《なお》したくなったときのことば

チャップリン（チャールズ・スペンサー・チャップリン）

映画監督《えいがかんとく》、俳優《はいゆう》

1889～1977年《ねん》。イギリス生《う》まれ。アメリカに渡《わた》り、映画俳優《えいがはいゆう》になる。チョビひげと帽子《ぼうし》とステッキのキャラクターを確立《かくりつ》し、サイレント映画《えいが》のコメディを極《きわ》めた。トーキー映画《えいが》の時代《じだい》になると、自《みずか》ら脚本《きゃくほん》、監督《かんとく》、主演《しゅえん》をこなして数々《かずかず》の名作《めいさく》を生《う》み出《だ》した。

〝失敗《しっぱい》はたいしたことではない。だが自分《じぶん》を笑《わら》い者《もの》にするには勇気《ゆうき》がいる〟

チャールズ・チャップリンは映画監督《えいがかんとく》、俳優《はいゆう》、脚本家《きゃくほんか》、作曲家《さっきょくか》。映画《えいが》というものが作《つく》られ始《はじ》めた時代《じだい》に、数々《かずかず》の作品《さくひん》を生《う》み出《だ》した。当時《とうじ》の映画《えいが》は音声《おんせい》のない「サイレント映画《えいが》」。サイレント映画界《えいがかい》の喜劇王《きげきおう》として君臨《くんりん》した。貧乏《びんぼう》でつらい暮《く》らしをしていたからか、その作品《さくひん》は貧《まず》しい市民《しみん》の視点《してん》から、当時《とうじ》の社会《しゃかい》を風刺《ふうし》している。

自分《じぶん》の演技《えんぎ》で笑《わら》いを誘《さそ》うチャップリンが、失敗《しっぱい》について語《かた》ったのがこの言葉《ことば》だ。失敗《しっぱい》すること自体《じたい》は本来《ほんらい》、何《なん》でもない。ただし、自分《じぶん》をあえて笑《わら》い者《もの》にするのは勇気《ゆうき》が必要《ひつよう》だ。その勇気《ゆうき》ある者《もの》こそが、自分《じぶん》を、そして、自分《じぶん》の人生《じんせい》を愛《あい》せるのかもしれない。うまくいくことのほうが少《すく》ない人生《じんせい》で、心《こころ》に刻《きざ》んでおきたい言葉《ことば》だ。

同《おな》じことを言《い》っているのは……

イワン・ツルゲーネフ ～小説家《しょうせつか》～

人間《にんげん》には不幸《ふこう》か、貧乏《びんぼう》か、勇気《ゆうき》が必要《ひつよう》だ。さもないとすぐに思《おも》いあがる

ロシア生《う》まれ。『父《ちち》と子《こ》』『初恋《はつこい》』などの著書《ちょしょ》がある。ロシア文学《ぶんがく》を西《せい》欧《おう》に紹介《しょうかい》した。

まめ知識《ちしき》

5歳《さい》での初舞台《はつぶたい》

チャップリンの母《はは》は舞台俳優《ぶたいはいゆう》だった。だが、あるとき彼女《かのじょ》は舞台《ぶたい》の上《うえ》で声《こえ》が出《で》なくなってしまう。怒《おこ》った観客《かんきゃく》はブーイング。事態《じたい》を収拾《しゅうしゅう》しようとした劇場《げきじょう》の経営者《けいえいしゃ》は、舞台《ぶたい》そでで見《み》ていた当時《とうじ》5歳《さい》のチャップリンを舞台《ぶたい》に連《つ》れ出《だ》した。チャップリンは臆《おく》することなく歌《うた》い、観客《かんきゃく》は大喜《おおよろこ》びしてコインを投《な》げこんでアンコールした。チャップリンが「コインを拾《ひろ》ってから二曲目《にきょくめ》を歌《うた》います」と言《い》うと観客《かんきゃく》は大笑《おおわら》いして喜《よろこ》んだ。

ほかにもある

“人生《じんせい》に必要《ひつよう》なものは、
勇気《ゆうき》と想像力《そうぞうりょく》。
それとほんの少《すこ》しのお金《かね》だ”

早《はや》くに父《ちち》を亡《な》くし、弟《おとうと》とともに、極貧《ごくひん》の幼少時代《ようしょうじだい》を過《す》ごしたチャップリン。反骨精神《はんこつせいしん》を笑《わら》いの力《ちから》に変《か》えて、喜劇役者《きげきやくしゃ》としての道《みち》を切《き》り拓《ひら》き、映画監督《えいがかんとく》になった。名作《めいさく》『ライムライト』に出《で》てくる名《めい》ゼリフがこれだ。お金《かね》は少《すこ》しでも、勇気《ゆうき》と想像力《そうぞうりょく》があれば、日々《ひび》は変《か》わる。日々《ひび》が変《か》われば、人生《じんせい》は変《か》わる。そう、チャップリンのように。

32

自分《じぶん》を見《み》つめ直《なお》したくなったときのことば

インディラ・プリヤダルシニー・ガンディー

インド首相《しゅしょう》

1917～1984年《ねん》。インド生《う》まれ。初代《しょだい》インド首相《しゅしょう》の父《ちち》のもとで経験《けいけん》を積《つ》み、首相《しゅしょう》に就任《しゅうにん》。1972年《ねん》、パキスタンとの戦争《せんそう》に勝利《しょうり》し、東《ひがし》パキスタンをバングラディシュとして独立《どくりつ》させた。「緑《みどり》の革命《かくめい》」を推進《すいしん》するなど、功績《こうせき》を残《のこ》した。

“寛容《かんよう》さは勇気《ゆうき》の現《あらわ》れです”

第《だい》5代《だい》と第《だい》8代《だい》インド首相《しゅしょう》を務《つと》めたインディラ・ガンディー。初代《しょだい》インド首相《しゅしょう》ジャワハルラール・ネルーの娘《むすめ》である。「インド独立《どくりつ》の父《ちち》」マハトマ・ガンディーと血縁《けつえん》関係《かんけい》はない。1966年《ねん》、ネルーの後継《こうけい》首《しゅ》相《しょう》シャーストリーが急死《きゅうし》したことで、インディラが首相《しゅしょう》になった。初《はじ》めは、名《な》ばかりの首相《しゅしょう》だと思《おも》われていたが、段々《だんだん》とリーダーシップを発揮《はっき》。穀物類《こくもつるい》の品種改良《ひんしゅかいりょう》や農業《のうぎょう》技《ぎ》術《じゅつ》の革新《かくしん》をする「緑《みどり》の革命《かくめい》」を推進《すいしん》し、農《のう》業《ぎょう》の生産性《せいさんせい》を向上《こうじょう》させ食糧《しょくりょう》自給《じきゅう》を達成《たっせい》するなど、功績《こうせき》を残《のこ》した。

インディラは「寛容《かんよう》さ」についてこう語《かた》った。寛容《かんよう》に人《ひと》を許《ゆる》すということは、勇《ゆう》気《き》がないとできない。持《も》ちつ持《も》たれつの世《よ》だからこそ、他人《たにん》の言動《げんどう》には寛容《かんよう》でありたい。

同《おな》じことを言《い》っているのは……

ヴォルテール ～思想家《しそうか》、小説家《しょうせつか》～

寛容《かんよう》とは何《なに》か。それは人間愛《にんげんあい》の所有《しょゆう》である

フランス生《う》まれ。イギリスの経験論《けいけんろん》を学《まな》び、フランスの旧体制《きゅうたいせい》を批判《ひはん》した。

インディラ当選《とうせん》！
私《わたし》が首相《しゅしょう》よ！
負《ま》けた…
どうせ名《な》ばかりの首相《しゅしょう》だろ
ドン
緑《みどり》の革命《かくめい》を全土《ぜんど》に拡大《かくだい》します！
食料不足《しょくりょうぶそく》が改善《かいぜん》された！
あんなこと言《い》ってすまない…
いいのよ
寛容《かんよう》さは勇気《ゆうき》の現《あらわ》れです

ほかにもある

“握《にぎ》り拳《こぶし》と握手《あくしゅ》はできない”

1971年《ねん》、インディラがパキスタン首相《しゅしょう》との面会《めんかい》を断《こと》わるときに言《い》った言葉《ことば》。当時《とうじ》インドとパキスタンは軍事衝突《ぐんじしょうとつ》していた。この言葉《ことば》は昔《むかし》からあり、本来《ほんらい》の意味《いみ》は「敵対《てきたい》的《てき》な態度《たいど》を示《しめ》す限《かぎ》り、友好関係《ゆうこうかんけい》は築《きず》けない。だから攻撃態勢《こうげきたいせい》をやめて親《した》しくなろう」というもの。このときは拒否《きょひ》の意味《いみ》で使《つか》ったため、第三次《だいさんじ》インドパキスタン戦争《せんそう》は回避《かいひ》できなかった。

まめ知識《ちしき》

政治家一族《せいじかいちぞく》

ネルーとガンディー

インディラの父《ちち》ネルーの一族《いちぞく》、インディラの夫《おっと》と子《こ》のガンディー一族《いちぞく》には代々多《だいだいおお》くの政治家《せいじか》がいる。だが暗《くら》い話《はなし》も多《おお》い。インディラの次男《じなん》サンジャイは後継者《こうけいしゃ》とみなされていたが不慮《ふりょ》の事故《じこ》で亡《な》くなった。インディラ自身《じしん》はシク教徒《きょうと》を弾圧《だんあつ》して反発《はんぱつ》を招《まね》き、過激派《かげきは》に暗殺《あんさつ》された。長男《ちょうなん》ラジーヴはインディラの後《あと》を継《つ》いで首《しゅ》相《しょう》になったが、辞職《じしょく》して2年後《ねんご》にテロリストに暗殺《あんさつ》されてしまった。

自分《じぶん》を見《み》つめ直《なお》したくなったときのことば

斎藤《さいとう》 茂太《しげた》

精神科医《せいしんかい》、随筆家《ずいひつか》

1916 ～ 2006 年《ねん》。東京《とうきょう》生《う》まれ。歌人《かじん》で精神科《せいしんか》医《い》の斎藤《さいとう》茂吉《もきち》の長男《ちょうなん》。弟《おとうと》は作家《さっか》の北杜夫《きたもりお》。慶應義塾大学大学院《けいおうぎじゅくだいがくだいがくいん》で医学博士号取得《いがくはくしごうしゅとく》。父《ちち》の跡《あと》を継《つ》ぎ斎藤病院院長《さいとうびょういんいんちょう》となった。90 歳《さい》で亡《な》くなるまで現役《げんえき》を続《つづ》け、「心《こころ》の名医《めいい》」と呼《よ》ばれた。

〝「ありがとう」を多《おお》く言《い》うと、ストレスが少《すく》なくなる〟

斎藤《さいとう》病院《びょういん》名誉《めいよ》院長《いんちょう》、日本《にほん》精神《せいしん》病院《びょういん》協会《きょうかい》名誉《めいよ》会長《かいちょう》、アルコール健康《けんこう》医学《いがく》協会《きょうかい》会長《かいちょう》、日本《にほん》ペンクラブ理事《りじ》、日本《にほん》旅行《りょこう》作家《さっか》協会《きょうかい》会長《かいちょう》……。さまざまな肩書《かたが》きを持《も》つ、精神科医《せいしんかい》の斎藤茂太《さいとうしげた》だが、名前《なまえ》を音読《おんよ》みした「モタさん」の愛称《あいしょう》がもっともよく知《し》られている。数多《かずおお》くの著作《ちょさく》を世《よ》に出《だ》した、モタさんの言葉《ことば》に励《はげ》まされた人《ひと》は、決《けっ》して少《すく》なくないだろう。

この言葉《ことば》もその一《ひと》つである。どんな小《ちい》さなことでも「ありがとう」と口《くち》に出《だ》して言《い》ってみよう。それだけで不思議《ふしぎ》と気持《きも》ちも空気《くうき》も明《あか》るくなる。感謝《かんしゃ》の気持《きも》ちも大《おお》きくなる。そしてストレスも少《すく》なくなっていく。まるで魔法《まほう》の言葉《ことば》だ。使《つか》わない手《て》はないだろう。

同《おな》じことを言《い》っているのは……

松下《まつした》 幸之助《こうのすけ》 ～実業家《じつぎょうか》～ ➡P.130

「ありがとう」と言《い》う方《ほう》は何気《なにげ》なくても、言《い》われる方《ほう》はうれしい、「ありがとう」これをもっと素直《すなお》に言《い》い合《あ》おう

まめ知識《ちしき》

言葉《ことば》の力《ちから》を使《つか》いこなす斎藤家《さいとうけ》の人《ひと》びと

斎藤茂太《さいとうしげた》の父《ちち》、斎藤茂吉《さいとうもきち》は『赤《しゃっ》光《こう》』で日本《にほん》の文壇《ぶんだん》に大《おお》きな影響《えいきょう》を与《あた》えた歌人《かじん》。弟《おとうと》の北杜夫《きたもりお》は小説家《しょうせつか》で、斎藤家《さいとうけ》をモデルに『楡家《にれけ》の人《ひと》びと』を書《か》いた。

斎藤茂太《さいとうしげた》は父《ちち》から継《つ》いだ病院《びょういん》の現《げん》場《ば》で診療《しんりょう》にあたり、言葉《ことば》の力《ちから》で患者《かんじゃ》を治療《ちりょう》し続《つづ》けた。その言葉《ことば》は『いい言葉《ことば》は、いい人生《じんせい》をつくる』など多《た》数《すう》の著書《ちょしょ》となり、現在《げんざい》も日本中《にほんじゅう》の読《どく》者《しゃ》を勇気《ゆうき》づけ続《つづ》けている。

ほかにもある

“嫌《きら》われたら、それ以上《いじょう》の力《ちから》で好《す》きになれ！”

誰《だれ》だって嫌《きら》われたくはないはずだ。「もしかして、自分《じぶん》は嫌《きら》われているのかも」。そう思《おも》った瞬間《しゅんかん》に、相手《あいて》のことも嫌《きら》いになってくる経験《けいけん》は多《おお》くの人《ひと》がしているだろう。もし、それが誤解《ごかい》ならば、お互《たが》いにとって、これほど悲《かな》しいことはない。相手《あいて》に嫌《きら》われたと思《おも》ったら、こっちはむしろ好《す》きになればいい。そうすれば、案外対立《あんがいたいりつ》など生《う》まれないものだ。

自分《じぶん》を見《み》つめ直《なお》したく
なったときのことば

孔子《こうし》

“学而不思則罔
思而不学則殆”

［ 学《まな》びて思《おも》わざれば則《すなわ》ち罔《くら》し、
思《おも》いて学《まな》ばざれば則《すなわ》ち殆《あやう》し ］

中国《ちゅうごく》の春秋戦国時代《しゅんじゅうせんごくじだい》に生《い》きた思想家《しそうか》、孔子《こうし》。紀元前《きげんぜん》552年《ねん》、魯国《ろこく》に生《う》まれて、役人《やくにん》として才能《さいのう》を発揮《はっき》するが、政治《せいじ》の争《あらそ》いに巻《ま》き込《こ》まれて地位《ちい》を奪《うば》われる。逆境《ぎゃっきょう》のなかでも、孔子《こうし》は、正《ただ》しい政治《せいじ》の高《たか》い理想《りそう》を説《と》き続《つづ》けた。

孔子《こうし》の死後《しご》、弟子《でし》とのやりとりが『論語《ろんご》』としてまとめられた。『論語《ろんご》』『孟子《もうし》』『大学《だいがく》』『中庸《ちゅうよう》』は、儒教《じゅきょう》の「四書《ししょ》」として、時代《じだい》を越《こ》えて読《よ》み継《つ》がれている。

この言葉《ことば》は、『論語《ろんご》』のなかの有名《ゆうめい》な一節《いっせつ》である。意味《いみ》は、「学《まな》んだだけで考《かんが》えないのでは、はっきり理解《りかい》できない。また、考《かんが》えるだけで学《まな》ばなければ、独断《どくだん》におちいる危険《きけん》がある」。知識《ちしき》を得《え》て、自分《じぶん》なりに考《かんが》える。それで初《はじ》めて学問《がくもん》が生《い》かされるのだ。

同《おな》じことを言《い》っているのは……

ブレーズ・パスカル ～物理学者《ぶつりがくしゃ》、哲学者《てつがくしゃ》～ ➡P.66

知恵《ちえ》は知識《ちしき》に優《まさ》る

思想家《しそうか》

紀元前《きげんぜん》552年《ねん》～紀元前《きげんぜん》479年頃《ねんごろ》。中国生《ちゅうごくう》まれ。中国《ちゅうごく》で初《はじ》めての塾《じゅく》を開《ひら》き、『論語《ろんご》』を残《のこ》す。その教《おし》えは儒教《じゅきょう》として、大《おお》きな影響《えいきょう》を与《あた》えた。キリスト教《きょう》のイエス・キリスト、仏《ぶっ》教《きょう》の釈迦《しゃか》と並《なら》び、「世界《せかい》の三大聖人《さんだいせいじん》」の一人《ひとり》とも言《い》われている。

孟子《もうし》
大学《だいがく》
中庸《ちゅうよう》
論語《ろんご》
どん
学《まな》んだら、さらに考《かんが》えよう
学《まな》びて思《おも》わざれば則《すなわ》ち罔《くら》し、思《おも》いて学ばざれば則《すなわ》ち殆《あやう》し
ご主人様《しゅじんさま》、夕飯《ゆうはん》は何《なに》にしましょう？
孔子《こうし》を尊敬《そんけい》しています!!
栄養《えいよう》は…
食《た》べ合《あ》わせは…
論語《ろんご》
2時間後《じかんご》
学《まな》ぶのも考《かんが》えるのも大切《たいせつ》ですが早《はや》く決《き》めてください！
うーん…

ほかにもある

“学而時習之 不亦説乎”

［学《まな》びて時《とき》に之《これ》を習《なら》ふ。亦《また》説《よろこ》ばしからずや］

知《し》らないことを知《し》る。その喜《よろこ》びは、何《なに》にも変《か》えがたいものだと孔子《こうし》は考《かんが》えていた。これも『論語《ろんご》』の冒頭《ぼうとう》に出《で》てくる一節《いっせつ》で「習《なら》ったことを機会《きかい》があるごとに復習《ふくしゅう》し、身《み》につけていくことは、なんと喜《よろこ》ばしいことだろうか」という意味《いみ》である。

学問《がくもん》を身《み》につけることは、人生《じんせい》を豊《ゆた》かにしてくれる。

まめ知識《ちしき》

知《し》らずに使《つか》っているあの言葉《ことば》も論語《ろんご》が由来《ゆらい》

孔子《こうし》の教《おし》えをまとめた『論語《ろんご》』は日本《にほん》でもよく研究《けんきゅう》され、浸透《しんとう》した。現在《げんざい》でも使《つか》われる「温故知新《おんこちしん》」「一《いち》を聞《き》いて十《じゅう》を知《し》る」「過《す》ぎたるはなお及《およ》ばざるがごとし」などは『論語《ろんご》』に出《で》てくる言葉《ことば》だ。ちなみに、『論語《ろんご》』には「君子《くんし》」についての言葉《ことば》が多《おお》いため誤解《ごかい》されがちだが、「君《くん》子《し》危《あやう》うきに近寄《ちかよ》らず」は出《で》てこない。また、「論語読《ろんごよ》みの論語知《ろんごし》らず」「犬《いぬ》に論語《ろんご》」などの日本《にほん》のことわざもある。

孟子《もうし》

“天時不如地利 地利如不人和”

［天《てん》の時《とき》は地《ち》の利《り》に如《し》かず、
地《ち》の利《り》は人《ひと》の和《わ》に如《し》かず］

中国《ちゅうごく》、春秋戦国時代《しゅんじゅうせんごくじだい》の思想家《しそうか》、孟子《もうし》による言葉《ことば》。天《てん》からチャンスがいくら訪《おとず》れても、土地《とち》の有利《ゆうり》な条件《じょうけん》には及《およ》ばない。そして、土地《とち》がどれだけ有利《ゆうり》であっても、人《ひと》の和《わ》、つまり、人間同士《にんげんどうし》が協調《きょうちょう》することには、勝《まさ》ることはない……。もう少《すこ》しかみ砕《くだ》いていえば、「どれだけ偶然《ぐうぜん》によるチャンスが到来《とうらい》しても、環境《かんきょう》が整《ととの》っていなければ意味《いみ》はない。また、環境《かんきょう》がいくら整《ととの》っていても、人《ひと》と人《ひと》が協力《きょうりょく》する状況《じょうきょう》になければ意味《いみ》はない」ということ。

もっとも大切《たいせつ》なのは、仲間同士《なかまどうし》が手《て》を組《く》んで、お互《たが》いを補《おぎな》い合《あ》うこと。それさえできていれば、環境《かんきょう》が整《ととの》っていなくても、不運続《ふうんつづ》きでも、最後《さいご》には成功《せいこう》をおさめることができるということだろう。

思想家《しそうか》

紀元前《きげんぜん》372年頃《ねんごろ》～紀元前《きげんぜん》289年頃《ねんごろ》。中国生《ちゅうごくう》まれ。孔子《こうし》の教《おし》えを受《う》け継《つ》ぎ、諸国《しょこく》が覇権《はけん》を争《あらそ》う春秋戦国時代《しゅんじゅうせんごくじだい》に、「人《ひと》は生《う》まれながらに思《おも》いやりの心《こころ》をもつ」という性善説《せいぜんせつ》を元《もと》に仁義《じんぎ》と王道《おうどう》政治《せいじ》を説《と》いた。実利主義《じつりしゅぎ》や利己主義《りこしゅぎ》を批判《ひはん》し、民主主義《みんしゅしゅぎ》に通《つう》じる思想《しそう》を持《も》つ。

同《おな》じことを言《い》っているのは……

前田《まえだ》 勝之助《かつのすけ》 ～経営者《けいえいしゃ》～

1人《ひとり》の100歩《ぽ》より、
100人《にん》の1歩《ぽ》が大事《だいじ》。
チームワークである

福岡生《ふくおかう》まれ。東洋《とうよう》レーヨンで東南《とうなん》アジアの子会社群《こがいしゃぐん》を黒字化《くろじか》し、社長《しゃちょう》になった。

A国《エーこく》
A国《エーこく》の王《おう》が病気《びょうき》の内《うち》に攻《せ》めたいけど…
遠《とお》いんだよな〜
ドタバタ
自分《じぶん》の国内《こくない》もモメてるし…
どうしたものか…
天《てん》の時《とき》は地《ち》の利《り》に如《し》かず、地《ち》の利《り》は人《ひと》の和《わ》に如《し》かず
まずは自分《じぶん》の国《くに》の仲間同士《なかまどうし》仲良《なかよ》くしようよ
遠《とお》かったけど A国《エーこく》制覇《せいは》!!
ぐっ
ケンカをやめて補《おぎな》い合《あ》ったら最後《さいご》には笑《わら》えるよ

ほかにもある

“至誠《しせい》にして動《うご》かざる者《もの》は、いまだこれあらざるなり”

人生《じんせい》にはさまざまな困難《こんなん》が立《た》ちはだかるが、その多《おお》くは人間関係《にんげんかんけい》のトラブルではないだろうか。あらぬ誤解《ごかい》をされたり、意見《いけん》が衝突《しょうとつ》したり、気持《きも》ちがすれ違《ちが》ったり……。しかし、「こちらが誠実《せいじつ》な心《こころ》で接《せっ》すれば、どんな相手《あいて》でも動《うご》かすことができる」と孟子《もうし》は言《い》う。ごまかすことも、逃《に》げることもなく、正々堂々《せいせいどうどう》と気持《きも》ちを伝《つた》えよう。

まめ知識《ちしき》

四徳《しとく》と四端《したん》

孟子《もうし》は「人間《にんげん》は仁《じん》、義《ぎ》、礼《れい》、智《ち》の四《よっ》つの徳《とく》を目指《めざ》すべきだ」と説《と》いた。孟子《もうし》によると「人間《にんげん》の本性《ほんしょう》は善《ぜん》」であり、それぞれの徳《とく》のもっとも基本《きほん》的《てき》な部分《ぶぶん》はすべての人間《にんげん》に生《う》まれながらに備《そな》わっている。惻隠《そくいん》・羞悪《しゅうお》・辞譲《じじょう》・是非《ぜひ》の四《よっ》つの心《こころ》「四端《したん》」を育《はぐく》むと四徳《しとく》に近《ちか》づく。

- 仁《じん》：惻隠《そくいん》（あわれみの心《こころ》）
- 義《ぎ》：羞悪《しゅうお》（不正《ふせい》を恥《は》じて憎《にく》む心《こころ》）
- 礼《れい》：辞譲《じじょう》（謙遜《けんそん》して人《ひと》に譲《ゆず》る心《こころ》）
- 智《ち》：是非《ぜひ》（是非善悪《ぜひぜんあく》を分別《ふんべつ》する心《こころ》）

自分《じぶん》を見《み》つめ直《なお》したくなったときのことば

親鸞《しんらん》

“明日《あす》ありと思《おも》うこころの仇桜《あだざくら》 夜半《よわ》に嵐《あらし》の吹《ふ》かぬものかは”

僧《そう》

1173～1263年《ねん》。京都生《きょうとう》まれ。幼《おさな》くして出家《しゅっけ》し、法然《ほうねん》に学《まな》んだ。弾圧《だんあつ》で僧職《そうしょく》を追《お》われると、戒律《かいりつ》を破《やぶ》って肉《にく》を食《た》べ、結婚《けっこん》し、「非僧非俗《ひそうひぞく》の愚禿《ぐとく》」と名《な》のった。自力《じりき》で善《よ》い行《おこな》いができない悪人《あくにん》こそが救《すく》われるという「悪人正機《あくにんしょうき》」を唱《とな》え、浄土真宗《じょうどしんしゅう》の祖《そ》となった。

親鸞《しんらん》は鎌倉時代《かまくらじだい》の僧《そう》である。9歳《さい》で※出《しゅっ》家《け》した。約《やく》20年《ねん》にわたって比叡山延暦寺《ひえいざんえんりゃくじ》で修行《しゅぎょう》するが、行《ゆ》き詰《づ》まり、29歳《さい》で法然《ほうねん》の弟《で》子《し》となって「浄土宗《じょうどしゅう》」を学《まな》んだ。弾圧《だんあつ》されるが、許《ゆる》されて関東《かんとう》で布教《ふきょう》。法然《ほうねん》の死後《しご》、「浄土真宗《じょうどしんしゅう》」を開《ひら》いた。

この言葉《ことば》は親鸞《しんらん》が9歳《さい》で出家《しゅっけ》しようとしたとき、「明日《あす》にしたらどうか」という周《しゅう》囲《い》に対《たい》し、その決意《けつい》を詠《うた》ったもの。「明日《あした》桜《さくら》を見《み》ようとしても、夜《よる》に嵐《あらし》が来《き》て、桜《さくら》は散《ち》ってしまうかもしれない。状況《じょうきょう》が変《か》わらないうちに実行《じっこう》を」という意味《いみ》だ。「あとでしよう」と思《おも》っているとできなくなってしまうことがある。人《ひと》との別《わか》れもまた突然《とつぜん》、訪《おとず》れるものだ。やりたいことは、すぐやろう。会《あ》いたい人《ひと》には、すぐ会《あ》おう。

同《おな》じことを言《い》っているのは……

ニコライ・ゴーゴリ ～小説家《しょうせつか》～

人間《にんげん》というのは馬鹿《ばか》なもので、たとえ、今日《きょう》の命《いのち》があっても、明日《あす》という日《ひ》はわからないということを忘《わす》れている

ロシア生《う》まれ。著書《ちょしょ》は『外套《がいとう》』『鼻《はな》』『死《し》せる魂《たましい》』『検察官《けんさつかん》』など。芥川《あくたがわ》にも影響《えいきょう》。

比叡山延暦寺《ひえいざんえんりゃくじ》
僕《ぼく》はここで修行《しゅぎょう》したいのです
まだ早《はや》いのでは？
明日《あす》ありと思《おも》うこころの仇桜《あだざくら》夜半《よわ》に嵐《あらし》の吹《ふ》かぬものかは
やるべきことはすぐやるべきです
ふむ
その後《ご》
もっと教《おし》えてもらいたかったのに亡《な》くなってしまうなんて…
やはり会《あ》いたい人《ひと》にはすぐに会《あ》っておくべきだ
一日一日《いちにちいちにち》を大切《たいせつ》に生《い》きよう

※ 出家《しゅっけ》……家《いえ》を出《で》て僧《そう》になること

ほかにもある

“賢者《けんじゃ》の信《しん》は、内《うち》は賢《けん》にして外《そと》は愚《ぐ》なり”

「内面《ないめん》が賢《かしこ》い人《ひと》は外見《がいけん》は愚《おろ》かなように見《み》える」という意味《いみ》。考《かんが》えの深《ふか》い人《ひと》ほど、ことさらそのようには振《ふ》る舞《ま》わないものだ。この言葉《ことば》の後《あと》に「愚禿《ぐとく》が心《しん》は、内《うち》は愚《ぐ》にして外《そと》は賢《けん》なり」と続《つづ》く。「愚《おろ》かな人《ひと》ほど賢《かしこ》そうに振《ふ》る舞《ま》う」という意味《いみ》。一見《いっけん》して賢《かしこ》く見《み》える人《ひと》ほど、中身《なかみ》はそうでもないもの。「内《うち》が賢《けん》かどうか」を見極《みきわ》めるのが重要《じゅうよう》となる。自称《じしょう》「愚禿《ぐとく》」親鸞《しんらん》の謙遜《けんそん》も読《よ》み取《と》れる。

まめ知識《ちしき》

異説《いせつ》を歎《なげ》くから『歎異抄《たんにしょう》』

親鸞《しんらん》は農民《のうみん》とともに生《い》きた。自分《じぶん》の寺院《じいん》は建《た》てず、宗派《しゅうは》を開《ひら》く意思《いし》もなかったが、自然《しぜん》と弟子《でし》が集《あつ》まった。だが、第三子《だいさんし》は父《ちち》の秘伝《ひでん》と偽《いつわ》って異《こと》なる教《おし》えを説《と》いていたので絶縁《ぜつえん》した。親鸞《しんらん》の教《おし》えは本人《ほんにん》の手《て》による『教行信証《きょうぎょうしんしょう》』に書《か》かれている。弟子《でし》の唯円《ゆいえん》は、師《し》の教《おし》えと「異《こと》」なる説《せつ》を言《い》いふらしている者《もの》がいることを歎《なげ》いて『歎異抄《たんにしょう》』を著《あらわ》し、正《ただ》しい教《おし》えを伝《つた》えた。

竹中労《たけなかろう》

評論家《ひょうろんか》

1930 ～ 1991年《ねん》。東京《とうきょう》生《う》まれ。次々《つぎつぎ》と職業《しょくぎょう》を変《か》えた後《あと》、『女性自身《じょせいじしん》』の記者《きしゃ》となる。芸能《げいのう》や政界《せいかい》などの権力《けんりょく》を批判《ひはん》して「喧嘩《けんか》の竹中《たけなか》」と呼《よ》ばれた。評論《ひょうろん》もルポも小説《しょうせつ》も書《か》き、映画《えいが》やレコードも製作《せいさく》した。11回逮捕《かいたいほ》されている。『琉歌幻視行《りゅうかげんしこう》』『美空《みそら》ひばり』など著書多数《ちょしょたすう》。

〝人《ひと》は、無力《むりょく》だから群《む》れるのではなく、群《む》れるから無力《むりょく》になる〟

元祖《がんそ》ルポライターの竹中労《たけなかろう》は、東京外国語大学《とうきょうがいこくごだいがく》を除籍《じょせき》され、横浜《よこはま》などで日雇《ひやと》いの肉体労働《にくたいろうどう》をしてその日《ひ》のお金《かね》を稼《かせ》いでいた。竹中《たけなか》がルポライターとして活躍《かつやく》し始《はじ》めたのは、29歳《さい》のときのこと。ジャンルは芸能《げいのう》スキャンダルから政治問題《せいじもんだい》まで幅広《はばひろ》かったが、どれも権力《けんりょく》に反対《はんたい》する立場《たちば》を貫《つらぬ》いた過激《かげき》な内容《ないよう》で、読者《どくしゃ》の支持《しじ》を受《う》け続《つづ》けた。その活躍《かつやく》は雑誌《ざっし》だけに留《とど》まらず、テレビ番組《ばんぐみ》やイベントプロデュースまでに及《およ》び、マスコミ界《かい》を暴《あば》れまわった異端児《いたんじ》である。

そんな反骨《はんこつ》のジャーナリストならではの名言《めいげん》。誰《だれ》もが群《む》れれば、他人《たにん》を頼《たよ》り、弱《よわ》くなる。しっかり自分《じぶん》の足《あし》で立《た》てば、意外《いがい》に強《つよ》い自分《じぶん》に出会《であ》えるだろう。孤独《こどく》になるのではなく、己《おのれ》を貫《つらぬ》くということだ。

同《おな》じことを言《い》っているのは……

フリードリヒ・フォン・シラー ～詩人《しじん》～

人間《にんげん》はひとりひとりを見《み》ると、
みんな利口《りこう》で分別《ふんべつ》ありげだが、
集団《しゅうだん》をなせば忽《たちま》ち馬鹿《ばか》が出《で》て来《く》る

ドイツ生《う》まれ。詩『歓喜《かんき》に寄《よ》せて』はベートーヴェンの交響曲《こうきょうきょく》第《だい》9番《ばん》で使《つか》われた。

ニヤ
ニヤ
弱《よわ》い奴《やつ》が群《む》れているから政治《せいじ》が良《よ》くならないんだ…
ニヤ
ニヤ
いや違《ちが》う！
群《む》れているから弱《よわ》い！
一人《ひとり》でも戦《たたか》えるぞ！
それで…
東《とう》奔《ほん》西《せい》走《そう》！
人《ひと》は、無力《むりょく》だから群《む》れるのではなく、群《む》れるから無力《むりょく》になる

ほかにもある

“本当《ほんとう》の人間《にんげん》の幸《しあわ》せはね、欲望《よくぼう》を充足《じゅうそく》していく方向《ほうこう》にあるんじゃない。欲望《よくぼう》を切《き》り捨《す》てていくところにあるんだと思《おも》いますよ”

晩年《ばんねん》、竹中《たけなか》は経済大国《けいざいたいこく》としてのし上《あ》がっていく日本《にほん》に疑問《ぎもん》を持《も》ち、機械文明《きかいぶんめい》や、お金《かね》が第一《だいいち》という考《かんが》え方《かた》を批判《ひはん》した。便利《べんり》な生活《せいかつ》を追求《ついきゅう》することは、欲望《よくぼう》を満《み》たそうとすることであり、原発《げんぱつ》やゴミなどの課題《かだい》も出《で》てきてしまう。「自然《しぜん》のままでよい」と考《かんが》え、欲望《よくぼう》をなくしていけば、満《み》たされないことで不満《ふまん》を感《かん》じることもない。本当《ほんとう》の幸《しあわ》せはそのときにやってくるのだろう。

まめ知識《ちしき》

裁判《さいばん》で喧嘩《けんか》に勝《か》つ

竹中《たけなか》は『週刊読売《しゅうかんよみうり》』に「エライ人《ひと》を斬《き》る」という記事《きじ》を連載《れんさい》し、有名《ゆうめい》人《じん》を批判《ひはん》して人気《にんき》になった。あるときの記事《きじ》で竹中《たけなか》は、当時《とうじ》の総理大臣《そうりだいじん》佐藤栄作《さとうえいさく》の夫人《ふじん》を攻撃《こうげき》。怒《おこ》った佐藤《さとう》は編集部《へんしゅうぶ》を名誉毀損《めいよきそん》で訴《うった》えると脅《おど》した。総理大臣夫婦《そうりだいじんふうふ》を恐《おそ》れた編集部《へんしゅうぶ》は一方的《いっぽうてき》に連載《れんさい》を中止《ちゅうし》。この処置《しょち》に竹中《たけなか》は激怒《げきど》し、佐藤夫人《さとうふじん》と編集部《へんしゅうぶ》を相手取《あいてど》って裁判《さいばん》を起《お》こした。8年間《ねんかん》に及《およ》ぶ法廷闘争《ほうていとうそう》の末《すえ》、竹中《たけなか》は謝罪文《しゃざいぶん》と慰謝料《いしゃりょう》を勝《か》ち取《と》り、和解《わかい》が成立《せいりつ》した。

ニュートン（アイザック・ニュートン）

“プラトンは私《わたし》の友《とも》、アリストテレスは私《わたし》の友《とも》。しかし、最大《さいだい》の友《とも》は真理《しんり》である”

物理学者《ぶつりがくしゃ》、数学者《すうがくしゃ》、天文学者《てんもんがくしゃ》、自然哲学者《しぜんてつがくしゃ》

1642～1727年《ねん》。イギリス生《う》まれ。ケンブリッジ大学《だいがく》に入学《にゅうがく》。ペストの流行《りゅうこう》で大学《だいがく》が閉鎖《へいさ》になり故郷《こきょう》に戻《もど》っているときに、万有引力《ばんゆういんりょく》の法則《ほうそく》などの重要《じゅうよう》な発見《はっけん》をした。『プリンシピア――自然《しぜん》哲学《てつがく》の数学的原理《すうがくてきげんり》』を出版《しゅっぱん》し、力学《りきがく》の理論体《りろんたい》系《けい》を打《う》ち立《た》てた。

アイザック・ニュートンと言《い》えば、「リンゴが木《き》から落《お》ちるのを見《み》て引力《いんりょく》を発見《はっけん》した」というエピソードが有名《ゆうめい》だ。作《つく》り話《ばなし》だと言《い》われるが、「すべてのものは引《ひ》きつけ合《あ》っている」という「万有引力《ばんゆういんりょく》」のわかりやすい説明《せつめい》である。同《おな》じ年《とし》、「微積分学《びせきぶんがく》」という数学《すうがく》の方法《ほうほう》を作《つく》り、太陽《たいよう》の光《ひかり》の性質《せいしつ》についても発見《はっけん》をした。

だが、幼少時代《ようしょうじだい》は幸福《こうふく》とはいい難《がた》いものだった。生《う》まれる3ヶ月前《かげつまえ》に父《ちち》は他界《たかい》。さらに3歳《さい》のときに母《はは》は再婚《さいこん》して離《はな》ればなれになり、孤独《こどく》な生活《せいかつ》が続《つづ》いた。物事《ものごと》の本質《ほんしつ》を思考《しこう》し、考《かんが》え抜《ぬ》く習慣《しゅうかん》は、そんな寂《さび》しい環境《かんきょう》で手《て》に入《い》れたものだった。書物《しょもつ》に親《した》しみ、さらに世界《せかい》の仕組《しく》みそのものに、もっと親《した》しみを感《かん》じたことが偉業《いぎょう》につながった。

同《おな》じことを言《い》っているのは……

ヨハン・ヴォルフガング・フォン・ゲーテ ～詩人《しじん》～

才能《さいのう》は孤独《こどく》のうちに成《な》り、人格《じんかく》は世《よ》の荒波《あらなみ》にて成《な》る

ドイツ生《う》まれ。シラーとともにドイツ古典主義《こてんしゅぎ》を確立《かくりつ》した。著書《ちょしょ》『ファウスト』など。

一人《ひとり》ぼっち
友《とも》だちもいるけどね
真理《しんり》とは…
地球《ちきゅう》は…
トボトボ
ゴン
イテッ!
!
地球《ちきゅう》に引《ひ》っ張《ぱ》られている
これが真理《しんり》だ!!
プラトンは私《わたし》の友《とも》、
アリストテレスは私《わたし》の友《とも》。
しかし、最大《さいだい》の友《とも》は真理《しんり》である
私《わた》の友《とも》よ…
エヘ〜…

ほかにもある

“集中《しゅうちゅう》し、ひたすら努力《どりょく》することだ。私《わたし》は常《つね》に、頭《あたま》にある問題《もんだい》を考《かんが》えつづけている。はじめはゆっくりと夜《よる》が明《あ》けるような具合《ぐあい》に、答《こた》えが少《すこ》しずつ見《み》えはじめ、やがて明《あき》らかな光《ひかり》になるのだ”

物事《ものごと》をじっくりと考《かんが》える。日々《ひび》に追《お》われて、なかなかそういう時間《じかん》がとれないという人《ひと》も多《おお》いかもしれない。この言葉《ことば》は、思考《しこう》し続《つづ》けることで、難問《なんもん》もゆっくりと解《と》けていくことを示《しめ》してくれている。どこかにある正解《せいかい》を借《か》りてくるのではなく、自分《じぶん》の頭《あたま》を使《つか》って考《かんが》えることだ。

まめ知識《ちしき》

仕事《しごと》でにせ金《がね》を取《と》り締《し》まり 家《いえ》では錬金術《れんきんじゅつ》を研究《けんきゅう》

ニュートンの活躍《かつやく》は自然科学研究《しぜんかがくけんきゅう》だけではない。53歳《さい》で造幣局《ぞうへいきょく》の監事《かんじ》に任命《にんめい》されている。科学的知識《かがくてきちしき》を生《い》かして貨幣《かへい》の重量《じゅうりょう》を正確《せいかく》に決《き》めて鋳《ちゅう》造《ぞう》するようにし、にせ金《がね》づくりを厳《きび》しく取《と》り締《し》まった。だが同時《どうじ》にニュートンは秘《ひそ》かに錬金術《れんきんじゅつ》も研究《けんきゅう》していた。彼《かれ》は「賢者《けんじゃ》の石《いし》」を作《つく》り出《だ》そうとし、膨大《ぼうだい》な錬金術書《れんきんじゅつしょ》を書《か》いていたが、秘《ひ》密《みつ》を守《まも》るため出版《しゅっぱん》しなかった。

イプセン（ヘンリック・イプセン）

劇作家《げきさっか》、詩人《しじん》

1828～1906年《ねん》。ノルウェー生《う》まれ。15歳《さい》で家《いえ》を出《で》る。大学《だいがく》の医学部《いがくぶ》を目指《めざ》して勉強《べんきょう》しながら創作活動《そうさくかつどう》をし、戯曲《ぎきょく》が売《う》れたことから進学《しんがく》をやめて作家《さっか》になった。だがなかなか認《みと》められず、国《くに》を出《で》る。社会問題《しゃかいもんだい》に注目《ちゅうもく》した作品群《さくひんぐん》で認《みと》められ、近代演劇《きんだいえんげき》を確立《かくりつ》した。

“この世《よ》で一番《いちばん》強《つよ》い人間《にんげん》とは、孤独《こどく》で、ただ一人《ひとり》で立《た》つ者《もの》なのだ”

ヘンリック・イプセンは、ノルウェーの劇作家《げきさっか》。それまでの演劇《えんげき》とはまったく異《こと》なる、社会批判《しゃかいひはん》に溢《あふ》れた作品《さくひん》を世《よ》に送《おく》り出《だ》した。女性《じょせい》の解放《かいほう》を描《えが》いた『人形《にんぎょう》の家《いえ》』で一《いち》躍世界的《やくせかいてき》な劇作家《げきさっか》となった。

強《つよ》い個人主義《こじんしゅぎ》に立《た》ったイプセンは、戯曲《ぎきょく》を通《とお》して束縛《そくばく》からの解放《かいほう》と個人《こじん》の自由《じゆう》を訴《うった》え続《つづ》けた。

『民衆《みんしゅう》の敵《てき》』では、町《まち》の鉱泉浴場《こうせんよくじょう》をめぐって町《まち》の有力者《ゆうりょくしゃ》たちと対立《たいりつ》する一人《ひとり》の医師《いし》の信念《しんねん》が描《えが》かれている。この言葉《ことば》は最後《さいご》の場《ば》面《めん》で主人公《しゅじんこう》が発《はっ》する台詞《せりふ》である。一人《ひとり》だけ違《ちが》う意見《いけん》を言《い》うと、「空気《くうき》が読《よ》めない」と言《い》われてしまうかもしれないが、己《おのれ》が正《ただ》しいと信《しん》じるならば、突《つ》き進《すす》んでほしい。それが本当《ほんとう》の意味《いみ》で「強《つよ》い人間《にんげん》」だ。

同《おな》じことを言《い》っているのは……

五島《ごとう》 慶太《けいた》 ～実業家《じつぎょうか》～

孤独《こどく》な者《もの》は、もっとも強《つよ》い

長野《ながの》生《う》まれ。農商務省《のうしょうむしょう》、鉄道院《てつどういん》を経《へ》て私鉄《してつ》の経営《けいえい》に転《てん》じ、東急《とうきゅう》グループを創始《そうし》した。

まめ知識《ちしき》

最初《さいしょ》の作品《さくひん》は売上《うりあげ》30部《ぶ》 苦《くる》し紛《まぎ》れの作品《さくひん》で転機《てんき》

貧乏《びんぼう》のなか大学受験《だいがくじゅけん》を目指《めざ》していた頃《ころ》、イプセンはパリの２月革命《がつかくめい》に感銘《かんめい》を受《う》けて国王《こくおう》に詩《し》を献上《けんじょう》した。だが変人扱《へんじんあつか》いされて受《う》け取《と》ってもらえなかった。これが刺激《しげき》となり、『カティリーナ』を書《か》く。売上《うりあげ》は30部程《ぶてい》度《ど》だった。生活《せいかつ》はさらに苦《くる》しくなり、友人《ゆうじん》の家《いえ》に転《ころ》がり込《こ》んで苦《くる》し紛《まぎ》れに書《か》いたのが『勇士《ゆうし》の塚《つか》』。これが劇場《げきじょう》に採用《さいよう》されたのを機《き》に、イプセンは作家一本《さっかいっぽん》で生《い》きていくことを決意《けつい》した。

ほかにもある

“心《こころ》に残《のこ》るのは、千《せん》の忠告《ちゅうこく》より一《ひと》つの行為《こうい》だ”

イプセンは、周囲《しゅうい》との対立《たいりつ》を恐《おそ》れず、嘘《うそ》や暴力《ぼうりょく》などを容赦《ようしゃ》なく暴露《ばくろ》し、現実社会《げんじつしゃかい》を描《えが》ききった。代表作《だいひょうさく》の『人形《にんぎょう》の家《いえ》』は、「女性《じょせい》の権利《けんり》を拡張《かくちょう》しよう」という「フェミニズム運動《うんどう》」を巻《ま》き起《お》こすきっかけとなった。口《くち》では何《なん》とでも言《い》えるが、イプセンのように実際《じっさい》に行動《こうどう》に移《うつ》せる者《もの》は多《おお》くない。行動《こうどう》がすべてだ。

自分《じぶん》を見《み》つめ直《なお》したく
なったときのことば

荀子《じゅんし》

“故不登高山不知天之高也”

［ 高山《こうざん》に登《のぼ》らざれば、天《てん》の高《たか》きを知《し》らず ］

荀子《じゅんし》は、中国《ちゅうごく》、春秋戦国時代末《しゅんじゅうせんごくじだいすえ》の思想家《しそうか》。孟子《もうし》が唱《とな》えた「人間《にんげん》の本性《ほんしょう》は善《ぜん》である」という「性善説《せいぜんせつ》」に反対《はんたい》し、「人《ひと》の性《せい》は悪《あく》なり、その善《ぜん》なるものは偽《ぎ》なり」と述《の》べて、「性悪説《せいあくせつ》」を唱《とな》えた。しかし、本当《ほんとう》の意味《いみ》は「礼《れい》や道徳《どうとく》を学《まな》ぶことで人間《にんげん》は善《ぜん》になる」で、人間《にんげん》を完全《かんぜん》に悪《あく》だと考《かんが》えていたわけではない。

荀子《じゅんし》のこの言葉《ことば》は、体験《たいけん》することの大切《たいせつ》さを教《おし》えてくれる。高《たか》い山《やま》に登《のぼ》らなければ、天《てん》の高《たか》さはわからないままだ。高《たか》い山《やま》に登《のぼ》ると、つま先立《さきだ》ちするより遠《とお》くまで見渡《みわた》せる。昔《むかし》の人《ひと》の教《おし》えも、学《まな》んでみてはじめてその偉大《いだい》さがわかり、その教《おし》えの上《うえ》に立《た》つと、物事《ものごと》がもっとよくわかるようになる。体験《たいけん》し、それを生《い》かすことが大切《たいせつ》だ。

思想家《しそうか》

紀元前《きげんぜん》313年頃《ねんごろ》～紀元《きげん》前《ぜん》250年頃《ねんごろ》。中国《ちゅうごく》生《う》まれ。さまざまな学者《がくしゃ》の説《せつ》を批判的《ひはんてき》に吸収《きゅうしゅう》して独自《どくじ》の思想《しそう》を完成《かんせい》させた。王《おう》によって学者《がくしゃ》たちが集《あつ》められた土地《とち》で師《し》をしていた。韓非子《かんぴし》や李斯《りし》などの門下生《もんかせい》がいる。

同《おな》じことを言《い》っているのは……

荘子《そうし》 ～思想家《しそうか》～

井《い》の中《なか》の蛙《かわず》
大海《たいかい》を知《し》らず

中国《ちゅうごく》生《う》まれ。老子《ろうし》の無《む》為《い》自然《しぜん》の道《タオ》の思想《しそう》を発展《はってん》させた。『胡蝶《こちょう》の夢《ゆめ》』で有名《ゆうめい》。

まめ知識《ちしき》

礼治主義《れいちしゅぎ》

『論語《ろんご》』は孔子《こうし》の弟子《でし》が、『孟子《もうし》』は孟子《もうし》の弟子《でし》が書《か》いたが、『荀子《じゅんし》』は荀子本人《じゅんしほんにん》が書《か》いたのでまとまりがある。荀子《じゅんし》によると、「人間《にんげん》の本性《ほんしょう》は悪《あく》」なので、生活《せいかつ》を規制《きせい》する社《しゃ》会規範《かいきはん》である「礼《れい》」をしっかりと作《つく》り、それに従《したが》わせることで統治《とうち》できる。これを「礼治主義《れいちしゅぎ》」という。「善《ぜん》なるものは偽《ぎ》なり」の「偽《ぎ》」は偽《いつわ》りや偽《にせ》ではなく、人為《じんい》や作為《さくい》の意味《いみ》。「善《ぜん》」は礼《れい》や教育《きょういく》などの「偽《ぎ》」のおかげで生《う》まれることを意味《いみ》している。

ほかにもある

“その子《こ》を知《し》らざれば その友《とも》を見《み》よ”

「ある人《ひと》を知《し》りたければ、その友達《ともだち》を見《み》なさい」という意味《いみ》。「類《るい》は友《とも》を呼《よ》ぶ」とも言《い》うように、似《に》た性質《せいしつ》のある人間《にんげん》は集《あつ》まりやすい。また、集《あつ》まることで影響《えいきょう》を受《う》けることもある。友人選《ゆうじんえら》びに、その人《ひと》の個性《こせい》が出《で》ると言《い》ってもいいだろう。環境《かんきょう》は大切《たいせつ》だ。自分《じぶん》が成長《せいちょう》できたり、ほっとしたりできる相手《あいて》を友人《ゆうじん》にしたいもの。

芥川《あくたがわ》龍之介《りゅうのすけ》

小説家《しょうせつか》

1892～1927年《ねん》。東京《とうきょう》生《う》まれ。東京帝国大学《とうきょうていこくだいがく》英文科《えいぶんか》に入学《にゅうがく》。夏目漱石《なつめそうせき》に認《みと》められて作家《さっか》となる。虚構《きょこう》の世界《せかい》を技巧《ぎこう》をこらした構成《こうせい》で描《えが》いた。やがてそれまでの芸術至上主義《げいじゅつしじょうしゅぎ》を否定《ひてい》し、日常生活《にちじょうせいかつ》を題材《だいざい》にとるようになる。「唯《ただ》ぼんやりした不安《ふあん》」のなか、35歳《さい》で自殺《じさつ》。

〝自由《じゆう》は山巓《さんてん》の空気《くうき》に似《に》ている。どちらも弱《よわ》い者《もの》には堪《た》えることは出来《でき》ない〟

地獄《じごく》にお釈迦様《しゃかさま》が糸《いと》を垂《た》らす――。芥川《あくたがわ》龍之介《りゅうのすけ》といえば、短編《たんぺん》『蜘蛛《くも》の糸《いと》』を思《おも》い浮《う》かべる人《ひと》も少《すく》なくないだろう。『鼻《はな》』が夏目漱石《なつめそうせき》の激賞《げきしょう》を受《う》け、『芋粥《いもがゆ》』『藪《やぶ》の中《なか》』『地獄変《じごくへん》』など、古典《こてん》から題材《だいざい》をとった作《さく》品《ひん》を多《おお》く残《のこ》した。その業績《ぎょうせき》から、後《のち》に芥川《あくたがわ》賞《しょう》が設《もう》けられている。

短《みじか》い物語《ものがたり》で物事《ものごと》の本質《ほんしつ》を突《つ》き、「短編《たんぺん》の名手《めいしゅ》」と呼《よ》ばれた芥川《あくたがわ》。短《みじか》い言葉《ことば》で物事《ものごと》の本質《ほんしつ》を突《つ》く「アフォリズム」も得意《とくい》だった。アフォリズム集《しゅう》『侏儒《しゅじゅ》の言葉《ことば》』で「自由《じゆう》」について書《か》いたのが、この言葉《ことば》だ。

自由《じゆう》はそれを手《て》にするまでは憧《あこが》れるが、いざ手《て》に入《い》れれば、山《やま》の頂上《ちょうじょう》の空気《くうき》のように、清々《すがすが》しいだけではなく、身《み》を引《ひ》き締《し》めるほどの厳《きび》しさがあると気《き》づかされる。

同《おな》じことを言《い》っているのは……

ジョージ・バーナード・ショー ～劇作家《げきさっか》～

自由《じゆう》は責任《せきにん》を意味《いみ》する。
だからこそ、たいていの人間《にんげん》は
自由《じゆう》を怖《おそ》れる

イギリス生《う》まれ。『ピグマリオン』は『マイ・フェア・レディ』の原作《げんさく》になった。

ほかにもある

“人生《じんせい》は一箱《ひとはこ》のマッチに似《に》ている。重大《じゅうだい》に扱《あつか》うのは莫迦莫迦《ばかばか》しい。重大《じゅうだい》に扱《あつか》わなければ危険《きけん》である”

『侏儒《しゅじゅ》の言葉《ことば》』にある一節《いっせつ》。マッチ箱《ばこ》は小《ちい》さいものだが、もし扱《あつか》いを間違《まちが》えると大《おお》火事《かじ》になってしまうかもしれない。人生《じんせい》における日々《ひび》も一見《いっけん》、単調《たんちょう》で変化《へんか》がないように思《おも》えるが、ある一《ひと》つの行動《こうどう》が大《おお》きな悲《ひ》劇《げき》を生《う》むこともある。慎重《しんちょう》さと大胆《だいたん》さが求《もと》められる人生《じんせい》の難《むずか》しさを感《かん》じずにはいられない。

まめ知識《ちしき》

夏目漱石《なつめそうせき》のはげまし

駆《か》け出《だ》しの芥川《あくたがわ》に師《し》の夏目漱石《なつめそうせき》はあたたかい助言《じょげん》の手紙《てがみ》を送《おく》っている。「どうぞ偉《えら》くなつて下《くだ》さい。然《しか》し無《む》暗《やみ》にあせつては不可《いけ》ません。たゞ《だ》牛《うし》のやうに図々《ずうずう》しく進《すす》んでいくのが大《だい》事《じ》です」。芥川《あくたがわ》は漱石《そうせき》を尊敬《そんけい》し、多《た》大《だい》な影響《えいきょう》を受《う》けていた。芥川《あくたがわ》の死後《しご》に発見《はっけん》された自伝的短編《じでんてきたんぺん》『或阿呆《あるあほう》の一生《いっしょう》』では、漱石《そうせき》が亡《な》くなったときの複雑《ふくざつ》な心理《しんり》を、「歓《よろこ》びに近《ちか》い苦《くる》しみ」と表現《ひょうげん》している。乗《の》り越《こ》えがたい存在《そんざい》でもあったのかもしれない。

自分《じぶん》を見《み》つめ直《なお》したく
なったときのことば

42

ウォルト・ディズニー

“新《あたら》しい世界《せかい》を開拓《かいたく》し続《つづ》けなければ、ボクは死《し》んでしまう”

カラーのアニメも、長編《ちょうへん》のアニメ映画《えいが》も、今《いま》では当《あ》たり前《まえ》のことだが、最初《さいしょ》に挑《いど》んだのが、ウォルト・ディズニーである。ウォルトは、『花《はな》と木《き》』『三匹《さんびき》の子《こ》ブタ』ではアニメーションのカラー化《か》にはじめて挑戦《ちょうせん》し、そして『白雪姫《しらゆきひめ》』では長編《ちょうへん》アニメの制作《せいさく》にも成功《せいこう》した。

いつでも新境地《しんきょうち》を切《き》り開《ひら》いてきたウォルトの言葉《ことば》がこれだ。ウォルトは、50歳《さい》になってもチャレンジ精神《せいしん》を失《うしな》うことなく、これまでとは畑違《はたけちが》いの大規模《だいきぼ》な新事業《しんじぎょう》に乗《の》り出《だ》している。専門家《せんもんか》からは「必《かなら》ず失敗《しっぱい》する」と断言《だんげん》され、周囲《しゅうい》もそのビジネスを止《と》めた。だが、ウォルトは聞《き》く耳《みみ》を持《も》たず、1955年《ねん》、テーマパークを開園《かいえん》。それこそが、「ディズニーランド」である。

アニメーター、実業家《じつぎょうか》

1901～1966年《ねん》。アメリカ生《う》まれ。高校《こうこう》に通《かよ》いながら、アカデミー・オブ・ファインアーツ夜間《やかん》部《ぶ》で絵《え》を学《まな》び、新聞《しんぶん》に漫画《まんが》を描《か》く仕事《しごと》をしていた。後《のち》にアニメーション制作《せいさく》に没頭《ぼっとう》し、アニメ制作会社《せいさくがいしゃ》を立《た》ち上《あ》げた。自社《じしゃ》キャラクターとしてミッキーマウスを作《つく》り出《だ》し、ディズニーランドを立《た》ち上《あ》げた。

同《おな》じことを言《い》っているのは……

マイルス・デイビス ～ジャズトランペット奏者《そうしゃ》～

オレは新《あたら》しいことに挑戦《ちょうせん》するのが大好《だいす》きだ。新《あら》たな活力《かつりょく》を生《う》み出《だ》してくれるからだ

アメリカ生《う》まれ。音色《ねいろ》やアドリブを追求《ついきゅう》し、ジャズ界《かい》を常《つね》にリードした。

世界初《せかいはつ》のカラーアニメーションだよ！
すごい
わははは
20歳《さい》
新《あたら》しい世界《せかい》を開拓《かいたく》し続《つづ》けなければボクは死《し》んでしまう
さあ新作《しんさく》を作《つく》るよ！
失敗する
ムリだ
出来ない…
50歳《さい》になっても
開拓《かいたく》…
新《あたら》しい事業《じぎょう》を…
ムニャムニャ…
新《あたら》しい世界《せかい》を開拓《かいたく》したよ！
Welcome!!
あっちに——！

ほかにもある

“夢見《ゆめみ》ることができれば、それは実現《じつげん》できるのです”

貧《まず》しい幼少期《ようしょうき》を過《す》ごしたウォルトにとって、楽《たの》しみの一《ひと》つだったのが、農場《のうじょう》で動物《どうぶつ》たちと遊《あそ》ぶこと。そのときの経験《けいけん》がアニメ作《づく》りに生《い》かされていることは言《い》うまでもない。大《おお》きな夢《ゆめ》を叶《かな》えたウォルトは、どんな夢《ゆめ》でも、見《み》ることができたならば、それは実現《じつげん》できると考《かんが》えていた。世界中《せかいじゅう》のディズニーランドはウォルトの夢《ゆめ》が現実《げんじつ》になった場所《ばしょ》とも言《い》える。

まめ知識《ちしき》

ミッキーマウスの初代声優《しょだいせいゆう》

1928年《ねん》、ディズニー社《しゃ》は３番目《ばんめ》のミッキーマウス作品《さくひん》『蒸気船《じょうきせん》ウィリー』を公開《こうかい》した。ディズニー初《はつ》の音声付《おんせいつ》きアニメーション映画《えいが》であり、本作《ほんさく》ではじめてミッキーはその声《こえ》を披露《ひろう》した。このときミッキーを含《ふく》むすべてのキャラクターの声《こえ》を演《えん》じたのはウォルト・ディズニー本人《ほんにん》だった。ウォルトはその後《ご》20年間《ねんかん》ミッキーの声《こえ》を担当《たんとう》し、その特徴的《とくちょうてき》な高《たか》い声《こえ》は後継者《こうけいしゃ》にも受《う》け継《つ》がれている。

43

自分《じぶん》を見《み》つめ直《なお》したくなったときのことば

古今亭《ここんてい》志《し》ん生《しょう》

落語家《らくごか》

1890 ～ 1973 年《ねん》。東京《とうきょう》生《う》まれ。破天荒《はてんこう》な道楽《どうらく》で極貧生活《ごくひんせいかつ》を長年《ながねん》続《つづ》けた後《あと》、五代目《ごだいめ》古今亭《ここんてい》志《し》ん生《しょう》を襲名《しゅうめい》した。人情《にんじょう》噺《ばなし》や滑稽噺《こっけいばなし》に天才的《てんさいてき》な冴《さ》えをみせる名人《めいじん》で、芸術祭賞《げいじゅつさいしょう》を受賞《じゅしょう》した。得意《とくい》とした演目《えんもく》は『火焔太鼓《かえんだいこ》』など。

〝他人《たにん》の芸《げい》を見《み》て、あいつは下手《へた》だなと思《おも》ったら、そいつは自分《じぶん》と同《おな》じくらい。同《おな》じくらいだなと思《おも》ったら、かなり上《うえ》。うまいなあと感《かん》じたら、とてつもなく先《さき》へ行《い》っている〟

五代目《ごだいめ》古今亭《ここんてい》志《し》ん生《しょう》は、「昭和《しょうわ》の大名人《だいめいじん》」と称《しょう》される名落語家《めいらくごか》。細《こま》かいところにこだわらない落語《らくご》スタイルは一見《いっけん》いい加減《かげん》にも思《おも》えるが、落語《らくご》の達人《たつじん》である六代目《ろくだいめ》三遊亭《さんゆうてい》圓生《えんしょう》をしてこう言《い》わしめた。「道場《どうじょう》で彼《かれ》と立《た》ち会《あ》えば、私《わたし》はかなり打《う》ち込《こ》めるでしょう。だが真剣勝負《しんけんしょうぶ》となった場合《ばあい》、どうなるかわからない」。

古今亭《ここんてい》志《し》ん生《しょう》の芸事《げいごと》についての考《かんが》え方《かた》がこれだ。他人《たにん》がやっているときは簡単《かんたん》に見《み》えたことが、実際《じっさい》にやってみたら思《おも》っていたよりはるかに難《むずか》しかったという経験《けいけん》は多《おお》くの人《ひと》がしているだろう。この尺度《しゃくど》で物事《ものごと》を考《かんが》えれば、謙虚《けんきょ》にもなるし、その道《みち》のプロの凄《すご》さと、プロになることの大変《たいへん》さが実感《じっかん》できるはずだ。

同《おな》じことを言《い》っているのは……

リチャード・ブリンズリー・シェリダン ～劇作家《げきさっか》、政治家《せいじか》～

自分《じぶん》で自分《じぶん》を批評《ひひょう》する仕事《しごと》に堪《た》えられる者《もの》は、きわめて少数《しょうすう》だ

イギリス生《う》まれ。『悪口《わるくち》学校《がっこう》』『批評家《ひひょうか》』など、機知《きち》と風刺《ふうし》に富《と》む喜劇《きげき》を書《か》いた。

昭和《しょうわ》の大名人《だいめいじん》とは
私《わたし》のこと!
オレと
いい勝負《しょうぶ》だな
わははは
あれ?
全《まった》くウケない
…
ブ
ブ
帰れ
他人《たにん》の芸《げい》を見《み》て、あいつは
下手《へた》だなと思《おも》ったら、
そいつは自分《じぶん》と同《おな》じくらい。
同《おな》じくらいだなと
思《おも》ったら、かなり上《うえ》。
うまいなあと感《かん》じたら、
とてつもなく先《さき》へ行《い》っている

ほかにもある

“落語《らくご》を面白《おもしろ》くするには、面白《おもしろ》くしようとしないことだ”

古今亭《ここんてい》志《し》ん生《しょう》は、同《おな》じ噺《はなし》でも日《ひ》によって長《なが》さはバラバラで、ひどいときには途中《とちゅう》から別《べつ》の噺《はなし》に変《か》わることさえあった。破天荒《はてんこう》ながらも巧《たく》みな話術《わじゅつ》で、その場《ば》その場《ば》の帳尻《ちょうじり》を合《あ》わせてしまうのが、いかにも天才《てんさい》の業《わざ》だった。「面白《おもしろ》くしようとしないから、面白《おもしろ》くなる」という境地《きょうち》に達《たっ》した、志《し》ん生《しょう》ならではの言葉《ことば》である。

まめ知識《ちしき》

何度《なんど》も改名《かいめい》した

志《し》ん生《しょう》は何度《なんど》も師匠《ししょう》を変《か》え、自《みずか》らの名前《なまえ》も変《か》えた。借金《しゃっきん》から逃《のが》れる意味《いみ》もあったそうだ。五代目《ごだいめ》古今亭志《ここんていし》ん生《しょう》になる前《まえ》に、三遊亭盛朝《さんゆうていせいちょう》、三遊亭朝太《さんゆうていちょうた》、三代目《さんだいめ》古今亭志《ここんていし》ん馬《ば》、七代目《ななだいめ》金原亭馬生《きんげんていばしょう》など、多数《たすう》の名前《なまえ》で活躍《かつやく》した。同《おな》じことをしたのが、江戸《えど》の浮世絵師《うきよえし》、葛飾北斎《かつしかほくさい》だ。改名《かいめい》は30回《かい》にも及《およ》び、その名前《なまえ》の評価《ひょうか》が高《たか》くなると、弟子《でし》に譲《ゆず》って収入《しゅうにゅう》を得《え》ていた。やはり北斎《ほくさい》も生活《せいかつ》が苦《くる》しかった。

老《ろ》子《うし》

“勝人者有力 自勝者強”

［ 人《ひと》に勝《か》つ者《もの》は力《ちから》有《あ》り、自《みずか》ら勝《か》つ者《もの》は強《つよ》し ］

老子《ろうし》は、中国《ちゅうごく》、春秋戦国時代《しゅんじゅうせんごくじだい》の楚《そ》の思想家《しそうか》。正確《せいかく》な生没年《せいぼつねん》をはじめ、わからないことが多《おお》い。『老子《ろうし》』と呼《よ》ばれる書物《しょもつ》の作者《さくしゃ》とされる。「宇《う》宙《ちゅう》と人間《にんげん》の根本原理《こんぽんげんり》」のような意味《いみ》の「道《タオ》」という哲学的《てつがくてき》な思想《しそう》を説《と》いた。

食《く》うか食《く》われるかの戦国時代《せんごくじだい》において、人《ひと》と争《あらそ》わない生《い》き方《かた》を主張《しゅちょう》する老子《ろうし》が「強《つよ》さ」について語《かた》ったのがこの言葉《ことば》だ。他人《たにん》に勝《か》つ人《ひと》は確《たし》かに強《つよ》いが、それは武力《ぶりょく》や財力《ざいりょく》があるというだけであって、本当《ほんとう》に強《つよ》いのは、自分《じぶん》自身《じしん》に打《う》ち勝《か》つことができる人《ひと》である。

今《いま》、ライバルに勝《か》てなくても落《お》ち込《こ》まなくていい。自分自身《じぶんじしん》をコントロールできるかどうか。日々《ひび》、自分《じぶん》に厳《きび》しくしていれば、強《つよ》さは知《し》らず知《し》らずのうちに身《み》につくだろう。

同《おな》じことを言《い》っているのは……

ルキウス・アンナエウス・セネカ ～政治家《せいしか》～

**自《みずか》らの上《うえ》に力《ちから》を持《も》つ者《もの》が
もっとも力《ちから》を持《も》つ**

イタリア生《う》まれ。古代《こだい》ローマでネロの師《し》となるが、謀反《むほん》を疑《うたが》われて自殺《じさつ》した。

思想家《しそうか》

紀元前《きげんぜん》6世紀《せいき》～紀元前《きげんぜん》5世紀頃《せいきごろ》（不詳《ふしょう》）。中国《ちゅうごく》生《う》まれ。万物《ばんぶつ》の根源《こんげん》、自然《しぜん》の秩序《ちつじょ》として「道《タオ》」を説《と》いた。「儒家《じゅか》の道徳《どうとく》は本来《ほんらい》の自然《しぜん》のあり方《かた》（道《タオ》）に逆《さか》らっている」と批判《ひはん》した。知恵《ちえ》を捨《す》て、人《ひと》と争《あらそ》わない自由《じゆう》な生《い》き方《かた》を理想《りそう》とする。

まめ知識《ちしき》

実在《じつざい》さえ不確《ふたし》かな伝説的人物《でんせつてきじんぶつ》

　老子《ろうし》の思想《しそう》は民間信仰《みんかんしんこう》と融合《ゆうごう》し、「道教《どうきょう》」という宗教《しゅうきょう》も生《う》まれた。4世紀《せいき》の道教研究家《どうきょうけんきゅうか》、葛洪《かつこう》の『神仙伝《しんせんでん》』によると、老子《ろうし》は大流星《だいりゅうせい》を見《み》た女性《じょせい》が身《み》ごもり、72年間胎内《ねんかんたいない》にいたあと、左脇《ひだりわき》から白髪《しらが》の老人《ろうじん》の姿《すがた》で生《う》まれたという。また、インドに渡《わた》って仏陀《ぶっだ》になり仏教《ぶっきょう》を開《ひら》いたという伝説《でんせつ》まである。実在《じつざい》したかさえ謎《なぞ》に包《つつ》まれている老子《ろうし》は、道教《どうきょう》では「太上老君《たいじょうろうくん》」の名《な》で神格化《しんかくか》されている。

ほかにもある

“知人者智　自知者明”

［人《ひと》を知《し》る者《もの》は智《ち》なり、
自《みずか》ら知《し》る者《もの》は明《めい》なり］

「人《ひと》を知《し》る者《もの》は智《ち》なり、自《みずか》ら知《し》る者《もの》は明《めい》なり。人《ひと》に勝《か》つ者《もの》は力《ちから》有《あ》り、自《みずか》ら勝《か》つ者《もの》は強《つよ》し」と続《つづ》く。他人《たにん》のことを知《し》っている人《ひと》は確《たし》かに賢《かしこ》いが、それに勝《まさ》るのが、自分自身《じぶんじしん》のことを知《し》っている人《ひと》だ。自分《じぶん》のことは、自分《じぶん》が一番《いちばん》よくわかっているというのは、錯覚《さっかく》だ。自分《じぶん》を客観視《きゃっかんし》して、長所《ちょうしょ》も短所《たんしょ》もふまえれば、行動《こうどう》も変《か》わっていくはずだ。

45

自分《じぶん》を見《み》つめ直《なお》したくなったときのことば

羽生《はぶ》 善治《よしはる》

〃相手《あいて》のことを知《し》るよりも、自分自身《じぶんじしん》が強《つよ》くなればそれで済《す》む世界《せかい》だし、それを目指《めざ》した方《ほう》が本筋《ほんすじ》というか、王道《おうどう》という気《き》がしたんです〃

羽生《はぶ》善治《よしはる》は中学《ちゅうがく》3年生《ねんせい》で四段《よだん》のプロ棋士《きし》となり、19歳《さい》で竜王位《りゅうおうい》を獲得《かくとく》。次々《つぎつぎ》とタイトル戦《せん》で勝利《しょうり》をおさめ、将棋界《しょうぎかい》にある7つのタイトルをすべて独占《どくせん》。２０１７年《ねん》には「永世七冠《えいせいななかん》」を達成《たっせい》し、前人未到《ぜんじんみとう》の偉業《いぎょう》を成《な》し遂《と》げた。２０１８年《ねん》、国民栄誉賞《こくみんえいよしょう》を受賞《じゅしょう》。

無類《むるい》の強《つよ》さを誇《ほこ》る天才棋士《てんさいきし》。将棋《しょうぎ》の王道《おうどう》について語《かた》ったのが、この言葉《ことば》である。敵《てき》の弱《よわ》みを突《つ》くのではなく、どんな相手《あいて》にも負《ま》けない自分《じぶん》になるということ。羽生《はぶ》は「羽生《はぶ》マジック」と呼《よ》ばれるオリジナリティあふれる妙手《みょうしゅ》を繰《く》り出《だ》し、不利《ふり》な勝負《しょうぶ》もひっくり返《かえ》してきた。自己鍛錬《じこたんれん》から培《つちか》われた勝負勘《しょうぶかん》があったからこその天才《てんさい》の業《わざ》だろう。「昨日《きのう》の自分《じぶん》を上回《うわまわ》る」ことを目指《めざ》して日々《ひび》を過《す》ごそう。

同《おな》じことを言《い》っているのは……

桜井《さくらい》 章一《しょういち》 ～経営者《けいえいしゃ》、雀士《じゃんし》～

「勝《か》つ」ことではなく
「負《ま》けない」ことに
ホンモノの強《つよ》さはある

東京《とうきょう》生《う》まれ。麻雀大会《マージャンたいかい》で何度《なんど》も優勝《ゆうしょう》。雀荘《じゃんそう》を経営《けいえい》し、自己啓発《じこけいはつ》の本《ほん》を書《か》いている。

将棋棋士《しょうぎきし》

1970年《ねん》～。埼玉《さいたま》生《う》まれ。小学《しょうがく》1年生《ねんせい》で将棋《しょうぎ》をはじめ、史上《しじょう》3人目《にんめ》のプロ中学生棋士《ちゅうがくせいきし》となる。名人《めいじん》を次々《つぎつぎ》に破《やぶ》り、将棋界《しょうぎかい》のあらゆるタイトルを獲得《かくとく》している。

中学生《ちゅうがくせい》で四段《よだん》だ
負《ま》けました
プロ入《い》りだ
すごいぞ
棋聖《きせい》戦《せん》
王将《おうしょう》戦《せん》
棋王《おう》戦《せん》
王《おう》位《い》戦《せん》
竜《りゅう》王《おう》戦《せん》
名《めい》人《じん》戦《せん》
王《おう》座《ざ》戦《せん》
7タイトルすべて獲得《かくとく》しました
相手《あいて》のことを知《し》るよりも、自分自身《じぶんじしん》が強《つよ》くなればそれで済《す》む世界《せかい》だし、それを目指《めざ》した方《ほう》が本筋《ほんすじ》というか、王道《おうどう》という気《き》がしたんです
キメ
おおーっと！羽生《はぶ》マジックだー！！
マジックじゃないよ、鍛錬《たんれん》の結果《けっか》だ

ほかにもある

“将棋《しょうぎ》をどのくらい分《わ》かっているかと言《い》われたら、あまり今《いま》も分《わ》かっていないという感覚《かんかく》は実感《じっかん》としてある”

47歳《さい》にして「永世七冠《えいせいななかん》」を達成《たっせい》した羽生《はぶ》がインタビューで答《こた》えた言葉《ことば》。将棋《しょうぎ》の歴史《れきし》上《じょう》でも最強《さいきょう》となった羽生《はぶ》だが、将棋《しょうぎ》という競技《きょうぎ》の本質《ほんしつ》はつかみきれないという。謙遜《けんそん》ではなく、本当《ほんとう》に実感《じっかん》としてあるのだろう。いくら評価《ひょうか》されても、自分《じぶん》では不完全《ふかんぜん》を感《かん》じて本質《ほんしつ》を探求《たんきゅう》し続《つづ》ける姿勢《しせい》が、強《つよ》さにつながっているのかもしれない。

まめ知識《ちしき》

チェスでも日本最強《にほんさいきょう》

将棋《しょうぎ》で世界最強《せかいさいきょう》の羽生《はぶ》だが、26歳《さい》ではじめたチェスでも日本最強《にほんさいきょう》クラスの実力《じつりょく》をもつ。1998年《ねん》の全日本《ぜんにほん》百傑戦《ひゃっけつせん》では単独優勝《たんどくゆうしょう》した。羽生《はぶ》は著書《ちょしょ》『決断力《けつだんりょく》』で、将棋《しょうぎ》とチェスの違《ちが》いについて、将棋《しょうぎ》は最初《さいしょ》は静《しず》かだが最後《さいご》は激《はげ》しくなり、チェスは最初《さいしょ》が激《はげ》しくて最後《さいご》が静《しず》かだと書《か》いている。共通点《きょうつうてん》は「読《よ》みと大局観《たいきょくかん》によって成《な》り立《た》つ」ことだそうだ。「大局観《たいきょくかん》」とは「物事《ものごと》の全体的《ぜんたいてき》な形勢《けいせい》についての見方《みかた》」のことである。

46

イチロー（鈴木《すずき》一朗《いちろう》）

〃進化《しんか》するときというのは、形《かたち》はあんまり変《か》わりません。だけど、見《み》えないところが変《か》わっています。それが本当《ほんとう》の進化《しんか》じゃないですか〃

日本《にほん》のプロ野球界《やきゅうかい》で数多《かずおお》くの記録《きろく》を残《のこ》したイチローは、アメリカのメジャーリーグに活躍《かつやく》の舞台《ぶたい》を移《うつ》した。シアトル・マリナーズに入団《にゅうだん》し、メジャーデビュー1年目《ねんめ》から首位打者《しゅいだしゃ》、最多安打《さいたあんだ》、盗塁王《とうるいおう》という3つの主要《しゅよう》タイトルを獲得《かくとく》。新人王《しんじんおう》とアメリカンリーグMVP《エムブイピー》に選《えら》ばれている。2004年《ねん》には262安打《あんだ》を放《はな》って、ジョージ・シスラーの257安打《あんだ》の記録《きろく》を破《やぶ》るメジャーリーグ新記録《しんきろく》を樹立《じゅりつ》した。「安打製造機《あんだせいぞうき》」とも呼《よ》ばれる天才《てんさい》プレーヤーは、本当《ほんとう》の成長《せいちょう》というものは、目《め》に見《み》えない変化《へんか》だと考《かんが》えていた。派手《はで》に何《なに》かを大《おお》きく変《か》える「見《み》かけだけの進化《しんか》」ではなく、本質的《ほんしつてき》に進化《しんか》するためには、日々《ひび》の地道《じみち》な努力《どりょく》が必要《ひつよう》となる。

プロ野球選手《やきゅうせんしゅ》

1973年《ねん》〜。本名鈴木一《ほんみょうすずきいち》朗《ろう》。愛知生《あいちう》まれ。小学《しょうがっ》校時代《こうじだい》から少年野球《しょうねんやきゅう》チームに所属《しょぞく》し、全国大《ぜんこくたい》会《かい》に出場《しゅつじょう》するほどのレベルだった。中学《ちゅうがく》・高校《こうこう》でも活躍《かつやく》し、プロに。今《いま》も記録《きろく》を伸《の》ばしている。

同《おな》じことを言《い》っているのは……

サン＝テグジュペリ 〜小説家《しょうせつか》〜

かんじんなことは、目《め》に見《み》えないんだよ

フランス生《う》まれ。飛行《ひこう》士《し》としての体験《たいけん》を元《もと》に本《ほん》を書《か》いた。『星《ほし》の王《おう》子《じ》さま』の台詞《せりふ》より。

ほかにもある

“何《なに》かを長期間《ちょうきかん》なしとげるためには、考《かんが》えや行動《こうどう》を一貫《いっかん》させる必要《ひつよう》がある”

イチローは、毎日同《まいにちおな》じ時間《じかん》に同《おな》じことをやるという「ルーティン」を何《なに》より大切《たいせつ》にしている。起床時間《きしょうじかん》も食事《しょくじ》の時間《じかん》もいつも同《おな》じで、毎回《まいかい》のバッターボックスでも、同《おな》じしぐさを一度《いちど》も欠《か》かさず行《おこな》っている。習《しゅう》慣《かん》こそが、目標《もくひょう》を成《な》し遂《と》げる力《ちから》となる。ほかに「特別《とくべつ》なことをするためには普段《ふだん》の自《じ》分《ぶん》でいられることが大事《だいじ》」という言葉《ことば》もある。

まめ知識《ちしき》

『古畑任三郎《ふるはたにんざぶろう》』に本人役《ほんにんやく》で出演《しゅつえん》

イチローは推理《すいり》ドラマ『古畑任三《ふるはたにんざぶ》郎《ろう》』の大《だい》ファンであり、それを公言《こうげん》していたため出演《しゅつえん》が決《き》まった。脚本《きゃくほん》家《か》の三谷幸喜《みたにこうき》との打《う》ち合《あ》わせで「本《ほん》人役《にんやく》で出演《しゅつえん》したい」と伝《つた》えた。放送《ほうそう》ではイチローは「シアトル・マリナーズのイチロー」として犯人役《はんにんやく》で登場《とうじょう》。田村正和《たむらまさかず》演《えん》じる警部補《けいぶほ》古畑任三郎《ふるはたにんざぶろう》と「フェアプレー」の頭脳戦《ずのうせん》を繰《く》り広《ひろ》げた。撮影《さつえい》の際《さい》、イチローは台詞《せりふ》を完《かん》璧《ぺき》に覚《おぼ》えていたという。

自分《じぶん》を見《み》つめ直《なお》したくなったときのことば

世阿弥《ぜあみ》

能役者《のうやくしゃ》

1363～1443年《ねん》。三重《みえ》生《う》まれ。観阿弥《かんあみ》の長男《ちょうなん》。幼《おさな》い頃《ころ》から父《ちち》に申楽能《さるがくのう》を教《おし》えられる。足利義満《あしかがよしみつ》の援助《えんじょ》を受《う》けて能《のう》に取《と》り組《く》んだ。父《ちち》・観阿弥《かんあみ》の教《おし》えをもとに芸術《げいじゅつ》の精神《せいしん》を論《ろん》じる能楽書《のうがくしょ》『風姿花伝《ふうしかでん》』を著《あらわ》した。能《のう》に踊《おど》りや音楽《おんがく》を取《と》り入《い》れ、優雅《ゆうが》な美意識《びいしき》「幽玄《ゆうげん》」を説《と》いた。

“初心忘《しょしんわす》るべからず”

室町初期《むろまちしょき》の能役者《のうやくしゃ》である世阿弥《ぜあみ》が「初《しょ》心《しん》」について『花鏡《かきょう》』で書《か》いたのがこの言《こと》葉《ば》である。「物事《ものごと》を始《はじ》めた頃《ころ》の新鮮《しんせん》さを忘《わす》れるな」という意味《いみ》として、学校《がっこう》や会社《かいしゃ》、稽古場所《けいこばしょ》など、さまざまなシチュエーションで使《つか》われる。

だが、正確《せいかく》なニュアンスはやや異《こと》なり、世阿弥《ぜあみ》が言《い》いたかったことは、「若《わか》い頃《ころ》の未熟《みじゅく》な芸《げい》や、年齢《ねんれい》ごとの芸《げい》の初《はじ》めての境地《きょうち》を忘《わす》れるな」ということ。「初心《しょしん》」は芸《げい》の未熟《みじゅく》さそのもの。過去《かこ》の未熟《みじゅく》さを心《こころ》に刻《きざ》むことで、「今《いま》がその頃《ころ》から、どれくらい上《じょう》達《たつ》したのか」の物差《ものさ》しにしなさいということである。未熟《みじゅく》だった頃《ころ》の自分《じぶん》から、決《けっ》して目《め》をそらさずに、しっかりと見据《みす》えることを伝《つた》えたかったのである。

同《おな》じことを言《い》っているのは……

ジョージ・サンタヤーナ ～詩人《しじん》～

過去《かこ》を思《おも》い起《お》こし得《え》ない者《もの》は、
過去《かこ》を繰《く》り返《かえ》すように
運命《うんめい》づけられている

スペイン生《う》まれ。批判《ひはん》的実在論《てきじつざいろん》を説《と》いた。著《ちょ》作《さく》に『最後《さいご》の清教徒《せいきょうと》』などがある。

初心《しょしん》忘《わす》るべからず

まめ知識《ちしき》

幽玄美《ゆうげんび》の能《のう》、喜劇《きげき》の狂言《きょうげん》

　能《のう》と狂言《きょうげん》はどちらも「申楽《さるがく》」と呼《よ》ばれる滑稽《こっけい》なものまね演技《えんぎ》がルーツ。世阿弥《ぜあみ》の父《ちち》、観阿弥《かんあみ》は申楽《さるがく》から滑稽《こっけい》な部分《ぶぶん》を削《そ》ぎ落《お》とし、王朝貴族文化《おうちょうきぞくぶんか》の上品《じょうひん》な歌《うた》や踊《おど》りを取《と》り入《い》れて「幽玄美《ゆうげんび》」の能楽《のうがく》を確立《かくりつ》した。世阿弥《ぜあみ》は幽玄美《ゆうげんび》を表現《ひょうげん》する謡曲《ようきょく》とその理論《りろん》を伝《つた》える能楽書《のうがくしょ》を書《か》いた。幽玄美《ゆうげんび》は日本人《にほんじん》の美意識《びいしき》になったとも言《い》われる。また、申楽《さるがく》の喜劇的《きげきてき》な部分《ぶぶん》を台詞劇《せりふげき》の中《なか》に取《と》り入《い》れたものは狂言《きょうげん》となった。

ほかにもある

“住《じゅう》するところなきを、まず花《はな》と知《し》るべし”

「常《つね》に変化《へんか》しつづけることが、もっとも輝《かがや》く方法《ほうほう》である」という意味《いみ》。一《ひと》つの場所《ばしょ》に安住《あんじゅう》するのではなく、いつも新《あたら》しいチャレンジをして、自分自身《じぶんじしん》を変《か》えていく。そのことで、自分《じぶん》の輝《かがや》きを保《たも》つことができる。守《まも》りに入《はい》ってはいけない。人生経験《じんせいけいけん》を積《つ》むほど、行動《こうどう》に移《うつ》すことによるリスクを考《かんが》えやすいが、あえて変化《へんか》を求《もと》めることが大事《だいじ》だ。

スティーブ・ジョブズ

“Stay《ステイ》 hungry《ハングリー》. Stay《ステイ》 foolish《フーリッシュ》.”

［ ハングリーであれ。馬鹿《ばか》であれ ］

アップルの創業者《そうぎょうしゃ》であるスティーブ・ジョブズは、世界最初《せかいさいしょ》の本格的《ほんかくてき》パソコン、マッキントッシュを世《よ》に送《おく》り出《だ》し、大成功《だいせいこう》を収《おさ》めた。

プレゼン上手《じょうず》だったジョブズは、多《おお》くの心《こころ》に残《のこ》るスピーチを行《おこな》った。その一《ひと》つが2005年《ねん》、スタンフォード大学《だいがく》で行《おこな》った卒《そつ》業祝《ぎょういわ》いのスピーチだ。締《し》めくくりでジョブズが言《い》ったのが、この言葉《ことば》だ。若《わか》い頃《ころ》に愛読《あいどく》していた雑誌《ざっし》『全地球《ホールアース》カタログ』の最終号《さいしゅうごう》に書《か》かれていた言葉《ことば》だという。「現状《げんじょう》に満足《まんぞく》せず、飢《う》えた気持《きも》ちでいろ。常識《じょうしき》にとらわれず、自由《じゆう》な発想《はっそう》でいろ」のような意味《いみ》だ。この心構《こころがま》えがあれば、情報技術《じょうほうぎじゅつ》に革命《かくめい》を起《お》こしたジョブズのように、世《よ》の中《なか》を大《おお》きく動《うご》かす人間《にんげん》になれるかもしれない。

実業家《じつぎょうか》

1955～2011年《ねん》。アメリカ生《う》まれ。スティーブ・ウォズニアック、ロナルド・ウェインとアップルコンピュータ社《しゃ》を設立《せつりつ》。1984年《ねん》に発売《はつばい》したマッキントッシュは世界中《せかいじゅう》で評判《ひょうばん》になった。一時期解雇《いちじきかいこ》されるが復帰《ふっき》、iMac《アイマック》、iPod《アイポッド》、iPhone《アイフォーン》、iPad《アイパッド》など、画期的製品《かっきてきせいひん》を作《つく》り続《つづ》けた。

同《おな》じことを言《い》っているのは……

アントニオ 猪木《いのき》 ～政治家《せいじか》・元《もと》プロレスラー～

馬鹿《ばか》になれ
とことん馬鹿《ばか》になれ

神奈川《かながわ》生《う》まれ。新日本《しんにほん》プロレスを設立《せつりつ》してジャイアント馬場《ばば》に対抗《たいこう》した。

まめ知識《ちしき》

年収《ねんしゅう》は1ドル

ジョブズがアップルを解雇《かいこ》されている間《あいだ》、アップルは経営難《けいえいなん》に陥《おちい》っていた。ジョブズは呼《よ》び戻《もど》されて復帰《ふっき》し、CEO《シーイーオー》になると、会社《かいしゃ》を立《た》て直《なお》すため自分《じぶん》の年収《ねんしゅう》を1ドルにした。ジョブズはアニメ制作会社《せいさくがいしゃ》ピクサーに投資《とうし》しており、『トイストーリー』の成功《せいこう》で莫大《ばくだい》な資金《しきん》を手《て》に入《い》れていたのでそれでも大丈夫《だいじょうぶ》だったのだろう。ジョブズ復帰後《ふっきご》、アップル社《しゃ》は経営《けいえい》を立《た》て直《なお》したが、その後《ご》もジョブズの年収《ねんしゅう》は1ドルのままだった。

ほかにもある

“先《さき》を見通《みとお》して点《てん》をつなぐことはできない。振《ふ》り返《かえ》ってつなぐことしかできない。だから将来何《しょうらいなん》らかの形《かたち》で点《てん》がつながると信《しん》じなければならない”

ジョブズは、コンピューターとは異《こと》なる分野《ぶんや》である文字芸術《もじげいじゅつ》を学《まな》んだが、そのことで、文字間《もじかん》のスペースによって印刷物《いんさつぶつ》がいかに映《は》えるかを学《まな》んだ。また、禅《ぜん》と瞑想《めいそう》に傾倒《けいとう》したことから、冷却中《れいきゃくちゅう》のファンの音《おと》が集中《しゅうちゅう》の妨《さまた》げになるとし、「静《しず》かなパソコン」の開発《かいはつ》に邁進《まいしん》。夢中《むちゅう》になれば、どんな経験《けいけん》も、後《あと》でつながって、一《ひと》つの形《かたち》になる。

＼小説《しょうせつ》の中《なか》の登場人物《とうじょうじんぶつ》が教《おし》えてくれる／

自信《じしん》がなくなったときに 読《よ》みたくなることば

苦手《にがて》なことを目《め》の前《まえ》にしたとき、失敗《しっぱい》しちゃったとき…
顔《かお》から火《ひ》がでるくらいに恥《はず》ずかしい思《おも》いをして自信《じしん》がなくなることってあるよね。
小説《しょうせつ》に登場《とうじょう》する人物《じんぶつ》が、そんな心《こころ》をふわっと軽《かる》くしてくれるよ。

01

今を生きろ!

“明日《あした》は、明日《あした》はと言《い》って見《み》たところで、そんな明日《あした》は何時《いつ》まで待《ま》っても来《き》やしない。今日《きょう》はまた、瞬《またた》く間《ま》に通《とお》り過《す》ぎる”

島崎藤村《しまざきとうそん》が書《か》いた長編小説《ちょうへんしょうせつ》『夜明《よあ》け前《まえ》』より。「いつか時間《じかん》ができたらやろう」と思《おも》っていても、時間《じかん》ができる日《ひ》など永遠《えいえん》に来ない。肝心《かんじん》なのは「何《なに》をやったか」。その過去《かこ》を作《つく》るために、かけがえのない今《いま》がある。

02

努力《どりょく》が大事《だいじ》!

〝人間《にんげん》は、努力《どりょく》している限《かぎ》り、迷《まよ》うものだ〟

ゲーテの代表作《だいひょうさく》『ファウスト』より。葛藤《かっとう》があるのは、自分《じぶん》がある程度《ていど》そのことについて知《し》っていたり、体験《たいけん》したりしたことがあるからこそ。努力《どりょく》する者《もの》は常《つね》に迷《まよ》いつつ、最後《さいご》に決断《けつだん》を下《くだ》す。その過程《かてい》は無駄《むだ》じゃない。

03

幸《しあわ》せは日常《にちじょう》に

“俺《おれ》はどうして今《いま》までこの高《たか》い空《そら》を見《み》なかったんだろう？やっとこの空《そら》に気《き》がついたとは、なんて幸《しあわ》せなんだろう”

ロシアの文豪《ぶんごう》トルストイの長編小説《ちょうへんしょうせつ》『戦争《せんそう》と平和《へいわ》』より。幸《しあわ》せになりたいと願《ねが》いながら、足元《あしもと》の幸《しあわ》せになかなか気《き》づけないのが人間《にんげん》というもの。日常《にちじょう》のなかにある何気《なにげ》ない幸福《こうふく》をかみしめながら、前《まえ》を向《む》いて歩《ある》こう。

04

待《ま》ってみよう！

“幸福《こうふく》は一夜《いちや》おくれて来《く》る”

太宰治《だざいおさむ》『女生徒《じょせいと》』より。太宰治《だざいおさむ》といえば『人間《にんげん》失格《しっかく》』をはじめ、暗《くら》いイメージが強《つよ》いが、絶望《ぜつぼう》を知《し》るがゆえの希望《きぼう》の言葉《ことば》も多《おお》く綴《つづ》っている。これはその一《ひと》つ。明日《あした》の幸福《こうふく》を知《し》らずに、人生《じんせい》をあきらめないこと。

05

謙虚《けんきょ》に！

“油断《ゆだん》が人《ひと》の敵《てき》なのさ”

四大悲劇《よんだいひげき》の一《ひと》つとされる、シェイクスピアの『マクベス』。物事《ものごと》を成《な》し遂《と》げるにあたっては、さまざまな壁《かべ》が立《た》ちはだかるが、もっとも強大《きょうだい》な敵《てき》は、自分自身《じぶんじしん》が持《も》つ「おごり高《たか》ぶる気持《きも》ち」だ。いつも謙虚《けんきょ》に、全力《ぜんりょく》を。

※シェイクスピア著　小田島雄志 訳（白水社）

コラム 2

自信《じしん》がなくなったときに読みたくなることば

にっこり

06

〝かくて、人間《にんげん》、ひとりびとり、こころで感《かん》じて、顔見合《かおみあ》せればにっこり笑《わら》ふ《う》といふ《う》ほどのこととして、一生《いっしょう》、過《す》ぎるんですねえ〟

中原中也《なかはらちゅうや》が死《し》の直前《ちょくぜん》に仕上《しあ》げた『在《あ》りし日《ひ》の歌《うた》』より。自《じ》分《ぶん》の気持《きも》ちをわかってもらえず、孤独《こどく》を感《かん》じることもあるだろう。でもそれは隣《となり》の人《ひと》も同《おな》じだ。目《め》を合《あ》わせて笑顔《えがお》を交《か》わす。それでも一人《ひとり》ではない。

やってみよう!

07

〝やる前《まえ》からあきらめるなよ。「どうせ」なんて言《い》うなよ。やってみりゃいいじゃないかよ〟

重松清《しげまつきよし》が古《ふる》き良《よ》き団地《だんち》の生活《せいかつ》を描《えが》いた『たんぽぽ団地《だんち》』より。言葉《ことば》が行動《こうどう》を作《つく》り、行《こう》動《どう》は習慣《しゅうかん》となり、習慣《しゅうかん》は人生《じんせい》を作《つく》る。口癖《くちぐせ》が現実《げんじつ》を作《つく》っていくことを忘《わす》れず、前向《まえむ》きな言葉《ことば》を発《はっ》していくようにしよう。

※重松清 著（新潮社）

“さよならを言《い》うのはわずかの間《あいだ》死《し》ぬことだ”

レイモンド・チャンドラーによるハードボイルド小説《しょうせつ》『長《なが》いお別《わか》れ』より。どんな人生《じんせい》にもつらい別《わか》れがあり、避《さ》けられない。別《わか》れは精一杯悲《せいいっぱいかな》しめばいい。そして立《た》ち上《あ》がり、別《わか》れた人《ひと》に恥《は》ずかしくない人生《じんせい》を送《おく》ろう。

※レイモンド・チャンドラー著　清水俊二 訳（ハヤカワ文庫）

また会《あ》う日《ひ》まで

08

Chapter

03

くじけそうになったとき背中《せなか》を押《お》してくれることば

目標《もくひょう》に向《む》けてがんばっているけれど、
逃《に》げたくなったり、辞《や》めたくなったり…
うつむいてしまったとき、
偉人《いじん》たちの言葉《ことば》が勇気《ゆうき》を与《あた》えてくれます。

49

くじけそうになったとき
背中《せなか》を押《お》してくれることば

キング牧師《ぼくし》（マーティン・ルーサー・キング・ジュニア）

“I《アイ》 have《ハブ》 a《ア》 dream《ドリーム》”

［ 私《わたし》には　夢《ゆめ》がある ］

牧師《ぼくし》、指導者《しどうしゃ》

1929～1968年《ねん》。アメリカ生《う》まれ。モアハウス大学《だいがく》卒業後《そつぎょうご》、牧師《ぼくし》となる。ボストン大学神学部《だいがくしんがくぶ》で博士号《はくしごう》を取得《しゅとく》。マハトマ・ガンディーに傾倒《けいとう》し、人種差別反対運動《じんしゅさべつはんたいうんどう》の際《さい》も「非暴力主義《ひぼうりょくしゅぎ》」を貫《つらぬ》いた。バスの中《なか》で白人《はくじん》に席《せき》を譲《ゆず》らなかった黒人《こくじん》が逮捕《たいほ》された事件《じけん》を受《う》け、バスのボイコット運動《うんどう》を実行《じっこう》した。

キング牧師《ぼくし》は、「誰《だれ》もが公平《こうへい》な市民《しみん》としての権利《けんり》を持《も》つこと」を求《もと》める「公民権運動《こうみんけんうんどう》」の指導者《しどうしゃ》。黒人《こくじん》の地位《ちい》向上《こうじょう》に一生《いっしょう》を捧《ささ》げ、ノーベル平和賞《へいわしょう》を受賞《じゅしょう》した。

キング牧師《ぼくし》の有名《ゆうめい》な言葉《ことば》がこれだ。このフレーズを歯切《はぎ》れよく繰《く》り返《かえ》した名《めい》スピーチは、今《いま》でも多《おお》くの人《ひと》の心《こころ》をつかんでやまない。

「私《わたし》には夢《ゆめ》がある。いつの日《ひ》にか、ジョージアの赤土《あかつち》の丘《おか》の上《うえ》で、かつて奴隷《どれい》であった者《もの》たちの子孫《しそん》と、かつて奴隷主《どれいぬし》であった者《もの》たちの子孫《しそん》が、兄弟《きょうだい》として同《おな》じテーブルに向《む》かい腰掛《こしか》ける時《とき》がくるという夢《ゆめ》が」

人種《じんしゅ》の壁《かべ》を越《こ》え、人間愛《にんげんあい》に満《み》ちた社会《しゃかい》の実現《じつげん》を目指《めざ》したキング牧師《ぼくし》。志半《こころざしなか》ばで銃《じゅう》で撃《う》たれて暗殺《あんさつ》され、39年《ねん》の生涯《しょうがい》を閉《と》じた。

同《おな》じことを言《い》っているのは……

アイルトン・セナ ～F1《エフワン》ドライバー～

自分自身《じぶんじしん》に対《たい》しては誠実《せいじつ》に、
自《みずか》らの描《えが》いた夢《ゆめ》に向《む》かって
精《せい》いっぱい生《い》きていくことだ

ブラジル生《う》まれ。カートで南米大会優勝後《なんべいたいかいゆうしょうご》、イギリスに渡《わた》り、F1《エフワン》で活躍《かつやく》した。

もうちの子《こ》と遊《あそ》ばないで
えっ
白人《はくじん》と差別《さべつ》するな
黒人《こくじん》に自由《じゆう》を！
BUS
I《アイ》 have《ハブ》 a《ア》 dream《ドリーム》.
私《わたし》には夢《ゆめ》がある
彼《かれ》のスピーチは素晴《すば》らしかった
これからも受《う》け継《つ》いでいこう

ほかにもある

“私《わたし》にはしなければならない仕事《しごと》がある。死《し》を恐《おそ》れてなどいられない”

暗殺《あんさつ》を予感《よかん》していたのか、死《し》の前日《ぜんじつ》の演説《えんぜつ》では「私自身《わたしじしん》は皆《みな》さんと一緒《いっしょ》には約束《やくそく》の地《ち》に行《い》けないかもしれない」と述《の》べ、「でも知《し》ってほしい。私《わたし》たちは一つの民《たみ》として約束《やくそく》の地《ち》に行《い》くのだということを」と熱弁《ねつべん》をふるった。死《し》も恐《おそ》れずに活動《かつどう》したキング牧師《ぼくし》。黒人《こくじん》への人種的差別撤廃《じんしゅてきさべつてっぱい》のために尽力《じんりょく》し続《つづ》けた。

まめ知識《ちしき》

奴隷解放宣言《どれいかいほうせんげん》から約《やく》100年後《ねんご》のノーベル賞《しょう》

エイブラハム・リンカーン大統領《だいとうりょう》が奴隷解放宣言《どれいかいほうせんげん》を出《だ》したのが1863年《ねん》。キング牧師《ぼくし》が黒人差別反対運動《こくじんさべつはんたいうんどう》に立《た》ち上《あ》がり、その功績《こうせき》が認《みと》められてノーベル平和賞《へいわしょう》を受賞《じゅしょう》したのが1964年《ねん》。約《やく》100年後《ねんご》のことだった。

キング牧師《ぼくし》が1968年《ねん》に暗殺《あんさつ》されてから約《やく》40年後《ねんご》の2009年《ねん》、バラク・オバマがアメリカ最初《さいしょ》の黒人大統領《こくじんだいとうりょう》になり、核廃絶運動《かくはいぜつうんどう》の功績《こうせき》によりノーベル平和賞《へいわしょう》を受賞《じゅしょう》した。

50

くじけそうになったとき
背中《せなか》を押《お》してくれることば

キケロ

（マルクス・トゥッリウス・キケロ）

〃困難《こんなん》が大《だい》なれば大《だい》なるほど栄光《えいこう》は大《だい》なり〃

キケロは、共和政《きょうわせい》ローマ末期《まっき》の政治家《せいじか》、文筆家《ぶんぴつか》、哲学者《てつがくしゃ》。ローマ法《ほう》を再編成《さいへんせい》し、民主的《みんしゅてき》で法律《ほうりつ》に基《もと》づいた政治体制《せいじたいせい》「共和制《きょうわせい》」を目指《めざ》した。だが、ローマの政治家《せいじか》、カエサル（シーザー）と対立《たいりつ》。独裁権力《どくさいけんりょく》を確立《かくりつ》したカエサルに政界《せいかい》から追放《ついほう》されて、晩年《ばんねん》は著作《ちょさく》に専念《せんねん》した。キケロが残《のこ》した文書《ぶんしょ》は後世《こうせい》のヨーロッパの思想《しそう》に大《おお》きな影響《えいきょう》を与《あた》え、現在《げんざい》では当時《とうじ》の社会《しゃかい》を知《し》る重要《じゅうよう》な資料《しりょう》となっている。

困難《こんなん》に挑《いど》むことは、勇気《ゆうき》と根気《こんき》がいる。できれば避《さ》けたいと思《おも》うのが人間《にんげん》だろう。だが、困難《こんなん》が大《おお》きければそれだけ、乗《の》り越《こ》えたときの栄光《えいこう》もまた大《おお》きい。輝《かがや》かしい栄光《えいこう》をつかむには、難《むず》しいことにこそぶつかっていかなければならない。

政治家《せいじか》、文筆家《ぶんぴつか》、哲学者《てつがくしゃ》

紀元前《きげんぜん》106～紀元前《きげんぜん》43年《ねん》。イタリア生《う》まれ。修辞学《しゅうじがく》、法律《ほうりつ》を学《まな》んで弁護士《べんごし》になる。その後《ご》、哲学《てつがく》を学《まな》び、執政官《しっせいかん》になった。反乱《はんらん》を阻止《そし》して国《くに》を救《すく》ったので「国父《こくふ》」と呼《よ》ばれた。ラテン語《ご》で大量《たいりょう》の著作《ちょさく》を書《か》き、その文章《ぶんしょう》はラテン語《ご》の模範《もはん》とされる。

同《おな》じことを言《い》っているのは……

カルロス・ゴーン ～実業家《じつぎょうか》～

困難《こんなん》な状況《じょうきょう》に
おかれた時《とき》こそ、
経営者《けいえいしゃ》は鍛《きた》えられます

ブラジル生《う》まれ。ミシュランを経《へ》て、フランスの自動車《じどうしゃ》メーカーのルノー、日産自動車《にっさんじどうしゃ》を経営《けいえい》。

まめ知識《ちしき》

自分《じぶん》の本《ほん》を読《よ》んで怒《いか》りを鎮《しず》める

カエサルに追放《ついほう》された後《あと》、年老《としお》いたキケロは『老年《ろうねん》について』で、「年《とし》をとることは世間《せけん》で言《い》われているほど悪《わる》いものではなく、穏《おだ》やかな心境《しんきょう》に達《たっ》するよいことだ」と説《と》いた。だが、カエサルが暗殺《あんさつ》されたことを知《し》ると、「独裁者《どくさいしゃ》を殺《ころ》しても次《つぎ》の独裁者《どくさいしゃ》が現《あらわ》れるだけだ」と激怒《げきど》。自著《じちょ》との矛盾《むじゅん》に気《き》づいたキケロは、友人《ゆうじん》への手紙《てがみ》に「怒《いか》りを鎮《しず》めるために『老年《ろうねん》について』を読《よ》み直《なお》さないと」と書《か》いた。

ほかにもある

“真《しん》の友人《ゆうじん》とは第二《だいに》の自己《じこ》のようなものである”

キケロが『友情《ゆうじょう》について』で書《か》いた言葉《ことば》。友人《ゆうじん》の幸福《こうふく》にふれると、温《あたた》かい気持《きも》ちになれる。逆《ぎゃく》に、友人《ゆうじん》が苦《くる》しんでいるとき、その痛《いた》みが、まるで自分《じぶん》のことにようにつらく思《おも》うならば、その友人《ゆうじん》は、あなたにとって「真《しん》の友人《ゆうじん》」だといえるだろう。親友《しんゆう》は自分《じぶん》の合《あ》わせ鏡《かがみ》だ。人生《じんせい》の苦楽《くらく》を分《わ》かち合《あ》えれば、苦《くる》しみも少《すこ》しは軽《かる》くなる。

51

くじけそうになったとき
背中《せなか》を押《お》してくれることば

小林《こばやし》 一三《いちぞう》

実業家《じつぎょうか》

1873～1957年《ねん》。山梨《やまなし》生《う》まれ。阪急電鉄《はんきゅうでんてつ》、宝塚歌劇団《たからづかかげきだん》、阪急百貨店《はんきゅうひゃっかてん》、東宝《とうほう》をはじめとする阪急阪神東宝《はんきゅうはんしんとうほう》グループの創業者《そうぎょうしゃ》。ユニークな発想《はっそう》からさまざまなビジネスモデルを成功《せいこう》させたほか、社会事業《しゃかいじぎょう》、文化事業《ぶんかじぎょう》にも貢献《こうけん》した。

“下足番《げそくばん》を命《めい》じられたら、日本一《にほんいち》の下足番《げそくばん》になってみろ。そうしたら、誰《だれ》も君《きみ》を下足番《げそくばん》にしておかぬ”

小林一三《こばやしいちぞう》は私鉄《してつ》を開業《かいぎょう》し、優《すぐ》れたアイディアを経営《けいえい》に発揮《はっき》した人物《じんぶつ》。私鉄《してつ》の路線《ろせん》は郊外《こうがい》にしか敷《し》くことができないことを逆手《さかて》にとって、沿線《えんせん》に住宅地《じゅうたくち》を開発《かいはつ》。その住民《じゅうみん》が電車《でんしゃ》の利用客《りようきゃく》になるようにした。また、世界《せかい》で初《はじ》めて鉄道会社経営《てつどうがいしゃけいえい》のターミナルデパートを建設《けんせつ》した。今《いま》でこそ当《あ》たり前《まえ》の、中吊《なかづ》り広告《こうこく》を考案《こうあん》したのも一三《いちぞう》である。

「アイディアの天才《てんさい》」と呼《よ》ばれた一三《いちぞう》だが、もともとは冴《さ》えない銀行員《ぎんこういん》。事業《じぎょう》を立《た》ち上《あ》げてからもなかなか軌道《きどう》に乗《の》らなかった。それでもめげることなく、置《お》かれた境遇《きょうぐう》でベストを尽《つ》くして、道《みち》を切《き》りひらいてきた一三《いちぞう》の言葉《ことば》がこれだ。まずは与《あた》えられた役割《やくわり》で全力《ぜんりょく》を尽《つ》くせば、もっと大《おお》きな目標《もくひょう》に近《ちか》づけるというメッセージである。

同《おな》じことを言《い》っているのは……

渡辺《わたなべ》 和子《かずこ》 ～教育者《きょういくしゃ》～

置《お》かれた場所《ばしょ》で咲《さ》きなさい

北海道《ほっかいどう》生まれ。著書《ちょしょ》『置《お》かれた場所《ばしょ》で咲《さ》きなさい』がベストセラーに。

まめ知識《ちしき》

宝塚歌劇団《たからづかかげきだん》の創始者《そうししゃ》

一三《いちぞう》は自身《じしん》が開業《かいぎょう》した現《げん》・阪急電《はんきゅうでん》鉄《てつ》の利用客《りようきゃく》を増《ふ》やすため、駅《えき》の近《ちか》くに宝塚新温泉《たからづかしんおんせん》というレジャー施設《しせつ》を作《つく》った。さらに、宝塚新温泉《たからづかしんおんせん》の客《きゃく》を増《ふ》やすため、施設内《しせつない》の劇場《げきじょう》で少女《しょうじょ》のみの出演者《しゅつえんしゃ》による歌劇《かげき》を披露《ひろう》することを企画《きかく》した。この企画《きかく》が人気《にんき》になって規模《きぼ》が拡大《かくだい》してゆき、現在《げんざい》の宝塚《たからづか》歌劇団《かげきだん》になった。宝塚歌劇団創立以《たからづかかげきだんそうりつい》来《らい》のモットー「清《きよ》く、正《ただ》しく、美《うつく》しく」は、一三《いちぞう》の遺訓《いくん》である。

ほかにもある

“一《いち》、二《に》、三《さん》ではいけない。二《に》は迷《まよ》いである、自信《じしん》のなさである”

一三《いちぞう》は34歳《さい》でサラリーマン生活《せいかつ》を投《な》げ打《う》ち、鉄道事業《てつどうじぎょう》へと生涯《しょうがい》をささげた。まだ電《でん》車《しゃ》が走《はし》っていない地区《ちく》へと鉄道《てつどう》を敷《し》くにあたって、一三《いちぞう》は退職金《たいしょくきん》をつぎ込《こ》むだけでなく、知人《ちじん》や親類《しんるい》に頭《あたま》を下《さ》げて、資金《しきん》を集《あつ》めた。迷《まよ》いがなく、自信《じしん》があったからこその大胆《だいたん》な行動《こうどう》だろう。勝負《しょうぶ》どころでは準備《じゅんび》と同時《どうじ》に行動《こうどう》を起《お》こすこと。

52

マーガレット・サッチャー

イギリス首相《しゅしょう》

1925～2013年《ねん》。イギリス生《う》まれ。イギリス史上《しじょう》初《はつ》となる女性首相《じょせいしゅしょう》。イギリス近代政治史上初《きんだいせいじしじょうはじ》めて首相《しゅしょう》3選《せん》を果《は》たした。彼女《かのじょ》の新自由主義経済《しんじゆうしゅぎけいざい》政策《せいさく》は「サッチャリズム」と呼《よ》ばれた。

“最終的《さいしゅうてき》に自分《じぶん》の思《おも》い通《どお》りになるなら、私《わたし》はいくらでも忍耐強《にんたいづよ》くなれる”

マーガレット・サッチャーは、イギリス初《はつ》の女性首相《じょせいしゅしょう》。就任当時《しゅうにんとうじ》、「イギリス病《びょう》」とも呼《よ》ばれた財政難《ざいせいなん》から脱《だつ》するために、それまで国《くに》が経営《けいえい》していた事業《じぎょう》を民間《みんかん》に任《まか》せ、政府《せいふ》がなるべく経済活動《けいざいかつどう》にかかわらない「小《ちい》さな政府《せいふ》」を目指《めざ》し、国《くに》の出費《しゅっぴ》が減《へ》るように国内改革《こくないかいかく》を強引《ごういん》に推《お》し進《すす》めた。

自分《じぶん》の理想《りそう》を実現《じつげん》させるために手段《しゅだん》を選《えら》ばなかったため、しばしば対立《たいりつ》を生《う》むことになるが、サッチャーは決《けっ》してひるまなかった。アルゼンチンとの間《あいだ》のフォークランド紛争《ふんそう》でも戦争《せんそう》を辞《じ》さない決断《けつだん》を行《おこな》い、リーダーシップを示《しめ》している。その強《つよ》い政治姿《せいじし》勢《せい》から「鉄《てつ》の女《おんな》」と呼《よ》ばれたサッチャーが残《のこ》したのがこの言葉《ことば》。ときにはねばり強《つよ》く相手《あいて》を説得《せっとく》して、改革《かいかく》を成《な》し遂《と》げた。

同《おな》じことを言《い》っているのは……

稲盛 和夫《いなもり かずお》 ～実業家《じつぎょうか》～

つまらないように見《み》える仕事《しごと》でも粘《ねば》り強《づよ》く続《つづ》ける継続力《けいぞくりょく》こそ、仕事《しごと》を成功《せいこう》に導《みちび》き、人生《じんせい》を価値《かち》あるものにする、真《しん》の能力《のうりょく》である

鹿児島《かごしま》生まれ。現《げん》・京《きょう》セラを設立《せつりつ》し、社《しゃ》長《ちょう》になる。KDDI《ケーディーディーアイ》を設立《せつりつ》し、会長《かいちょう》に。

ほかにもある

“物事《ものごと》に反対《はんたい》するだけでは勝《か》てない”

　サッチャーは、改革《かいかく》にあたって従来《じゅうらい》の政《せい》治《じ》を否定《ひてい》するだけではなく、自分《じぶん》のメッセージを明確《めいかく》に打《う》ち出《だ》した。ただ単《たん》に反対《はんたい》するだけならば、誰《だれ》にでもできる。物事《ものごと》を変《か》えるためには、「自分《じぶん》ならばどうするのか」と考《かんが》え抜《ぬ》くこと。そして、自分《じぶん》の考《かんが》えを打《う》ち出《だ》すことが必要《ひつよう》となる。リーダーとしての心得《こころえ》だ。

まめ知識《ちしき》

自分《じぶん》の予想《よそう》を自分《じぶん》で覆《くつがえ》す

　ヒース政権下《せいけんか》で教育科学大臣《きょういくかがくだいじん》だったとき、女性《じょせい》の社会進出《しゃかいしんしゅつ》が進《すす》んでいない状況《じょうきょう》を見《み》て「私《わたし》が生《い》きている間《あいだ》に女性《じょせい》の首相《しゅしょう》が誕生《たんじょう》するとは思《おも》えない」と語《かた》った。だがそれから約《やく》10年《ねん》後《ご》、彼女《かのじょ》はイギリス初《はつ》の女性首相《じょせいしゅしょう》となり、自分《じぶん》の予想《よそう》を覆《くつがえ》した。サッチャーが首相《しゅしょう》を引退《いんたい》した1990年《ねん》からはイギリスでは４人《にん》の男性首相《だんせいしゅしょう》が続《つづ》き、サッチャーが死去《しきょ》してから３年後《ねんご》の2016年《ねん》、テリーザ・メイが2人目《ふたりめ》の女性首相《じょせいしゅしょう》となった。

53

くじけそうになったとき
背中《せなか》を押《お》してくれることば

津《つ》田《だ》 梅《うめ》子《こ》

教育者《きょういくしゃ》

1864～1929年《ねん》。東京《とうきょう》生《う》まれ。6歳《さい》で渡米《とべい》した後《のち》、17歳《さい》で日本《にほん》に戻《もど》った。日本《にほん》の男尊女卑《だんそんじょひ》の状況《じょうきょう》を見《み》て、「知性《ちせい》と性格《せいかく》の力《ちから》をそなえ、自分《じぶん》で思考《しこう》できる女性《じょせい》を育《そだ》てる」という目標《もくひょう》に生涯《しょうがい》をささげた。独身《どくしん》を貫《つらぬ》き64歳《さい》で亡《な》くなった。

“環境《かんきょう》より学《まな》ぶ意志《いし》があればいい”

女性《じょせい》も男性《だんせい》と同《おな》じように力《ちから》を発揮《はっき》できる社会《しゃかい》にしたい――。女性《じょせい》の地位《ちい》が男性《だんせい》よりも低《ひく》かった明治時代《めいじじだい》、日本《にほん》の女性《じょせい》の教育《きょういく》のために活動《かつどう》したのが、津田梅子《つだうめこ》である。梅《う》子《め》はわずか6歳《さい》のときに、明治政府《めいじせいふ》が派遣《はけん》した岩倉使節団《いわくらしせつだん》の留学生《りゅうがくせい》としてアメリカへ渡《わた》った。17歳《さい》で帰国《きこく》すると、日本《にほん》における女性《じょせい》の差別的《さべつてき》な状況《じょうきょう》にカルチャーショックを受《う》ける。この状況《じょうきょう》を変《か》えるためには女性《じょせい》の教育《きょういく》が必要《ひつよう》だと考《かんが》え、1900年《ねん》、女子《じょし》英学塾《えいがくじゅく》を創設《そうせつ》した。これが、現在《げんざい》の津田塾《つだじゅく》大学《だいがく》である。

女性《じょせい》のための教育環境《きょういくかんきょう》を整備《せいび》した梅子《うめこ》だが、「学《まな》ぶ意志《いし》」の大切《たいせつ》さをこう語《かた》った。「学《まな》びたい」という純粋《じゅんすい》な気持《きも》ちをいつまでも大事《だいじ》にしよう。

同《おな》じことを言《い》っているのは……

市川《いちかわ》 房枝《ふさえ》 ～婦人運動家《ふじんうんどうか》～

やはりもう一度《いちど》女《おんな》に生《う》まれて、婦人運動《ふじんうんどう》をしなければならないね

愛知《あいち》生《う》まれ。大正期《たいしょうき》に平塚《ひらつか》らいてうらとともに、女性《じょせい》の地位向上《ちいこうじょう》のための運動《うんどう》を展開《てんかい》。

女性《じょせい》がいきいきしている
アメリカ…
日本《にほん》の女性《じょせい》も自立《じりつ》しなければいけないわ！
日本《にほん》…
学校《がっこう》を作《つく》りました学《まな》びたい人《ひと》は来《き》てください
学校《がっこう》に行《い》けないけど勉強《べんきょう》したい!!
がんばれ!!
環境《かんきょう》より学《まな》ぶ意志《いし》があればいい

ほかにもある

“自分《じぶん》の人生《じんせい》を無駄《むだ》にせず、どうか世界《せかい》のために役立《やくだ》てて下《くだ》さい”

梅子《うめこ》が日本《にほん》の女性《じょせい》の地位向上《ちいこうじょう》のために自分《じぶん》の人生《じんせい》を捧《ささ》げたのは、社会《しゃかい》に貢献《こうけん》したいという精神《せいしん》があったからにほかならない。自分《じぶん》の人生《じんせい》は何《なん》のためにあるのか。自分《じぶん》のためにだけ使《つか》うのではなく、献身的《けんしんてき》に人《ひと》を愛《あい》し、思《おも》いやりの心《こころ》と使命感《しめいかん》を持《も》って日々《ひび》を過《す》ごそう。

まめ知識《ちしき》

ヘレン・ケラーとナイチンゲールを訪問《ほうもん》

1898年《ねん》、梅子《うめこ》はアメリカの万国婦人《ばんこくふじん》クラブ連合大会《れんごうたいかい》で、当時《とうじ》18歳《さい》のヘレン・ケラーに会《あ》い、「成功《せいこう》と幸《しあわ》せをお祈《いの》りします」との手書《てが》きのメッセージをもらった。翌年《よくねん》、当時《とうじ》80歳《さい》のナイチンゲールを訪問《ほうもん》。「イギリスも昔《むかし》は日本人《にほんじん》と同《おな》じだった。がんばりなさい」との言葉《ことば》をもらった。梅子《うめこ》は世界《せかい》で活躍《かつやく》する女性《じょせい》たちに会《あ》うことで、日本《にほん》に女性《じょせい》のための学校《がっこう》を作《つく》る決意《けつい》を固《かた》めたのだった。

54

くじけそうになったとき
背中《せなか》を押《お》してくれることば

アンドリュー・カーネギー

実業家《じつぎょうか》

1835〜1919年《ねん》。イギリス生《う》まれ。アメリカにわたり、鉄鋼業界《てっこうぎょうかい》の関連企業《かんれんきぎょう》で成功《せいこう》を収《おさ》めた。また、「図書館《としょかん》の守護聖人《しゅごせいじん》」と呼《よ》ばれるほど、多《おお》くの図書館《としょかん》に財産《ざいさん》を寄贈《きぞう》した。私立大学《しりつだいがく》や教育基金《きょういくききん》などを設立《せつりつ》した慈善家《じぜんか》でもある。

〃図書館《としょかん》こそ、わたしの大学《だいがく》だ〃

スコットランドで生《う》まれたアンドリュー・カーネギーは、一家《いっか》で移民《いみん》としてアメリカに渡《わた》るが、父《ちち》が事業《じぎょう》に失敗《しっぱい》。13歳《さい》のときから綿織物工場《めんおりものこうじょう》で働《はたら》いた。学校《がっこう》に行《い》けなかったため、図書館《としょかん》に頻繁《ひんぱん》に通《かよ》い、さまざまな本《ほん》を読《よ》んで見聞《けんぶん》を広《ひろ》げた。やがて、製鉄事業《せいてつじぎょう》への投資《とうし》で才覚《さいかく》を発揮《はっき》。28歳《さい》の頃《ころ》には年収《ねんしゅう》の20倍近《ばいちか》くの金額《きんがく》を投資《とうし》で稼《かせ》ぎ、「鉄鋼王《てっこうおう》」と呼《よ》ばれるようになる。巨万《きょまん》の富《とみ》を築《きず》いたカーネギーは、積極的《せっきょくてき》に寄付《きふ》をした。カーネギー・メロン大学《だいがく》、カーネギー・ホールをつくるほか、世界中《せかいじゅう》に2811か所《しょ》の図書館《としょかん》を建設《けんせつ》した。

カーネギーは自分《じぶん》を成功《せいこう》に導《みちび》いたことを例《れい》に、図書館《としょかん》の重要性《じゅうようせい》と自《みずか》ら学《まな》ぶ意志《いし》の大切《たいせつ》さを訴《うった》えた。

同《おな》じことを言《い》っているのは……

佐藤《さとう》 一斎《いっさい》 〜思想家《しそうか》〜

少《わか》くして学《まな》べば
則《すなわ》ち壮《そう》にして為《な》すこと有《あ》り

［少年時代《しょうねんじだい》に学《まな》べば、壮年《そうねん》になって為《な》すことがある］

東京生《とうきょうう》まれ。西郷隆盛《さいごうたかもり》などの幕末《ばくまつ》の思想家《しそうか》らに影響《えいきょう》を与《あた》えた『言志四録《げんししろく》』がある。

子供時代《こどもじだい》…
工場《こうじょう》…
工場《こうじょう》で働《はたら》くぞ！
でも図書館《としょかん》が楽《たの》しいな
オレ28歳《さい》…
読書《どくしょ》のおかげだ!!
今《いま》じゃ鉄鋼王《てっこうおう》!!
寄付《きふ》いっぱい
カーネギーホール
大学《だいがく》
図書館《としょかん》
芸術《げいじゅつ》も勉強《べんきょう》もがんばってね
図書館《としょかん》こそ私《わたし》の大学《だいがく》だ

ほかにもある

“よい機会《きかい》に恵《めぐ》まれぬ者《もの》はいない。ただそれをとらえられなかっただけなのだ”

カーネギーは、鉄橋《てっきょう》を作《つく》る会社《かいしゃ》や製鉄《せいてつ》工場《こうじょう》を創設《そうせつ》し、当時最新《とうじさいしん》の製鋼法《せいこうほう》をアメリカに導入《どうにゅう》。ピッツバーグに最新式《さいしんしき》の製鉄工場《せいてつこうじょう》を完成《かんせい》させ、1899年《ねん》にはアメリカの鉄鋼生産《てっこうせいさん》の約《やく》25 %《パーセント》を支配《しはい》した。カーネギーは、産業《さんぎょう》が進《すす》んで鉄鋼《てっこう》の必要性《ひつようせい》が高《たか》まってくる時代《じだい》という好機《こうき》を見逃《みのが》さず、大富豪《だいふごう》となった。

まめ知識《ちしき》

機関車《きかんしゃ》を逆走《ぎゃくそう》させて落《お》とし物《もの》を探《さが》す

18歳《さい》の頃《ころ》、カーネギーは会社《かいしゃ》の給料《きゅうりょう》と小切手《こぎって》を遠《とお》い土地《とち》へ運《はこ》ぶという仕事《しごと》を与《あた》えられた。それらを包《つつ》みに入《い》れて機関車《きかんしゃ》に乗《の》っていたが、気《き》づくと包《つつ》みがない。揺《ゆ》れが激《はげ》しくて線路《せんろ》に落《お》としてしまったらしい。カーネギーは機関士《きかんし》に事情《じじょう》を話《はな》して頼《たの》み込《こ》み、機関車《きかんしゃ》を逆走《ぎゃくそう》させてもらった。逆走《ぎゃくそう》する機関車《きかんしゃ》から必死《ひっし》に探《さが》すと、渓流《けいりゅう》の河原《かわら》に落《お》ちている包《つつ》みを発見《はっけん》した。中身《なかみ》は無事《ぶじ》だった。

55

くじけそうになったとき
背中《せなか》を押《お》してくれることば

早川《はやかわ》 徳次《とくじ》

実業家《じつぎょうか》

1893～1980年《ねん》。東京《とうきょう》生《う》まれ。職人《しょくにん》の元《もと》で金属細工《きんぞくざいく》の技術《ぎじゅつ》を身《み》につけ、後《のち》のシャープとなる早川金属工業研究所《はやかわきんぞくこうぎょうけんきゅうしょ》を設立《せつりつ》した。小型鉱石《こがたこうせき》ラジオ、テレビ受像機《じゅぞうき》にはじまり、洗濯機《せんたくき》や冷蔵庫《れいぞうこ》などの家電製品《かでんせいひん》を製造《せいぞう》し、シャープを大企業《だいきぎょう》へと成長《せいちょう》させた。

〝教《おそ》わって覚《おぼ》えたものは浅《あさ》いけれど、自分《じぶん》で苦《くる》しんで考《かんが》えたことは深《ふか》いんですよ〟

シャープを創業《そうぎょう》した早川徳次《はやかわとくじ》だが、それまでの道《みち》のりは決《けっ》して平坦《へいたん》なものではない。2歳《さい》になる直前《ちょくぜん》、肥料屋《ひりょうや》に養子《ようし》に出《だ》されて以来《いらい》、両親《りょうしん》に会《あ》うことはなかった。8歳《さい》から金属細工《きんぞくざいく》の職人《しょくにん》の元《もと》で住《す》み込《こ》みで修《しゅ》行《ぎょう》を積《つ》み、19歳《さい》で金属加工業者《きんぞくかこうぎょうしゃ》として独立《どくりつ》を果《は》たした。22歳《さい》のとき、鉛筆《えんぴつ》のような書《か》き味《あじ》ながら、削《けず》る必要《ひつよう》のない画期的《かっきてき》な筆記《ひっき》用具《ようぐ》「早川式繰出鉛筆《はやかわしきくりだしえんぴつ》」を発明《はつめい》。これが後《のち》に「シャープペンシル」として知《し》られるようになる。

たたき上《あ》げの技術者《ぎじゅつしゃ》である早川《はやかわ》の言葉《ことば》からは、苦《くる》しんで考《かんが》えぬいて身《み》につけることがいかに大切《たいせつ》かを学《まな》ぶことができる。人《ひと》に頼《たよ》らず自分《じぶん》で試行錯誤《しこうさくご》してみることこそが、真《しん》の実力《じつりょく》となる。

同《おな》じことを言《い》っているのは……

米長《よねなが》 邦雄《くにお》 ～将棋棋士《しょうぎきし》～

人間《にんげん》が強《つよ》くなるには、
自分《じぶん》の頭《あたま》で
考《かんが》えることが大事《だいじ》だ

山梨生《やまなしう》まれ。史上最年《しじょうさいねん》長《ちょう》で名人位獲得《めいじんいかくとく》。粘《ねば》り強《づよ》い棋風《きふう》は「泥沼流《どろぬまりゅう》」と呼《よ》ばれた。

ほかにもある

“他社《たしゃ》がまねするような商品《しょうひん》をつくれ”

シャープペンシル以外《いがい》にも、鉱石《こうせき》ラジオセットや白黒《しろくろ》テレビ、カラーテレビと、国《こく》産第一号《さんだいいちごう》を連発《れんぱつ》した早川《はやかわ》。売《う》れる商品《しょうひん》とは、他社《たしゃ》がまねてくれるような商品《しょうひん》であり、消《しょう》費者《ひしゃ》が望《のぞ》む商品《しょうひん》であると考《かんが》えていた。いつもまねをされるような商品《しょうひん》をつくることを心《こころ》がけていれば、それは会社《かいしゃ》の成長《せいちょう》にもつながると考《かんが》えていたのだ。

まめ知識《ちしき》

盲目《もうもく》の女性《じょせい》に助《たす》けられ障害者雇用《しょうがいしゃこよう》を促進《そくしん》

早川《はやかわ》は幼《おさな》くして養子《ようし》に出《だ》され、継《まま》母《はは》に虐待《ぎゃくたい》されていた。見《み》かねた近所《きんじょ》に住《す》む盲目《もうもく》の女性《じょせい》が早川《はやかわ》の手《て》をとって金属細工店《きんぞくざいくてん》に連《つ》れて行《い》き、見習《みなら》いとして住《す》み込《こ》めるように手配《てはい》した。ここで技術《ぎじゅつ》を身《み》につけたことが後《のち》の人生《じんせい》を変《か》えた。この女性《じょせい》は関東大《かんとうだい》震災《しんさい》で行方不明《ゆくえふめい》になってしまったが、早川《はやかわ》は恩《おん》を感《かん》じ、障害者《しょうがいしゃ》たちの助《たす》けとなるべく、障害者《しょうがいしゃ》の雇用《こよう》を促進《そくしん》する組織《そしき》や工場《こうじょう》を作《つく》った。

56

くじけそうになったとき
背中《せなか》を押《お》してくれることば

織田《おだ》 信長《のぶなが》

“是非《ぜひ》に及《およ》ばず”

武将《ぶしょう》

1534～1582年《ねん》。愛知《あいち》生《う》まれ。尾張《おわり》を統一《とういつ》した後《あと》、侵入《しんにゅう》してきた今川《いまがわ》義元《よしもと》を倒《たお》したのを機《き》に、武力《ぶりょく》による天下《てんか》統一《とういつ》を開始《かいし》した。足利義昭《あしかがよしあき》を追放《ついほう》して室町幕府《むろまちばくふ》を滅《ほろ》ぼし、武田勝頼《たけだかつより》を破《やぶ》って天下統一《てんかとういつ》に近《ちか》づいたが、家臣《かしん》の明智光秀《あけちみつひで》に裏切《うらぎ》られて自害《じがい》した。

織田信長《おだのぶなが》は、枠《わく》にとらわれない改革者《かいかくしゃ》として人気《にんき》が高《たか》く、日本人《にほんじん》が好《す》きな偉人《いじん》として第《だい》1位《い》に選《えら》ばれることも多《おお》い。

その信長《のぶなが》が倒《たお》された「本能寺《ほんのうじ》の変《へん》」は、日本《にほん》の歴史上《れきしじょう》、最大《さいだい》の事件《じけん》のひとつといってもいいだろう。家臣《かしん》である明智光秀《あけちみつひで》の謀《む》反《ほん》を知《し》らされたとき、信長《のぶなが》が言《い》ったとされるのが、この言葉《ことば》だ。意味《いみ》は「当否《とうひ》や善悪《ぜんあく》をあれこれ論《ろん》じるまでもなく、そうするしかない」といったところだろうか。今《いま》ある現実《げんじつ》から目《め》をそらさず受《う》け止《と》めるということだ。その後、信長は自害して亡くなった。

信長《のぶなが》は「本能寺《ほんのうじ》の変《へん》」のときに限《かぎ》らず、何《なに》かとこの言葉《ことば》を言《い》っていた。思《おも》い通《どお》りにいくことのほうが少《すく》ないのが人生《じんせい》だ。それらを受《う》け入《い》れる冷静《れいせい》さも時《とき》には必要《ひつよう》だ。

同《おな》じことを言《い》っているのは……

斎藤《さいとう》 一人《ひとり》 ～実業家《じつぎょうか》～

人生《じんせい》は「開《ひら》き直《なお》る」ことが大切《たいせつ》ですよ。
開《ひら》き直《なお》るとは、閉《と》じていた心《こころ》を開《ひら》いて、
曲《ま》がっていた心《こころ》をまっすぐに、ピッと直《なお》すこと

東京《とうきょう》生《う》まれ。銀座《ぎんざ》まるかんを創業《そうぎょう》。経営《けいえい》体験《たいけん》を元《もと》に自己啓《じこけい》発書《はっしょ》を多数出版《たすうしゅっぱん》。

まめ知識《ちしき》

大《おお》うつけがもたらした勝利《しょうり》

信長《のぶなが》は幼《おさな》い頃《ころ》、常識《じょうしき》はずれの行動《こうどう》ばかりしていたので「大《おお》うつけ（大《おお》ばか者《もの》）」と呼《よ》ばれていた。しかし、信長《のぶなが》の常識《じょうしき》にとらわれない性格《せいかく》は、戦国時代《せんごくじだい》において勝利《しょうり》と発展《はってん》をもたらした。「長篠《ながしの》の戦《たたか》い」での火縄《ひなわ》銃《じゅう》の一早《いちはや》い活用《かつよう》による勝利《しょうり》、城下《じょうか》に商人《しょうにん》や職人《しょくにん》を住《す》ませる楽市《らくいち》・楽座《らくざ》による商工業《しょうこうぎょう》の発展《はってん》などである。また、仏教勢力《ぶっきょうせいりょく》への対抗《たいこう》としてキリスト教《きょう》の布教《ふきょう》を許可《きょか》するなど、西欧文化《せいおうぶんか》も受《う》け入《い》れ、日本《にほん》の常識《じょうしき》を変《か》えていった。

ほかにもある

“臆病者《おくびょうもの》の目《め》には、敵《てき》は常《つね》に大軍《たいぐん》に見《み》える”

明《あき》らかに相手《あいて》のほうが有利《ゆうり》な状況《じょうきょう》にあると、戦《たたか》う前《まえ》からあきらめてしまいがちだ。しかし、4万人《まんにん》ともいわれる大軍《たいぐん》を率《ひき》いた今川義元《いまがわよしもと》と今川氏真親子《いまがわうじざねおやこ》に対《たい》して、信長《のぶなが》は少数《しょうすう》の軍《ぐん》勢《ぜい》で本陣《ほんじん》を襲《おそ》い、見事《みごと》に勝利《しょうり》している。有《ゆう》名《めい》な「桶狭間《おけはざま》の戦《たたか》い」のことだ。たとえ困《こん》難《なん》な状況《じょうきょう》でも勇気《ゆうき》を持《も》って立《た》ち向《む》かっていこう。気持《きも》ちで負《ま》けないことだ。

57

くじけそうになったとき
背中《せなか》を押《お》してくれることば

山中《やまなか》伸弥《しんや》

“高《たか》く飛《と》ぶためには思《おも》いっきり低《ひく》くかがむ必要《ひつよう》があるのです”

山中伸弥《やまなかしんや》は、再生医療《さいせいいりょう》の実現《じつげん》につながる「iPS細胞《アイピーエスさいぼう》」の作製《さくせい》に世界《せかい》で初《はじ》めて成功《せいこう》。ノーベル生理学《せいりがく》・医学賞《いがくしょう》を受賞《じゅしょう》した。

しかし、それまでの人生《じんせい》は挫折《ざせつ》の連続《れんぞく》だった。整形外科医《せいけいげかい》になるのが夢《ゆめ》だった山中《やまなか》だが、いざトレーニングを受《う》けると、手術《しゅじゅつ》が下手《へた》で、周囲《しゅうい》に迷惑《めいわく》をかけてばかり。「ジャマナカ」と呼《よ》ばれてしまう始末《しまつ》だった。また、万能細胞《ばんのうさいぼう》の研究《けんきゅう》を行《おこな》ってからも、「医《い》学《がく》に直接関係《ちょくせつかんけい》ないネズミの研究《けんきゅう》ばかりしていていいのか」と周囲《しゅうい》に言《い》われて、精神的《せいしんてき》に追《お》い詰《つ》められることもあった。

そんな苦難《くなん》を経《へ》て、栄光《えいこう》をつかんだ山中《やまなか》。高《たか》く飛躍《ひやく》するために、それらの苦労《くろう》も必要《ひつよう》だったとしている。挫折《ざせつ》こそが、飛躍《ひやく》の始《はじ》まりなのだ。

医学者《いがくしゃ》

1962年《ねん》〜。大阪《おおさか》生《う》まれ。大阪市立大学医学《おおさかしりつだいがくいがく》研究科《けんきゅうか》で医学博士号《いがくはくしごう》を取得《しゅとく》。京都大学再生医科学研究所教授《きょうとだいがくさいせいいかがくけんきゅうじょきょうじゅ》になり、2006年《ねん》にマウスの皮膚《ひふ》細胞《さいぼう》から「iPS細胞《アイピーエスさいぼう》」を作《つく》り出《だ》すことに成功《せいこう》。翌《よく》年《ねん》、ヒトの細胞《さいぼう》でも成功《せいこう》。2012年《ねん》のノーベル生理《せいり》学《がく》・医学賞《いがくしょう》を受賞《じゅしょう》した。

同《おな》じことを言《い》っているのは……

むのたけじ 〜ジャーナリスト〜

より高《たか》く、より遠《とお》く
跳躍《ちょうやく》しようとする者《もの》は、
それだけ助走距離《じょそうきょり》を長《なが》くする

秋田《あきた》生《う》まれ。報知新聞《ほうちしんぶん》、朝日新聞記者《あさひしんぶんきしゃ》を経《へ》て、週刊新聞《しゅうかんしんぶん》『たいまつ』を創刊《そうかん》した。

ほかにもある

“人間万事《じんかんばんじ》塞翁《さいおう》が馬《うま》”

山中《やまなか》が高校生《こうこうせい》への講演《こうえん》で送《おく》った故事成《こじせい》語《ご》。「良《よ》い馬《うま》を入手《にゅうしゅ》するが、息子《むすこ》が落馬《らくば》して骨折《こっせつ》。だがそれで戦争《せんそう》に行《い》かずに済《す》んだ」という話《はなし》だ。「大変《たいへん》だと思《おも》ったことが実《じつ》はうれしいことの始《はじ》まりだったり、すごくいいと思《おも》ったことがとんでもないことの始《はじ》まりだったり」として、一喜一憂《いっきいちゆう》することなく、淡々《たんたん》と努力《どりょく》することが大切《たいせつ》だとした。

まめ知識《ちしき》

ES細胞《イーエスさいぼう》とiPS細胞《アイピーエスさいぼう》

人工的《じんこうてき》にヒトの臓器《ぞうき》や組織《そしき》を作《つく》って治療《ちりょう》する「再生医療《さいせいいりょう》」は望《のぞ》まれる技術《ぎじゅつ》だが、そのためにはどんな細胞《さいぼう》にも成長《せいちょう》できる「万能細胞《ばんのうさいぼう》」が必要《ひつよう》だ。万能細胞《ばんのうさいぼう》の一種《いっしゅ》である「ES細胞《イーエスさいぼう》」はこれからヒトに育《そだ》つこともできる受《じゅ》精卵《せいらん》を使《つか》って作《つく》られるため、倫理的《りんりてき》、宗教的《しゅうきょうてき》な問題《もんだい》があった。山中《やまなか》が開発《かいはつ》した万能細胞《ばんのうさいぼう》「iPS細胞《アイピーエスさいぼう》」は皮膚組《ひふそ》織《しき》などから作《つく》られるため、このような問題《もんだい》が起《お》きず、再生医療研究《さいせいいりょうけんきゅう》の可《か》能性《のうせい》が格段《かくだん》に広《ひろ》がった。

鬼塚《おにつか》 喜八郎《きはちろう》

実業家《じつぎょうか》

1918～2007年《ねん》。鳥取《とっとり》生《う》まれ。戦死《せんし》した友人《ゆうじん》との約束《やくそく》により鬼塚家《おにつかけ》の養子《ようし》になる。鬼塚商《おにつかしょう》会《かい》を設立《せつりつ》、スポーツシューズブランド「オニツカタイガー」が人気《にんき》を集《あつ》めた。総合《そうごう》スポーツ用品《ようひん》メーカーへと拡大《かくだい》、アシックスを設立《せつりつ》した。

“転《ころ》んだら起《お》きればいい！”

スポーツメーカー「アシックス」の創業《そうぎょう》者《しゃ》、鬼塚喜八郎《おにつかきはちろう》。31歳《さい》で鬼塚株式会社《おにつかかぶしきがいしゃ》を興《おこ》し、スポーツシューズの販売《はんばい》で成功《せいこう》した。だが、資金不足《しきんぶそく》や業務《ぎょうむ》の多角化《たかくか》で経営《けいえい》が悪化《あっか》。鬼塚《おにつか》は原点回帰《げんてんかいき》を図《はか》り、スポーツシューズに特化《とっか》して再起《さいき》に奮闘《ふんとう》。東京《とうきょう》オリンピックの追《お》い風《かぜ》を受《う》けて、業績《ぎょうせき》を改善《かいぜん》させた。その後《ご》、スポーツ用品全般《ようひんぜんぱん》を扱《あつか》い、アシックスブランドを作《つく》った。鬼塚《おにつか》はこの言葉通《ことばどお》り、転《ころ》んでは起《お》き上《あ》がってきた。

ナイキの創業者《そうぎょうしゃ》であるフィル・ナイトは、大学《だいがく》の卒業旅行《そつぎょうりょこう》で日本《にほん》に来《き》て鬼塚《おにつか》と出会《であ》っている。鬼塚《おにつか》は20歳《さい》も年下《としした》のナイトと販売《はんばい》代理店契約《だいりてんけいやく》を結《むす》んだ。若者《わかもの》の未来《みらい》に賭《か》けたのだろう。「志《こころざし》を持《も》った人《ひと》は、土壇場《どたんば》に強《つよ》い。困難《こんなん》にブチ当《あ》たっても倒《たお》れない」。

同《おな》じことを言《い》っているのは……

オリヴァー・ゴールドスミス ～小説家《しょうせつか》～

我々《われわれ》の最大《さいだい》の栄光《えいこう》は、
一度《いちど》も失敗《しっぱい》しないことではなく、
倒《たお》れるごとに起《お》きることにある

アイルランド生《う》まれ。小説《しょうせつ》『ウェークフィールドの牧師《ぼくし》』、戯曲《ぎきょく》『お人《ひと》よし』などがある。

鬼《おに》塚《つか》株式会社《かぶしきがいしゃ》
会社《かいしゃ》が倒産《とうさん》しそうだ…どうしよう…
タコの吸盤《きゅうばん》!
これだ!!
この靴《くつ》滑《すべ》らない!!
やった!
ありがとうタコ!
かっこいいなぁ
転《ころ》んだら起《お》きればいい!

ほかにもある

“よく寝《ね》、よく食《た》べ、くよくよするな!”

鬼塚《おにつか》が社員《しゃいん》によく言《い》っている言葉《ことば》。ビジネスには失敗《しっぱい》はつきものであり、そのたびにくよくよしていれば余計《よけい》に落《お》ち込《こ》むだけだと、鬼塚《おにつか》は考《かんが》えていた。睡眠《すいみん》と食事《しょくじ》は、生活《せいかつ》の基盤《きばん》だ。そこをしっかり整《ととの》えて、終《お》わったことにとらわれ過《す》ぎてはいけない。体調《たいちょう》を万全《ばんぜん》にしてこそ起《お》き上《あ》がることができるのだ。明日《あした》は明日《あした》の風《かぜ》が吹《ふ》く。

まめ知識《ちしき》

タコの酢《す》の物《もの》を見《み》てひらめいた

鬼塚《おにつか》は「滑《すべ》らない靴《くつ》を作《つく》ってほしい」という要望《ようぼう》を受《う》けた。よい方法《ほうほう》を思《おも》いつけないでいたときに、夕食《ゆうしょく》にキュウリとタコの酢《す》の物《もの》が出《で》た。鬼塚《おにつか》はタコの足《あし》の吸盤《きゅうばん》を見《み》て、「同《おな》じ原理《げんり》をバスケットボールの靴《くつ》の底《そこ》につけたら止《と》まるに違《ちが》いない」とひらめいた。実際《じっさい》にやってみると確《たし》かに滑《すべ》らない。だが止《と》まりすぎて転《ころ》んでしまう。吸盤《きゅうばん》のふちを浅《あさ》くすると、ちょうどよく止《と》まる最高《さいこう》の靴《くつ》が完成《かんせい》した。

くじけそうになったとき

背中《せなか》を押《お》してくれることば

59

松下幸之助《まつしたこうのすけ》

“失敗《しっぱい》すればやりなおせばいい”

実業家《じつぎょうか》

1894〜1989年《ねん》。和歌《わか》山《やま》生《う》まれ。電《でん》気《き》関係《かんけい》の会社《かいしゃ》に就職《しゅうしょく》した後《あと》、松《まつ》下《した》電《でん》気《き》器《き》具《ぐ》製作所《せいさくしょ》を創《そう》立《りつ》。洗濯機《せんたくき》、冷蔵庫《れいぞうこ》、テレビなどの家電製品《かでんせいひん》を大量生産《たいりょうせいさん》して家庭《かてい》に普及《ふきゅう》させた。社長退任《しゃちょうたいにん》後《ご》は会長《かいちょう》、相談役《そうだんやく》として活躍《かつやく》した。

経営《けいえい》の神様《かみさま》——。そう呼《よ》ばれた松下電気《まつしたでんき》器具製作所《きぐせいさくしょ》（現在《げんざい》のパナソニック）の創業《そうぎょう》者《しゃ》、松下幸之助《まつしたこうのすけ》の生涯《しょうがい》もまた、挫折《ざせつ》と失敗《しっぱい》の連続《れんぞく》だった。22歳《さい》のときに独立《どくりつ》して、妻《つま》と義弟《ぎてい》との3人《にん》で電球《でんきゅう》ソケットの販売《はんばい》を始《はじ》めたが、全《まった》く売《う》れずに生活《せいかつ》は困窮《こんきゅう》。いよいよ立《た》ち行《ゆ》かなくなったときに、電池式自転《でんちしきじてん》車用《しゃよう》ランプなどの商品《しょうひん》が評判《ひょうばん》を呼《よ》んだ。経《けい》営《えい》が軌道《きどう》に乗《の》ってからも、大不況《だいふきょう》で売《う》り上《あ》げ不振《ふしん》に苦《くる》しめられたこともあれば、終戦《しゅうせん》後《ご》は「借金王《しゃっきんおう》」と呼《よ》ばれるほどの負債《ふさい》を背《せ》負《お》ったこともある。

何度《なんど》失敗《しっぱい》してもチャレンジし続《つづ》けた松下《まつした》は教育者《きょういくしゃ》でもあり、人《ひと》をはげます言葉《ことば》を多《おお》く残《のこ》した。大切《たいせつ》なのは、あきらめず、成功《せいこう》するまで行動《こうどう》し続《つづ》けるということだ。

同《おな》じことを言《い》っているのは……

大隈 重信《おおくま しげのぶ》 〜政治家《せいじか》〜

失敗《しっぱい》に落胆《らくたん》しなさるな。失敗《しっぱい》に打《う》ち勝《か》たなければならぬ

佐賀《さが》生《う》まれ。第《だい》8代《だい》、第《だい》17代《だい》内閣《ないかく》総理《そうり》大《だい》臣《じん》を務《つと》めた。早稲田《わせだ》大学《だいがく》を創立《そうりつ》。

ほかにもある

“道《みち》をひらくためには、まず歩《あゆ》まねばならぬ。心《こころ》を定《さだ》め、懸命《けんめい》に歩《あゆ》まねばならぬ”

松下《まつした》が、幾多《いくた》の試練《しれん》を乗《の》り越《こ》えられたのは、この言葉《ことば》にあるように、己《おのれ》の道《みち》を信《しん》じていたからこそ。松下《まつした》は「他人《たにん》の道《みち》に心《こころ》をうばわれ、思案《しあん》にくれて立《た》ちすくんでいても、道《みち》はすこしも開《ひら》けない」として、この言葉《ことば》を続《つづ》けた。自分《じぶん》だけに与《あた》えられた道《みち》をまずは懸命《けんめい》に歩《ある》いてゆけば、新《あら》たな道《みち》がひらけてくる。

まめ知識《ちしき》

業界全体《ぎょうかいぜんたい》を考《かんが》える精神《せいしん》 価格維持《かかくいじ》と特許公開《とっきょこうかい》

電気業界《でんきぎょうかい》の各社《かくしゃ》がラジオを作《つく》るようになると、値下《ねさ》げ競争《きょうそう》が激《はげ》しくなってどこも利益《りえき》が出《だ》せなくなってしまった。だが松下《まつした》は業界全体《ぎょうかいぜんたい》のためと信《しん》じて適正価格《てきせいかかく》を維持《いじ》、歯止《はど》めをかけた。また、ある発明家《はつめいか》が持《も》っている特許《とっきょ》がラジオ制作《せいさく》の過程《かてい》で必要《ひつよう》で、設計《せっけい》の障害《しょうがい》となっていた。松下《まつした》はその特《とっ》許《きょ》を所有者《しょゆうしゃ》から買《か》い取《と》り、さらにその内容《ないよう》を無料《むりょう》で公開《こうかい》し、業界全体《ぎょうかいぜんたい》で開発《かいはつ》、改良《かいりょう》してゆく土台《どだい》を作《つく》った。

ヘンリー・フォード

"失敗《しっぱい》は別《べつ》に恐《おそ》れるべきものではない。より賢《かしこ》く再挑戦《さいちょうせん》するためのよい機会《きかい》である"

農家《のうか》に生《う》まれたフォードは、16歳《さい》で学校《がっこう》を中退《ちゅうたい》。電気会社《でんきがいしゃ》で技師《ぎし》として働《はたら》きながら、勤務後《きんむご》は、自宅《じたく》の納屋《なや》でエンジンの試《し》作《さく》を重《かさ》ねた。原動機付《げんどうきつ》き四輪車《よんりんしゃ》の発明《はつめい》にこぎつけ、37歳《さい》で辞職《じしょく》。家族《かぞく》を抱《かか》えての大決《だいけつ》断《だん》だった。自動車作《じどうしゃづく》りにひたすら打《う》ち込《こ》み、1903年《ねん》、フォード・モーター社《しゃ》を設立《せつりつ》する。世界《せかい》で初《はじ》めて大衆向《たいしゅうむ》けに作《つく》られた自《じ》動車《どうしゃ》「T型《ティーがた》フォード」は、全世界《ぜんせかい》でヒットを飛《と》ばした。だが、そこに至《いた》るまでには多《おお》くの失敗《しっぱい》があった。

失敗《しっぱい》とは「再挑戦《さいちょうせん》するチャンス」にほかならないとフォードは語《かた》る。失敗《しっぱい》しても、知識《ちしき》や経験《けいけん》は蓄積《ちくせき》されていく。それらを参《さん》考《こう》にしてまた挑戦《ちょうせん》すれば、当初《とうしょ》の予定《よてい》よりもうまくやれる可能性《かのうせい》だってあるのだ。

技術者《ぎじゅつしゃ》、実業家《じつぎょうか》

1863〜1947年《ねん》。アメリカ生《う》まれ。トーマス・エジソンが設立《せつりつ》した会社《かいしゃ》で働《はたら》きながら自動車《じどうしゃ》を開《かい》発《はつ》し、自動車会社《じどうしゃがいしゃ》、フォード・モーター社《しゃ》を設立《せつりつ》した。大量生産方式《たいりょうせいさんほうしき》による製造《せいぞう》で価格《かかく》を下《さ》げ、1920年頃《ねんごろ》には自動車市《じどうしゃし》場《じょう》の半分以上《はんぶんいじょう》のシェアを占《し》めた。

同《おな》じことを言《い》っているのは……

エルバート・ハバード ～教育者《きょういくしゃ》、小説家《しょうせつか》～

人生《じんせい》における最大《さいだい》の失敗《しっぱい》は、失敗《しっぱい》を恐《おそ》れ続《つづ》けることである

アメリカ生《う》まれ。アメリカ・スペイン戦争《せんそう》を題《だい》材《ざい》にした作品《さくひん》『ガルシアへの手紙《てがみ》』がある。

うーん
複雑《ふくざつ》だ
もっと開発《かいはつ》に専念《せんねん》したいから会社《かいしゃ》をやめる！
支《ささ》えるわ！
やったー！ついにT型《ティーがた》フォードが完成《かんせい》したぞ！
実《じつ》は失敗《しっぱい》もいっぱい
失敗《しっぱい》は別《べつ》に恐《おそ》れるべきものではない。より賢《かしこ》く再挑戦《さいちょうせん》するためのよい機会《きかい》である

ほかにもある

“恐《おそ》れるべき競争相手《きょうそうあいて》とは、あなたを全《まった》く気《き》にかけることなく自分《じぶん》のビジネスを常《つね》に向上《こうじょう》させ続《つづ》ける人間《にんげん》のことを言《い》う”

フォードは、破格《はかく》の値段《ねだん》で自動車《じどうしゃ》を大《たい》量生産《りょうせいさん》することを記者団《きしゃだん》に宣言《せんげん》。さらに部《ぶ》品《ひん》はすべて自社製《じしゃせい》で、色《いろ》は黒一色《くろいっしょく》のみという大胆《だいたん》なプランを打《う》ち出《だ》した。記者《きしゃ》たちはびっくり仰天《ぎょうてん》したが、フォードは成功《せいこう》を確《かく》信《しん》していた。独自性《どくじせい》のあるビジネスを打《う》ち出《だ》せば、競争相手《きょうそうあいて》すらいないのだ。

まめ知識《ちしき》

理想《りそう》の経営理念《けいえいりねん》の光《ひかり》と影《かげ》

フォードは「企業《きぎょう》の成功《せいこう》は同時《どうじ》に労働者《ろうどうしゃ》の繁栄《はんえい》である」と説《と》き、フォード社《しゃ》の労働者《ろうどうしゃ》は平均《へいきん》より短《みじか》い労働時《ろうどうじ》間《かん》で賃金《ちんぎん》は2倍《ばい》という破格《はかく》の待遇《たいぐう》にした。しかし、大量生産《たいりょうせいさん》のための機《き》械的《かいてき》な流《なが》れ作業《さぎょう》は、チャップリンが『モダン・タイムス』で風刺《ふうし》したように、労働者《ろうどうしゃ》にとってストレスが大《おお》きいものだった。また、フォードは労《ろう》働組合《どうくみあい》を組織《そしき》することに反対《はんたい》したため、労働者《ろうどうしゃ》たちと激《はげ》しくもめてしまった。

61

くじけそうになったとき
背中《せなか》を押《お》してくれることば

マイケル・ジョーダン

プロバスケットボール
選手《せんしゅ》

1963年《ねん》〜。アメリカ生《う》まれ。ロサンゼルスオリンピックで金《きん》メダルを獲得《かくとく》。NBA《エヌビーエー》のシカゴブルズに入団《にゅうだん》し、6度《ど》の優勝《ゆうしょう》に導《みちび》いた。バルセロナオリンピックで2度目《どめ》の金《きん》メダルを獲得《かくとく》。滞空時間《たいくうじかん》の長《なが》いジャンプをすることから「エアー・ジョーダン」と呼《よ》ばれた。

“人生《じんせい》で何度《なんど》も何度《なんど》も失敗《しっぱい》を重《かさ》ねてきた。だからこそ、私《わたし》は成功《せいこう》したのだ”

マイケル・ジョーダンは「※NBA《エヌビーエー》の神様《かみさま》」と呼《よ》ばれるプロバスケットボール選手《せんしゅ》。NBA《エヌビーエー》に在籍《ざいせき》した15シーズンで、10度《ど》の得点王《とくてんおう》に輝《かがや》き、5度《ど》の年間MVP《ねんかんエムブイピー》、6度《ど》のNBA《エヌビーエー》ファイナルMVP《エムブイピー》を受賞《じゅしょう》した。その華々《はなばな》しい記録《きろく》はバスケットボール史上最高《しじょうさいこう》のプレーヤーとしてふさわしいものだ。

だが、そんな天才《てんさい》も数多《かずおお》くの失敗《しっぱい》をしている。ジョーダンはこの言葉《ことば》の前《まえ》に具体的《ぐたいてき》な数字《すうじ》を書《か》いている。「9000本《ぼん》以上《いじょう》のシュートを外《はず》した。約《やく》300試合《しあい》に負《ま》けた。試合《しあい》を決《き》めるウィニングショットを任《まか》され、26回《かい》外《はず》した」

神様《かみさま》と呼《よ》ばれた男《おとこ》も、完璧《かんぺき》ではない。大切《たいせつ》なのは、挑戦《ちょうせん》をやめないことだ。あきらめない先《さき》に、成功《せいこう》が待《ま》っている。

同じことを言《い》っているのは……

本田《ほんだ》 宗一郎《そういちろう》 〜実業家《じつぎょうか》〜

私《わたし》の現在《げんざい》が成功《せいこう》というのなら、私《わたし》の過去《かこ》はみんな失敗《しっぱい》が土台《どだい》づくりしていることになる

静岡《しずおか》生《う》まれ。本田技研《ほんだぎけん》工業《こうぎょう》を創業《そうぎょう》。オートバイの製造《せいぞう》で成功《せいこう》し、四輪車《よんりんしゃ》にも進出《しんしゅつ》した。

MVP《エムブイピー》
得点王《とくてんおう》
「NBA《エヌビーエー》の神様《かみさま》」と呼《よ》ばれているよ
9000本以上《ぼんいじょう》のシュートを外《はず》したし、約《やく》300試合《しあい》に負《ま》けた。試合《しあい》を決《き》めるウィニングショットを任《まか》され、26回外《かいはず》したよ
バスケやめたのか？
もっと新《あたら》しいことにチャレンジしたいんだ
人生《じんせい》で何度《なんど》も何度《なんど》も失敗《しっぱい》を重《かさ》ねてきた。
だからこそ、私《わたし》は成功《せいこう》したのだ

ほかにもある

“ぼくは挑戦《ちょうせん》することをあきらめることは、絶対《ぜったい》にできない”

成《な》し遂《と》げた偉業《いぎょう》が大《おお》きすぎるがゆえに、ジョーダンは挫折知《ざせつし》らずの人生《じんせい》だと誤解《ごかい》されやすい。だが、ジョーダンはNBA引退《エヌビーエーいんたい》を２度《ど》も経験《けいけん》しており、野球《やきゅう》に転向《てんこう》した時期《じき》もあった。2001年《ねん》に２度目《どめ》の復帰《ふっき》をしたときは40歳目前《さいもくぜん》だった。どんな状況《じょうきょう》でも挑戦《ちょうせん》することをやめなかったジョーダンの言葉《ことば》。何度《なんど》、壁《かべ》にぶつかってもやり抜《ぬ》く力《ちから》を。

まめ知識《ちしき》

もう一《ひと》つの夢《ゆめ》、野球選手《やきゅうせんしゅ》

1993年《ねん》、父《ちち》が強盗《ごうとう》に殺《ころ》される事件《じけん》が起《お》こり、ジョーダンはNBA《エヌビーエー》を引退《いんたい》した。その後《ご》、野球《やきゅう》のメジャーリーグを目指《めざ》してシカゴ・ホワイトソックス傘下《さんか》のバーミンガムに入団《にゅうだん》する。野球選手《やきゅうせんしゅ》は子《こ》どもの頃《ころ》のもう一《ひと》つの夢《ゆめ》であり、父《ちち》との約束《やくそく》でもあったという。18歳以来《さいいらい》の野球《やきゅう》であり、初《はじ》めのうちは成績《せいせき》は悪《わる》かったが、地道《じみち》に練習《れんしゅう》を重《かさ》ね、実力《じつりょく》を上《あ》げていった。しかし大《だい》リーグストライキが起《お》きたため、NBA《エヌビーエー》に復帰《ふっき》した。

※ NBA《エヌビーエー》……北米《ほくべい》（アメリカとカナダ）の男子《だんし》プロバスケットボールリーグ

エジソン（トーマス・エジソン）

発明家《はつめいか》、実業家《じつぎょうか》

1847～1931年《ねん》。アメリカ生《う》まれ。小学校《しょうがっこう》を3ケ月《げつ》でやめ、元教師《もときょうし》の母親《ははおや》に勉強《べんきょう》を教《おし》えられた。22歳《さい》で電気投票記録機《でんきとうひょうきろくき》を発明《はつめい》して特許《とっきょ》をとり、自分《じぶん》の発明工場《はつめいこうじょう》を建《た》てて電信関連装置《でんしんかんれんそうち》の発明《はつめい》や改良《かいりょう》を重《かさ》ねた。「メンロパークの魔術師《まじゅつし》」と呼《よ》ばれた。あいさつの言葉《ことば》として「ハロー」を考案《こうあん》。

″天才《てんさい》とは、1%《パーセント》のひらめきと99%《パーセント》の努力《どりょく》でつくられる″

トーマス・エジソンは、蓄音機《ちくおんき》の発明《はつめい》や白熱電球《はくねつでんきゅう》の改良《かいりょう》で知《し》られる発明王《はつめいおう》。電信技師《でんしんぎし》としてアメリカ中《じゅう》を転々《てんてん》とした後《あと》、自分《じぶん》の研究所《けんきゅうしょ》を設立《せつりつ》。「睡眠時間《すいみんじかん》を減《へ》らせば能力《のうりょく》は増大《ぞうだい》する」というモットーを元《もと》に、エジソンはほとんど毎日《まいにち》、仮眠《かみん》しかとらず研究《けんきゅう》に打《う》ち込《こ》んだ。生涯《しょうがい》で発明《はつめい》した数《かず》は、約《やく》1300とも言《い》われている。

この言葉《ことば》は至《いた》るところで引用《いんよう》されたが、エジソンは「ひらめきだけでは天才《てんさい》になれないから努力《どりょく》が大切《たいせつ》だ」という勝手《かって》な解釈《かいしゃく》に違和感《いわかん》を持《も》ち、後《のち》に「1%《パーセント》のひらめきがもっとも重要《じゅうよう》」で、「ひらめきがあるから努力《どりょく》も実《み》を結《むす》ぶのだ」と説明《せつめい》した。あくまでも、大切《たいせつ》なのは、ひらめきや直感《ちょっかん》。そこに努力《どりょく》をプラスして成功《せいこう》できる。

同《おな》じことを言《い》っているのは……

安藤《あんどう》 百福《ももふく》 ～発明家《はつめいか》～

発明《はつめい》はひらめきから、
ひらめきは執念《しゅうねん》から。
執念《しゅうねん》なきものに発明《はつめい》はない

台湾《たいわん》生《う》まれ。世界初《せかいはつ》の即席麺《そくせきめん》「チキンラーメン」を発明《はつめい》し、日清食品《にっしんしょくひん》を創業《そうぎょう》した。

ほかにもある

“私《わたし》たちの最大《さいだい》の弱点《じゃくてん》はあきらめることにある。成功《せいこう》するのにもっとも確実《かくじつ》な方法《ほうほう》は、常《つね》にもう1回《かい》だけ試《ため》してみることだ”

エジソンは、数多《かずおお》くの発明《はつめい》を行《おこな》ったが、思《おも》った通《とお》りにいかないことが度々《たびたび》あった。しかし、エジソンは、それを「失敗《しっぱい》」とは考《かんが》えておらず、むしろ、成功《せいこう》への道筋《みちすじ》だととらえていた。エジソンにとって「失敗《しっぱい》」とは、途中《とちゅう》でやめてしまうことにほかならない。成功《せいこう》するための一番《いちばん》のコツは、成功《せいこう》するまであきらめないことだ。

まめ知識《ちしき》

エジソンの電球《でんきゅう》には日本《にほん》の竹《たけ》が使《つか》われた

エジソンは白熱電球《はくねつでんきゅう》を開発《かいはつ》していた。だが、電球《でんきゅう》の光《ひか》る部分《ぶぶん》であるフィラメントがすぐに燃《も》えつきてしまい、実用《じつよう》に向《む》かなかった。エジソンは長《なが》く光《ひか》り続《つづ》けるフィラメントを求《もと》めて様々《さまざま》な材料《ざいりょう》を実験《じっけん》し、竹《たけ》が適《てき》していることに気《き》づく。そして最高《さいこう》の竹《たけ》を求《もと》めてたどりついたのが、京都《きょうと》の石《いわ》清水八幡宮周辺《しみずはちまんぐうしゅうへん》の竹《たけ》だった。点灯時《てんとうじ》間《かん》が飛躍的《ひやくてき》に伸《の》びたという。ただし、現在《げんざい》の電球《でんきゅう》に竹《たけ》は使《つか》われていない。

ワンガリー・マータイ

環境活動家《かんきょうかつどうか》、政治家《せいじか》

1940～2011年《ねん》。ケニア生《う》まれ。ピッツバーグ大学《だいがく》、ナイロビ大学《だいがく》で学《まな》ぶ。木《き》を植《う》えることで環境《かんきょう》を改善《かいぜん》し、植林《しょくりん》活動《かつどう》をする人《ひと》に技術《ぎじゅつ》や教育《きょういく》を与《あた》える「グリーンベルト運動《うんどう》」を主導《しゅどう》した。ケニア女性国民会議《じょせいこくみんかいぎ》の議長《ぎちょう》、環境《かんきょう》・天然《てんねん》資源副大臣《しげんふくだいじん》を歴任《れきにん》した。

"MOTTAINAI"

[もったいない]

アフリカ人女性初《じんじょせいはつ》のノーベル平和賞《へいわしょう》を受賞《じゅしょう》したマータイは、ある日本語《にほんご》にちなんだキャンペーンをしかけた。「MOTTAINAI」。そう、「もったいない」のことだ。2005年《ねん》、京都議定書《きょうとぎていしょ》のため来日《らいにち》した際《さい》、この言葉《ことば》を知《し》って感銘《かんめい》を受《う》け、環境保護《かんきょうほご》の合言葉《あいことば》として世界《せかい》に広《ひろ》めようと決《き》めた。国連女性地位委員会《こくれんじょせいちいいいんかい》では「限《かぎ》りある資源《しげん》をみなで公平《こうへい》に分担《ぶんたん》すれば戦争《せんそう》は起《お》きない」と主張《しゅちょう》し、出席者全員《しゅっせきしゃぜんいん》で「もったない」と唱和《しょうわ》したという。

日本人《にほんじん》にしてみたら当《あ》たり前《まえ》の感覚《かんかく》が、世界《せかい》では思《おも》いつきにくいことがある。「もったいない」は、環境《かんきょう》を守《まも》るうえで、見本《みほん》となる言葉《ことば》としてこれからも使《つか》われるだろう。「もったいない」精神《せいしん》で日々《ひび》を過《す》ごしたい。

同じことを言《い》っているのは……

マルクス・トゥッリウス・キケロ ～政治家《せいじか》、文筆家《ぶんぴつか》、哲学者《てつがくしゃ》～ ➡P.112

自己《じこ》の所得以上《しょとくいじょう》に望《のぞ》まぬ者《もの》は富者《ふしゃ》なり

まめ知識《ちしき》

5000万本以上《まんぼんいじょう》の木《き》を植《う》える

マータイの生《う》まれたケニアは国土《こくど》の約《やく》8割《わり》を、乾燥地《かんそうち》または半乾燥地《はんかんそうち》が占《し》める。ただでさえ少《すく》ない森林地帯《しんりんちたい》は1970年代《ねんだい》の急激《きゅうげき》な開発《かいはつ》によって砂漠化《さばくか》が進《すす》んでしまっていた。マータイは木《き》を植《う》えることで、森林《しんりん》が復活《ふっかつ》するだけではなく、農民《のうみん》たちの生活《せいかつ》も改善《かいぜん》できると考《かんが》えた。マータイの運動《うんどう》は支持《しじ》を受《う》け、ケニアに留《とど》まらず多《おお》くの国《くに》に広《ひろ》がった。その活動《かつどう》で植《う》えた木《き》の数《かず》は5000万本《まんぼん》を超《こ》える。

ほかにもある

“何《なに》かを変《か》えようと思《おも》ったらまず自分自身《じぶんじしん》を変《か》えることです。生《い》きることは素晴《すば》らしい体験《たいけん》ですから、エンジョイしていくべきです。”

毎日《まいにち》が単調《たんちょう》で、ただ繰《く》り返《かえ》すだけの毎日《まいにち》だと感《かん》じるか、それとも、生《い》きていること自体《じたい》が素晴《すば》らしく、かけがえない日々《ひび》だと感《かん》じるかは、その人《ひと》の感受性次第《かんじゅせいしだい》だ。楽《たの》しもうとしているかどうか。何気《なにげ》ない景色《けしき》のなかにも、人生《じんせい》の素晴《すば》らしさはある。日々《ひび》の輝《かがや》きを全身《ぜんしん》で受《う》け止《と》めて、思《おも》いやりをもって生《い》きていこうじゃないか。

エイブラハム・リンカーン

“ government《ガバメント》 of《オブ》 the《ザ》 people《ピープル》, by《バイ》 the《ザ》 people《ピープル》, for《フォー》 the《ザ》 people《ピープル》 ”

［ 人民《じんみん》の 人民《じんみん》による 人民《じんみん》のための政治《せいじ》 ］

アメリカ大統領《だいとうりょう》

1809 ～ 1865 年《ねん》。アメリカ生《う》まれ。測量士《そくりょうし》などの仕事《しごと》をしながら、独学《どくがく》で法律《ほうりつ》を勉強《べんきょう》して弁護士《べんごし》の資格《しかく》を取《と》る。共和党《きょうわとう》の結成《けっせい》に参加《さんか》、大統領《だいとうりょう》に当選《とうせん》した。奴隷制廃止《どれいせいはいし》を求《もと》める北部《ほくぶ》と、維持《いじ》を求《もと》める南部《なんぶ》で南北戦争《なんぼくせんそう》が起《お》きると、北軍《ほくぐん》を率《ひき》いて勝利《しょうり》、奴隷解放《どれいかいほう》を宣言《せんげん》した。

エイブラハム・リンカーンは、奴隷解放《どれいかいほう》の立役者《たてやくしゃ》として知《し》られる第《だい》16代《だい》アメリカ大統領《だいとうりょう》。貧《まず》しい農家《のうか》の丸太小屋《まるたごや》で生《う》まれ、25歳《さい》でイリノイ州議員《しゅうぎいん》に当選《とうせん》。一時《いちじ》は引退《いんたい》し、約《やく》10年間《ねんかん》政治《せいじ》から離《はな》れたが、大統領《だいとうりょう》にまで上《のぼ》りつめた。まさに「アメリカンドリームの象徴《しょうちょう》」である。

名演説《めいえんぜつ》として名高《なだか》い、ゲティスバーグ演説《えんぜつ》での言葉《ことば》だ。民衆《みんしゅう》たちが自《みずか》らの手《て》で、自分《じぶん》たちのための政治《せいじ》を作《つく》り上《あ》げていく理想的《りそうてき》な社会《しゃかい》。国家《こっか》の政治《せいじ》だけではなく、あらゆる集団《しゅうだん》行動《こうどう》に当《あ》てはまることだ。傍観者《ぼうかんしゃ》になることなく、自分《じぶん》たちが当事者意識《とうじしゃいしき》を持《も》って、それぞれが、ほかのみんなのために役割《やくわり》を果《は》たす。誰《だれ》かに環境《かんきょう》を整《ととの》えてもらうのを待《ま》っていたのでは、何《なに》も始《はじ》まらないのだ。

同《おな》じことを言《い》っているのは……

布施《ふせ》 辰治《たつじ》 ～弁護士《べんごし》～

生《い》きんべくんば民衆《みんしゅう》とともに、
［生《い》きることができるなら］
死《し》すんべくんば民衆《みんしゅう》のために
［死《し》ぬことができるなら］

宮城《みやぎ》生《う》まれ。米騒動《こめそうどう》などの弁護《べんご》を担当《たんとう》し、人権擁護《じんけんようご》のために尽力《じんりょく》した。

人民《じんみん》の 人民《じんみん》による 人民《じんみん》のための政治《せいじ》

まめ知識《ちしき》

11歳《さい》の少女《しょうじょ》のアドバイスで髭《ひげ》を伸《の》ばす

　立派《りっぱ》な髭《ひげ》がトレードマークのリンカーンだが、1860年《ねん》の大統領選《だいとうりょうせん》に立《りっ》候補《こうほ》したときは髭《ひげ》を生《は》やしていなかった。リンカーンは11歳《さい》の少女《しょうじょ》グレース・ベデルから手紙《てがみ》を受《う》け取《と》る。そこには「顔《かお》が細《ほそ》いあなたは髭《ひげ》を生《は》やしたらもっと魅力的《みりょくてき》になり、みんな投票《とうひょう》するから大統領《だいとうりょう》に選《えら》ばれるでしょう」と書《か》いてあった。リンカーンはこの少女《しょうじょ》に丁寧《ていねい》に返事《へんじ》を書《か》き、実際《じっさい》に髭《ひげ》を伸《の》ばして大統領《だいとうりょう》に選《えら》ばれた。

ほかにもある

“もし8時間《じかん》、木《き》を切《き》る時間《じかん》を与《あた》えられたら、そのうちの6時間《じかん》を私《わたし》は斧《おの》を研《と》ぐのに使《つか》うだろう”

　想像《そうぞう》してみてほしい。「8時間以内《じかんいない》に木《き》を切《き》ってください」と言《い》われたら、どうするだろうか。すぐにでも切《き》り始《はじ》めるという人《ひと》が多《おお》いのではないだろうか。だが、リンカーンは、「6時間《じかん》を、斧《おの》を研《と》ぐのに使《つか》う」という。つまり、準備《じゅんび》にしっかり時間《じかん》をかけてから、一気《いっき》に物事《ものごと》に取《と》りかかるということ。スタート前《まえ》に環境《かんきょう》を整《ととの》えよう。

65

くじけそうになったとき
背中《せなか》を押《お》してくれることば

マハトマ・ガンディー（モーハンダース・カラムチャンド・ガーンディー）

指導者《しどうしゃ》、思想家《しそうか》

1869～1948年《ねん》。インド生《う》まれ。南《みなみ》アフリカで白人《はくじん》に人種差別《じんしゅさべつ》されるインド人労働者《じんろうどうしゃ》の現状《げんじょう》を見《み》て、インド人《じん》の人権《じんけん》のための運動《うんどう》を開始《かいし》する。非暴力主義《ひぼうりょくしゅぎ》を掲《かか》げ、国民《こくみん》に経済的自立《けいざいてきじりつ》を促《うなが》し、インドを独立《どくりつ》に導《みちび》いた。

〃非暴力《ひぼうりょく》とは、悪《あく》を行《おこな》う人間《にんげん》の意思《いし》におとなしく服従《ふくじゅう》することではなく、暴力者《ぼうりょくしゃ》の意思《いし》に対《たい》して全霊《ぜんれい》を投《な》げうつことである〃

暴力《ぼうりょく》を使《つか》わない「非暴力主義《ひぼうりょくしゅぎ》」の提唱者《ていしょうしゃ》で、「インド独立《どくりつ》の父《ちち》」と呼《よ》ばれるガンディー。イギリスの植民地《しょくみんち》としてひどい扱《あつか》いを受《う》けていたインドで、その支配《しはい》から独立《どくりつ》を目指《めざ》す運動《うんどう》を指導《しどう》。「イギリスの綿製品《めんせいひん》を買《か》わず、インドの伝統的《でんとうてき》な製法《せいほう》で作《つく》った綿製品《めんせいひん》を着《き》よう」と呼《よ》びかけた。抵抗《ていこう》しながらも武力《ぶりょく》による闘争《とうそう》は一切否定《いっさいひてい》。何度投獄《なんどとうごく》されても指導《しどう》を続《つづ》けた。この静《しず》かな抵抗運動《ていこううんどう》がイギリスを追《お》いつめ、第二次世界大戦終了後《だいにじせかいたいせんしゅうりょうご》にインドの独立《どくりつ》を認《みと》めさせた。

非暴力《ひぼうりょく》とは抵抗《ていこう》せずに服従《ふくじゅう》することではない。暴力以外《ぼうりょくいがい》の手段《しゅだん》で全身全霊《ぜんしんぜんれい》で抵抗《ていこう》することで、相手《あいて》に暴力《ぼうりょく》が間違《まちが》っていることを悟《さと》らせるのだ。力《ちから》にねじ伏《ふ》せられないようにするための言葉《ことば》だ。

同《おな》じことを言《い》っているのは……

周恩来《しゅうおんらい》 ～政治家《せいじか》～

暴力《ぼうりょく》による闘《たたか》いは肉体《にくたい》にしかおよばない。魂《たましい》にまで到達《とうたつ》することができるのは道理《どうり》による闘《たたか》いだけである

中国《ちゅうごく》生《う》まれ。五《ご》・四《し》運《うん》動《どう》に参加《さんか》。中華人民《ちゅうかじんみん》共和国成立後《きょうわこくせいりつご》は国《こく》務院《むいん》総理《そうり》を務《つと》めた。

CLOTHING SHOP
洋服店《ようふくてん》
OH…
イギリス製《せい》のものは買《か》わないようにってガンディーさんに言《い》われているの
非《ひ》暴力《ぼうりょく》不服従《ふふくじゅう》……
お前《まえ》が主犯《しゅはん》か！
綿製品《めんせいひん》が売《う》れない…ガンディーには負《ま》けたよ！
非暴力《ひぼうりょく》とは、悪《あく》を行《おこな》う人間《にんげん》の意思《いし》におとなしく服従《ふくじゅう》することではなく、暴力者《ぼうりょくしゃ》の意思《いし》に対《たい》して全霊《ぜんれい》を投《な》げうつことである

ほかにもある

“善《よ》きことは、カタツムリの速度《そくど》で動《うご》く”

ガンディーは、「インドでは塩《しお》を作《つく》ってはいけない」という法律《ほうりつ》に反対《はんたい》するため、共同生活《きょうどうせいかつ》をしていたアーシュラムから塩《しお》が採《と》れる海岸《かいがん》までの385キロを、24日間《かかん》かけてゆっくりと歩《ある》く「塩《しお》の行進《こうしん》」を展開《てんかい》。行進《こうしん》の一団《いちだん》は数千人《すうせんにん》の規模《きぼ》に達《たっ》した。行《こう》進《しん》の前《まえ》にガンディーが言《い》った言葉《ことば》がこれだ。あせらず、着実《ちゃくじつ》に。

まめ知識《ちしき》

インド統一《とういつ》の夢《ゆめ》

ガンディーの運動《うんどう》の影響《えいきょう》でインドは独立《どくりつ》することができた。だが、ヒンドゥー教徒《きょうと》のインドとイスラム教《きょう》徒《と》のパキスタンという、宗教《しゅうきょう》の違《ちが》いによる二《ふた》つの国《くに》に分離《ぶんり》されての独立《どくりつ》となってしまった。一《ひと》つのインドとして独立《どくりつ》することを望《のぞ》んでいたガンディーは、今度《こんど》はインド統一《とういつ》を目指《めざ》して活動《かつどう》を続《つづ》けた。しかし宗教間《しゅうきょうかん》の対立《たいりつ》は深《ふか》く、インド独立《どくりつ》の翌年《よくねん》、インド統一《とういつ》に反対《はんたい》するヒンドゥー教徒《きょうと》に暗殺《あんさつ》されてしまった。

ヘミングウェイ
（アーネスト・ヘミングウェイ）

小説家《しょうせつか》

1899 ～ 1961 年《ねん》。アメリカ生《う》まれ。新聞社《しんぶんしゃ》で働《はたら》き、第一次世界大戦《だいいちじせかいたいせん》では戦地《せんち》に赴《おもむ》いた。戦《せん》後《ご》、パリで「失《うしな》われた世代《せだい》」の芸術家《げいじゅつか》たちと交流《こうりゅう》、小説《しょうせつ》を書《か》き始《はじ》める。1954 年《ねん》ノーベル文《ぶん》学賞受賞《がくしょうじゅしょう》。晩年《ばんねん》は鬱《うつ》になり自殺《じさつ》した。代表作《だいひょうさく》は『日《ひ》はまた昇《のぼ》る』『武《ぶ》器《き》よさらば』など。

“勇気《ゆうき》とは、窮《きゅう》しても品位《ひんい》を失《うしな》わないことだ”

『老人《ろうじん》と海《うみ》』でピューリッツァー賞《しょう》を受賞《じゅしょう》し、ノーベル文学賞受賞者《ぶんがくしょうじゅしょうしゃ》でもある文豪《ぶんごう》、ヘミングウェイ。仕事《しごと》でも趣味《しゅみ》でも行動力《こうどうりょく》にあふれており、危険《きけん》な目《め》に遭《あ》うことも多《おお》かったが、そのたびに不死鳥《ふしちょう》のごとく復活《ふっかつ》している。新聞記者《しんぶんきしゃ》として戦地《せんち》に行《い》ったときは、弾《たま》を受《う》けて負傷《ふしょう》しながらも、仲間《なかま》の兵士《へいし》を背負《せお》い、生還《せいかん》を果《は》たした。

ヘミングウェイが雑誌《ざっし》のインタビューで「勇気《ゆうき》とは何《なに》か？」と聞《き》かれて答《こた》えたのがこの言葉《ことば》だ。その後《ご》、この言葉《ことば》はよく引《いん》用《よう》されるようになり、「ヘミングウェイの作品《さくひん》のテーマでもある」とも言《い》われるようになった。困《こま》ったときほど、人間《にんげん》の真《しん》価《か》が問《と》われる。慌《あわ》てず、堂々《どうどう》としていたいものだ。

同《おな》じことを言《い》っているのは……

高杉《たかすぎ》 晋作《しんさく》 ～武士《ぶし》～ ➜P.146

おれは「困《こま》った」の一言《ひとこと》は吐《は》かない

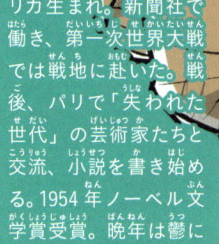

ほかにもある

“心《こころ》の底《そこ》から やりたいと思《おも》わないなら、 やめておけ”

やりたいことを仕事《しごと》にする——。誰《だれ》もが理想《りそう》としてそう考《かんが》えるだろうが、なかなかうまくはいかないものだ。だが「本当《ほんとう》にそれがやりたいことなのかどうか？」と自分《じぶん》の心《こころ》に問《と》いかけてほしい。イメージが先行《せんこう》してはいないだろうか。本当《ほんとう》にやりたいと思《おも》えるのならば、ただ全力《ぜんりょく》を尽《つ》くすのみ。向《む》き、不向《ふむ》きは周囲《しゅうい》の人間《にんげん》が決《き》めることだ。

まめ知識《ちしき》

氷山理論《ひょうざんりろん》

ヘミングウェイの文体《ぶんたい》はシンプルで無駄《むだ》なく切《き》り詰《つ》められている。登《とう》場人物《じょうじんぶつ》の心理《しんり》の内面《ないめん》には立《た》ち入《い》らず、客観的《きゃっかんてき》な情景《じょうけい》の描写《びょうしゃ》によって物語《ものがたり》は進《すす》んでいく。ヘミングウェイは文体《ぶんたい》について、『午後《ごご》の死《し》』で氷山《ひょうざん》に例《たと》えている。氷山《ひょうざん》は全体《ぜんたい》の８分《ぶん》の１しか見《み》えていないからこそ、その動《うご》きに厳《おごそ》かさが出《で》る。作家《さっか》が内容《ないよう》をすべて描写《びょうしゃ》するのではなく、一部分《いちぶぶん》しか見《み》せないことで、読者《どくしゃ》は省略《しょうりゃく》された部分《ぶぶん》を強烈《きょうれつ》に感《かん》じ取《と》ることになるのだ。

67

くじけそうになったとき
背中《せなか》を押《お》してくれることば

高杉晋作《たかすぎしんさく》

武士《ぶし》

1839～1867年《ねん》。山口《やまぐち》生《う》まれ。吉田松陰《よしだしょういん》の松下村塾《しょうかそんじゅく》で学《まな》んだ。長州藩《ちょうしゅうはん》の命令《めいれい》で上海《シャンハイ》へ行《い》き、西洋列強国《せいようれっきょうこく》による侵略《しんりゃく》の実情《じつじょう》を視察《しさつ》して帰国《きこく》。幕府《ばくふ》に富国強兵策《ふこくきょうへいさく》を進言《しんげん》するが拒否《きょひ》され、倒幕運動《とうばくうんどう》を開始《かいし》。奇兵隊《きへいたい》を作《つく》り、幕府軍《ばくふぐん》を破《やぶ》っていったが、大政奉還《たいせいほうかん》を見《み》ることなく29歳《さい》で結核《けっかく》により亡《な》くなった。

〝おもしろきこともなき世《よ》を おもしろく〟

倒幕《とうばく》に弾《はず》みをつけた「暴《あば》れ牛《うし》」といえば、高杉晋作《たかすぎしんさく》である。志《こころざし》のある人間《にんげん》を集《あつ》めて結成《けっせい》した「奇兵隊《きへいたい》」を創設《そうせつ》し、長州藩《ちょうしゅうはん》を倒《とう》幕《ばく》へと方向《ほうこう》づけた。幕府《ばくふ》は大軍《たいぐん》を使《つか》って長《ちょう》州《しゅう》を制圧《せいあつ》しようとするが、長州《ちょうしゅう》では高杉《たかすぎ》の呼《よ》びかけに多《おお》くの人間《にんげん》が集《あつ》まり、決起《けっき》していた。その結果《けっか》、長州軍《ちょうしゅうぐん》は3500人程度《にんていど》にも関《かか》わらず、10万人以上《まんにんいじょう》の幕府軍《ばくふぐん》に次々《つぎつぎ》と勝利《しょうり》を収《おさ》めた。幕府《ばくふ》の敗北《はいぼく》がほぼ決定的《けっていてき》となり、日本《にほん》が大《おお》きく変《か》わろうとしていたさなか、高杉《たかすぎ》は肺結核《はいけっかく》で命《いのち》を失《うしな》う。

世《よ》の中《なか》をおもしろく変《か》えようと行動《こうどう》した高杉《たかすぎ》の言葉《ことば》がこれだ。「おもしろくない」と思《おも》っても、それを状況《じょうきょう》のせいにしては何《なに》も始《はじ》まらない。人生《じんせい》をいかに楽《たの》しんで生《い》きるか。それは自分次第《じぶんしだい》だ。

同じことを言《い》っているのは……

オスカー・ワイルド ～劇作家《げきさっか》、小説家《しょうせつか》、詩人《しじん》～

**僕《ぼく》の義務《ぎむ》は
猛烈《もうれつ》に楽《たの》しむことだ**

アイルランド生《う》まれ。戯曲《ぎきょく》『サロメ』、小説《しょうせつ》『ドリアン・グレイの肖像《しょうぞう》』などがある。

ほかにもある

“人《ひと》は人《ひと》　吾《われ》は吾《われ》なり 山《やま》の奥《おく》に棲《す》みてこそ知《し》れ 世《よ》の浮沈《ふちん》”

他人《たにん》は他人《たにん》、自分《じぶん》は自分《じぶん》。わかってはいても、つい比較《ひかく》しては、落《お》ち込《こ》んでしまう。だが、山《やま》の奥《おく》に住《す》めば、世《よ》の浮《う》き沈《しず》みというものもよくわかる。いいときもあれば、悪《わる》いときもある。高杉《たかすぎ》も肺結核《はいけっかく》で病《やまい》に伏《ふ》してから、見《み》えてくるものがあった。時《とき》には、最前線《さいぜんせん》から離《はな》れて、自分《じぶん》を客観視《きゃっかんし》する時間《じかん》を持《も》とう。

まめ知識《ちしき》

住《す》みなすものは心《こころ》なりけり

「おもしろきこともなき世《よ》をおもしろく」は、長《なが》らく辞世《じせい》の句《く》とされてきた。死《し》の床《とこ》にある高杉《たかすぎ》がこの句《く》を詠《よ》むと、高杉《たかすぎ》をかくまっていた野村望東尼《のむらもとに》が、下《しも》の句《く》として「住《す》みなすものは心《こころ》なりけり」と続《つづ》けたという。「おもしろいことのない世《よ》の中《なか》でも、心持《こころも》ち次《し》第《だい》でおもしろくできる」という意味《いみ》になる。ただし近年《きんねん》の研究《けんきゅう》では、高《たか》杉《すぎ》は上《かみ》の句《く》を、死《し》の前年《ぜんねん》には詠《よ》んでいたという説《せつ》が有力《ゆうりょく》である。

孫文《そんぶん》

〝革命《かくめい》未《いま》だ成《な》らず〟

孫文《そんぶん》は「中国革命《ちゅうごくかくめい》の父《ちち》」と呼《よ》ばれた中国《ちゅうごく》の政治家《せいじか》。清朝《しんちょう》を倒《たお》して漢民族《かんみんぞく》の独立国家《どくりつこっか》を作《つく》るため、医師《いし》から革命家《かくめいか》へと転身《てんしん》。失敗《しっぱい》を繰《く》り返《かえ》しながら、辛亥革命《しんがいかくめい》で１９１２年《ねん》、南京《ナンキン》に中華民国《ちゅうかみんこく》を成立《せいりつ》させた。ところが、袁世凱《えんせいがい》による革命軍《かくめいぐん》への弾圧《だんあつ》が始《はじ》まり、孫文《そんぶん》は第二革命《だいにかくめい》を起《お》こすが敗北《はいぼく》。日本《にほん》へ亡命《ぼうめい》して中華革命党《ちゅうかかくめいとう》を興《おこ》した。袁《えん》が死《し》ぬと中国《ちゅうごく》に戻《もど》り、中国国民党《ちゅうごくこくみんとう》を結成《けっせい》、中国共産党《ちゅうごくきょうさんとう》と提携《ていけい》した。中国統一《ちゅうごくとういつ》を目指《めざ》して軍事行動《ぐんじこうどう》を起《お》こすも、志半《こころざしなか》ばにして病死《びょうし》した。

国民党《こくみんとう》の同士《どうし》に向《む》けた遺書《いしょ》にあるのがこの言葉《ことば》。「革命《かくめい》はまだ成功《せいこう》していない。自分《じぶん》は死《し》んでしまうが、思想《しそう》を本《ほん》に書《か》き残《のこ》してきた。それらを読《よ》んで革命《かくめい》を成功《せいこう》させてほしい」と意志《いし》を託《たく》したのだ。

指導者《しどうしゃ》、政治家《せいじか》

1866 ～ 1925 年《ねん》。中国《ちゅうごく》生《う》まれ。西医書院《せいいしょいん》に通《かよ》ううちに革命《かくめい》を志《こころざ》す。辛亥革命《しんがいかくめい》で中華民国臨時大総統《ちゅうかみんこくりんじだいそうとう》に就任《しゅうにん》したが、袁世凱《えんせいがい》に政権《せいけん》を奪《うば》われた。中国《ちゅうごく》、台湾《たいわん》では孫中山《そんちゅうざん》と呼《よ》ばれ、現在《げんざい》でも尊敬《そんけい》、崇拝《すうはい》されてその名《な》は地名《ちめい》にもなっている。

同《おな》じことを言《い》っているのは……

シモン・ボリバル ～革命家《かくめいか》～

**革命《かくめい》の種《たね》をまいた者《もの》は
海《うみ》を耕《たがや》すようなもの**

現《げん》ベネズエラ生《う》まれ。ラテンアメリカ独立運動《どくりつうんどう》を指導《しどう》、大《だい》コロンビア共和国大統領《きょうわこくだいとうりょう》に。

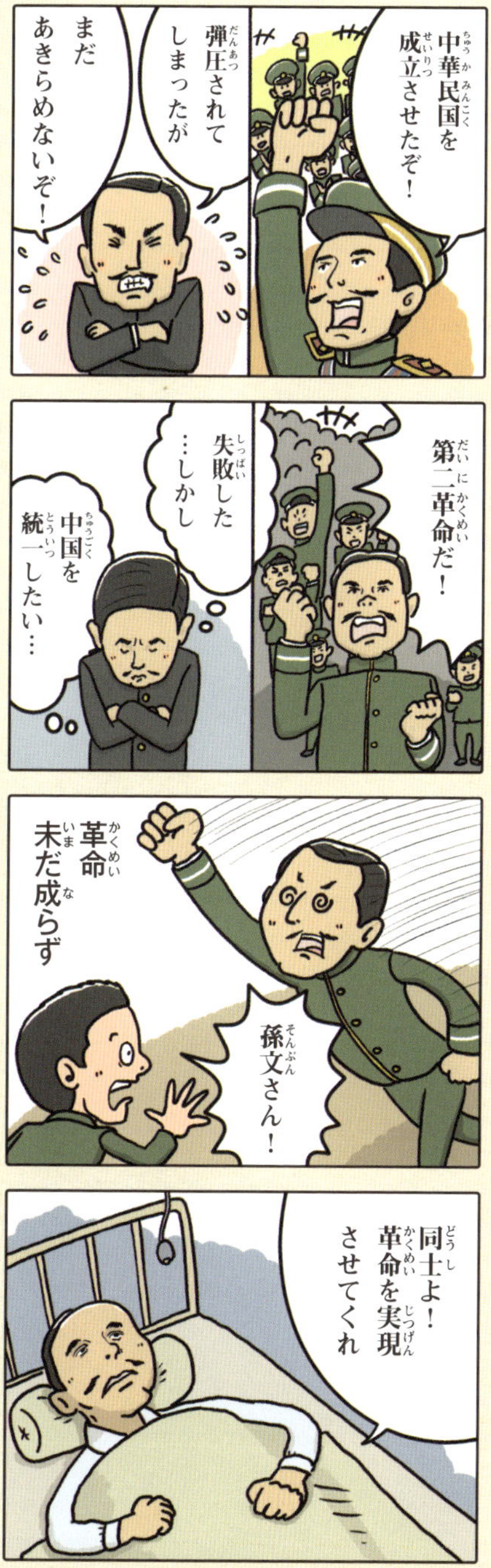

ほかにもある

“革命《かくめい》における破壊《はかい》と建設《けんせつ》とは、もともと相互《そうご》に不可分《ふかぶん》なものである”

中華民国《ちゅうかみんこく》の臨時大総統《りんじだいそうとう》となった孫文《そんぶん》の言《こと》葉《ば》。革命《かくめい》したあとに、どう建設《けんせつ》するかが重《じゅう》要《よう》となる。物事《ものごと》すべてに当《あ》てはまることだろう。破壊《はかい》と建設《けんせつ》はセットで考《かんが》えなければ、すべて机上《きじょう》の空論《くうろん》に終《お》わってしまう。日本《にほん》の明治維新《めいじいしん》の場合《ばあい》は、破壊《はかい》を西郷隆盛《さいごうたかもり》が、建設《けんせつ》を大久保利通《おおくぼとしみち》が担《にな》ったためにうまくいったという評価《ひょうか》もある。

まめ知識《ちしき》

三民主義《さんみんしゅぎ》

武力《ぶりょく》による反対行動《はんたいこうどう》が失敗《しっぱい》した後《あと》、孫文《そんぶん》は亡命《ぼうめい》して世界《せかい》を回《まわ》りながら、よい社会《しゃかい》はどうあるべきかを考《かんが》えていた。孫文《そんぶん》はその考《かんが》えを、民族《みんぞく》主義《しゅぎ》、民権主義《みんけんしゅぎ》、民生主義《みんせいしゅぎ》から成《な》る「三民主義《さんみんしゅぎ》」という言葉《ことば》にまとめ、革《かく》命《めい》の基本理念《きほんりねん》とした。民族主義《みんぞくしゅぎ》とは国内《こくない》の民族《みんぞく》の平等《びょうどう》と帝国主義《ていこくしゅぎ》からの独立《どくりつ》を目指《めざ》すこと、民権主義《みんけんしゅぎ》とは民《みん》主制《しゅせい》の実現《じつげん》を目指《めざ》すこと、民生主義《みんせいしゅぎ》とは土地《とち》や経済《けいざい》の政策《せいさく》で国民生活《こくみんせいかつ》の安定《あんてい》を目指《めざ》すことである。

69

くじけそうになったとき
背中《せなか》を押《お》してくれることば

ガリレオ・ガリレイ

物理学者《ぶつりがくしゃ》、天文学者《てんもんがくしゃ》

1564～1642年《ねん》。イタリア生《う》まれ。ピサ大学医《だいがくい》学部退学《がくぶたいがく》。大学教師《だいがくきょうし》になり、独自《どくじ》の観察《かんさつ》と実験《じっけん》によって物体《ぶったい》の運動《うんどう》の法《ほう》則《そく》を検証《けんしょう》した。地動説《ちどうせつ》を支持《しじ》したことで教会《きょうかい》から異端《いたん》とされ、軟禁《なんきん》される。その後《ご》も著作《ちょさく》を続《つづ》け、77歳《さい》で死亡《しぼう》した。

“それでも地球《ちきゅう》は動《うご》いている”

地球《ちきゅう》は太陽《たいよう》の周《まわ》りを回《まわ》っている——。今《いま》では、誰《だれ》もが知《し》っている常識《じょうしき》だ。だが、かつては、地球《ちきゅう》こそが宇宙《うちゅう》の中心《ちゅうしん》であり、太《たい》陽《よう》や月《つき》、星々《ほしぼし》はすべて地球《ちきゅう》の周《まわ》りを回《まわ》っていると考《かんが》えられていた。いわゆる「天動《てんどう》説《せつ》」と呼《よ》ばれる考《かんが》え方《かた》で、今《いま》とは、完全《かんぜん》に逆《ぎゃく》にとらえられていたのだ。そんななか、ガリレオは、「地球《ちきゅう》のほうこそ動《うご》いている」というコペルニクスの「地動説《ちどうせつ》」を支持《しじ》して、周囲《しゅうい》から猛烈《もうれつ》な批判《ひはん》を浴《あ》びることになる。キリスト教《きょう》では、地動説《ちどうせつ》が否定《ひてい》されていたためである。

宗教裁判《しゅうきょうさいばん》にまでかけられたガリレオ。裁《さい》判《ばん》のときに、つぶやいたとされるのが、この言葉《ことば》である。自分《じぶん》が正《ただ》しいと思《おも》ったならば、周囲《しゅうい》に流《なが》されず、信念《しんねん》を貫《つらぬ》こう。

同じことを言《い》っているのは……

アルベルト・アインシュタイン ～物理学者《ぶつりがくしゃ》～ ➡P.200

常識《じょうしき》とは、
18才《さい》までに得《え》た
偏見《へんけん》のコレクションである

まめ知識《ちしき》

ガリレオとキリスト教《きょう》

ガリレオは天体《てんたい》を観測《かんそく》することで地動説《ちどうせつ》を確信《かくしん》した。だが、敬虔《けいけん》なキリスト教徒《きょうと》だったガリレオは、教会《きょうかい》の教《おし》えと矛盾《むじゅん》する自分《じぶん》の説《せつ》を公表《こうひょう》しなかった。しかし告発《こくはつ》されてしまい、教会《きょうかい》から地動説《ちどうせつ》の放棄《ほうき》を命令《めいれい》される。ガリレオは従《したが》い、信仰《しんこう》も続《つづ》けたが、『天文対話《てんもんたいわ》』で再《ふたた》び地動説《ちどうせつ》を支持《しじ》したため、宗教裁判《しゅうきょうさいばん》で裁《さば》かれた。ガリレオの死《し》から約《やく》350年後《ねんご》、ローマ法王《ほうおう》ヨハネ・パウロ２世《せい》は裁判《さいばん》の誤《あやま》りを認《みと》め、ガリレオの名誉《めいよ》は回復《かいふく》された。

ほかにもある

“見《み》えないと始《はじ》まらない。見《み》ようとしないと始《はじ》まらない”

「月《つき》の表面《ひょうめん》はつるつるではなくて、でこぼこしている」。ガリレオは自作《じさく》の望遠鏡《ぼうえんきょう》を用《もち》いて、そんな発見《はっけん》をした。月《つき》はそれまで完全《かんぜん》な球体《きゅうたい》だと思《おも》われていたが、地球《ちきゅう》と同《おな》じように凹凸《おうとつ》のある天体《てんたい》であることがわかったのだ。常識《じょうしき》を覆《くつがえ》すような考《かんが》えは、なかなか受《う》け入《い》れられないもの。常識《じょうしき》をまずは疑《うたが》ってみよう。

70

くじけそうになったとき
背中《せなか》を押《お》してくれることば

ナポレオン
（ナポレオン・ボナパルト）

フランス皇帝《こうてい》

1769～1821年《ねん》。フランス生《う》まれ。クーデターを起《お》こして臨時執政政府《りんじしっせいせいふ》を樹立《じゅりつ》、国民《こくみん》に支持《しじ》されて独裁的権力《どくさいてきけんりょく》を握《にぎ》った。地位《ちい》を皇帝《こうてい》に引《ひ》き上《あ》げ、大陸制覇《たいりくせいは》を目指《めざ》すがロシア遠征《えんせい》に失敗《しっぱい》して挫折《ざせつ》。短期間《たんきかん》、皇帝《こうてい》に復帰《ふっき》するもイギリスに破《やぶ》れる。流《なが》されたセントヘレナ島《とう》で死亡《しぼう》した。

〝戦《たたか》いの※帰趨《きすう》を決《けっ》するのは、多《おお》くの場合《ばあい》、粘《ねば》り強《づよ》さである〟

「フランスの英雄《えいゆう》」と言《い》えば、まずこの人《ひと》を思《おも》いうかべるはずだ。ナポレオン・ボナパルトは、コルシカ島《とう》の貧《まず》しい生《う》まれから身《み》を立《た》てて、フランス革命《かくめい》で戦功《せんこう》を上《あ》げた。国内軍司令官《こくないぐんしれいかん》として活躍《かつやく》し、その連戦連勝《れんせんれんしょう》ぶりは「6日間《かかん》で6戦連勝《せんれんしょう》」「12ケ月《かげつ》に※1ダースの勝利《しょうり》」などと絶賛《ぜっさん》を受《う》けた。イギリスを除《のぞ》く全《ぜん》ヨーロッパをほぼ制圧《せいあつ》したナポレオン。戦《たたか》いにおいてもっとも重《じゅう》要《よう》なことは「粘《ねば》り強《づよ》さ」だと語《かた》った。どれだけ兵力《へいりょく》で勝《まさ》る相手《あいて》でも、ひるまずに立《た》ち向《む》かっていく。そして、決《けっ》してあきらめずに、勝利《しょうり》を信《しん》じて戦《たたか》い抜《ぬ》くこと。シンプルだが、そのことが意外《いがい》と難《むずか》しい。だからこそ、できた者《もの》が勝利《しょうり》するのである。人生《じんせい》すべてにあてはまるルールだろう。

同《おな》じことを言《い》っているのは……

市村《いちむら》 清《きよし》 ～実業家《じつぎょうか》～

仕事《しごと》はあきらめてはいけない。
最後《さいご》のひと押《お》しが成否《せいひ》を決《き》めるのだと、
紙一重《かみひとえ》の差《さ》を私《わたし》はそこで悟《さと》ったのだった

佐賀《さが》生《う》まれ。現《げん》リコー、三愛《さんあい》グループを創業《そうぎょう》。アイディア重視《じゅうし》の経営哲学《けいえいてつがく》を持《も》つ。

※ 帰趨《きすう》……最終的《さいしゅうてき》に行《ゆ》きつくところ。※1ダース……12個《こ》のこと。

ほかにもある

“最《もっと》も大《おお》きな危険《きけん》は勝利《しょうり》の瞬間《しゅんかん》にある”

戦《たたか》いにおける「危険《きけん》」とは、負《ま》けそうになることだろうか。いや、そうではない。ナポレオンは、勝利《しょうり》の瞬間《しゅんかん》にこそ、危険《きけん》がひそんでいると、自《みずか》らを戒《いまし》めていた。

物事《ものごと》がうまくいったと思《おも》った瞬間《しゅんかん》に思《おも》わぬミスをしてしまう経験《けいけん》はないだろうか。油断《ゆだん》は大敵《たいてき》だ。勝《か》ったときこそ、気《き》を引《ひ》き締《し》めよう。

まめ知識《ちしき》

ナポレオン法典《ほうてん》

皇帝《こうてい》となったナポレオンはフランスを安定《あんてい》させるための政策《せいさく》を行《おこな》った。その一《ひと》つが「ナポレオン法典《ほうてん》」の作成《せい》である。この民法典《みんぽうてん》は、私有財産《しゆうざいさん》の絶対性《ぜったいせい》、家族《かぞく》の尊重《そんちょう》、個人意思《こじんいし》の自由《じゆう》などの原則《げんそく》を簡潔《かんけつ》でわかりやすく記《しる》していた。「ナポレオン法典《ほうてん》」は何度《なんど》も改訂《かいてい》を加《くわ》えられつつも、現在《げんざい》もフランスで使用《しよう》されている。また、法典《ほうてん》の模範《もはん》として、後《のち》のヨーロッパ諸国《しょこく》や日本《にほん》の法典作成《ほうてんさくせい》に大《おお》きな影響《えいきょう》を与《あた》えた。

くじけそうになったとき
背中《せなか》を押《お》してくれることば

アンネ・フランク

〃希望《きぼう》のあるところに命《いのち》はある。希望《きぼう》は私《わたし》たちを新《あら》たな勇気《ゆうき》で満《み》たし、再《ふたた》び強《つよ》くする〃

第二次世界大戦中《だいにじせかいたいせんちゅう》、ドイツ軍《ぐん》に占領《せんりょう》されたオランダのアムステルダムで、一人《ひとり》の少女《しょうじょ》が家族《かぞく》とともに、隠《かく》れ家《が》で息《いき》をひそめていた。その少女《しょうじょ》の名《な》は、アンネ・フランク。

ナチスによるユダヤ人《じん》の迫害《はくがい》が激化《げきか》するなか、ユダヤ系《けい》ドイツ人《じん》であるアンネとその家族《かぞく》は、恐怖《きょうふ》のなかで暮《く》らしていた。

13歳《さい》のとき、アンネは父《ちち》からサイン帳《ちょう》をプレゼントされる。作家《さっか》を目指《めざ》していたアンネは日記《にっき》をつけ始《はじ》めた。一家《いっか》で2年間《ねんかん》にわたって隠《かく》れ住《す》んだ生活《せいかつ》を綴《つづ》り、それが後《のち》に『アンネの日記《にっき》』として出版《しゅっぱん》された。

過酷《かこく》な状況《じょうきょう》のなかでも希望《きぼう》を失《うしな》わなかったアンネのこの言葉《ことば》からは、ただ生《い》きるということの尊《とうと》さを感《かん》じることができる。いつでも希望《きぼう》を持《も》って、前《まえ》を向《む》いて歩《ある》こう。

著述家《ちょじゅつか》

1929～1945年《ねん》。ドイツ生《う》まれ。ユダヤ系《けい》のフランク家《け》はナチスの迫害《はくがい》から逃《のが》れるため、隠《かく》れ家《が》で生活《せいかつ》した。この期間《きかん》にアンネは日記《にっき》を書《か》く。一家《いっか》は強制収容所《きょうせいしゅうようじょ》に送《おく》られ、アンネはそこで病死《びょうし》。一人《ひとり》生《い》き延《の》びた父《ちち》が娘《むすめ》の日記《にっき》を出版《しゅっぱん》した。

同じことを言《い》っているのは……

ジョン・ラスキン ～評論家《ひょうろんか》～

人《ひと》の将来《しょうらい》の成功《せいこう》は
忍耐《にんたい》によって得《え》られる

イギリス生《う》まれ。『近《きん》代絵画論《だいかいがろん》』で画家《がか》ターナーを擁護《ようご》。社会《しゃかい》改良《かいりょう》の提唱《ていしょう》もした。

まめ知識《ちしき》

日記《にっき》の別《べつ》バージョン

アンネは最初《さいしょ》、自分《じぶん》のために日記《にっき》を書《か》いていた。だが、ラジオで「戦《せん》争中《そうちゅう》の記録《きろく》を集《あつ》めて公開《こうかい》する」と聞《き》いて、公表《こうひょう》のために手《て》を加《くわ》えて清書《せいしょ》し直《なお》したものを作《つく》った。アンネの死《し》後《ご》、アンネの父《ちち》は娘《むすめ》の日記《にっき》を発表《はっぴょう》しようと考《かんが》えた。その際《さい》、不適切《ふてきせつ》と思《おも》われる部分《ぶぶん》を削除《さくじょ》して出版《しゅっぱん》した。これが『アンネの日記《にっき》』として世界各《せかいかっ》国《こく》に普及《ふきゅう》したものである。現在《げんざい》では父《ちち》によって削除《さくじょ》されていないバージョンも読《よ》むことができる。

ほかにもある

“世界《せかい》をよくすることを始《はじ》めるのに、誰《だれ》も一瞬《いっしゅん》ですら待《ま》つ必要《ひつよう》なんてないんです”

アンネは15歳《さい》のときに、強制収容所《きょうせいしゅうようじょ》でチフスにかかり病死《びょうし》した。死後《しご》2年後《ねんご》に、出《しゅっ》版《ぱん》された『アンネの日記《にっき》』は世界的《せかいてき》なベストセラーとなった。

これは『アンネの日記《にっき》』に出《で》てくる言葉《ことば》。自分《じぶん》のちょっとした行動《こうどう》でも、ほかの人《ひと》を幸《しあわ》せにすることができる。よいことはためらわず、すぐにでも始《はじ》めることだ。

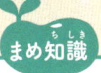

72

くじけそうになったとき
背中《せなか》を押《お》してくれることば

植村《うえむら》直己《なおみ》

冒険家《ぼうけんか》

1941～1984年《ねん》?。兵庫《ひょうご》生《う》まれ。明治大学卒業《めいじだいがくそつぎょう》。モンブラン、キリマンジャロ、アコンカグア、エベレスト、マッキンリーの五《ご》大陸最高峰《たいりくさいこうほう》を制覇《せいは》。犬《いぬ》ぞりを使《つか》って単独《たんどく》で北極《ほっきょく》点《てん》に到達《とうたつ》した。マッキンリー冬期《とうき》単独登頂成功《たんどくとうちょうせいこう》後《ご》、消息《しょうそく》を絶《た》った。

“あきらめないこと、どんな事態《じたい》に直面《ちょくめん》しても あきらめないこと。結局《けっきょく》私《わたし》のしたことは それだけのことだったのかもしれない”

冒険家《ぼうけんか》の植村直己《うえむらなおみ》は、1970年《ねん》に日本《にほん》人《じん》として初《はじ》めてエベレストを登《のぼ》り、その直《ちょく》後《ご》に、北米大陸最高峰《ほくべいたいりくさいこうほう》マッキンリーに単独《たんどく》登頂《とうちょう》。世界《せかい》で初《はじ》めての五大陸最高峰登頂者《ごたいりくさいこうほうとうちょうしゃ》となった。

植村《うえむら》の冒険《ぼうけん》はそれでも終《お》わらなかった。アマゾン川《がわ》をイカダで下《くだ》ったこともあれば、徒歩《とほ》で日本列島《にほんれっとう》を横断《おうだん》したこともある。

1978年《ねん》には犬《いぬ》ぞり単独行《たんどくこう》で北極点《ほっきょくてん》に立《た》ち、その6年後《ねんご》には世界《せかい》で初《はじ》めて冬季《とうき》のマッキンリーの単独登頂《たんどくとうちょう》に成功《せいこう》するなど、世界《せかい》初《はつ》となる偉業《いぎょう》もさらに重《かさ》ねている。

しかし植村《うえむら》自身《じしん》、自分《じぶん》の功績《こうせき》を偉業《いぎょう》だとは考《かんが》えていなかったようだ。ただひたすら「あきらめない」。それだけだったと植村《うえむら》は言《い》う。継続《けいぞく》して挑戦《ちょうせん》し続《つづ》けることだ。

同《おな》じことを言《い》っているのは……

ウィンストン・チャーチル　～政治家《せいじか》～

絶対《ぜったい》に、絶対《ぜったい》に、
絶対《ぜったい》にあきらめるな

イギリス生《う》まれ。イギリス首相《しゅしょう》として第二次世《だいにじせ》界大戦《かいたいせん》で指導力《しどうりょく》を発《はっ》揮《き》した。

ほかにもある

“気《き》が狂《くる》いそうな単調《たんちょう》さに耐《た》えぬき、弱音《よわね》を吐《は》きたがる自分《じぶん》に打《う》ち克《か》つ以外《いがい》にはない。進《すす》むこと、ひたすら前《まえ》へ進《すす》むこと”

植村《うえむら》の冒険《ぼうけん》では、ただひたすら山《やま》を登《のぼ》る、犬《いぬ》ぞりで進《すす》むなど、長期間《ちょうきかん》に渡《わた》って単調《たんちょう》な時間《じかん》を送《おく》ることがしばしばあった。しかし、その単調《たんちょう》さに打《う》ち勝《か》ち、前《まえ》へ進《すす》むことでしか、偉業《いぎょう》を達成《たっせい》する術《すべ》はない。私《わたし》たちはすぐに結果《けっか》を求《もと》めてしまうが、日々《ひび》の努力《どりょく》をどれだけ繰《く》り返《かえ》すことができるか。その努力《どりょく》の大切《たいせつ》さを植村《うえむら》の言葉《ことば》は教《おし》えてくれている。

まめ知識《ちしき》

犬《いぬ》ぞりで北極探検《ほっきょくたんけん》 途中《とちゅう》で犬《いぬ》が出産《しゅっさん》

北極点単独行《ほっきょくてんたんどくこう》は波乱《はらん》の連続《れんぞく》だった。白熊《しろくま》に襲《おそ》われ、浮氷《ふひょう》の上《うえ》に取《と》り残《のこ》され、そりは破損《はそん》し、太陽《たいよう》が沈《しず》まない一面《いちめん》の雪景色《ゆきげしき》で平衡感覚《へいこうかんかく》も狂《くる》いかけた。しかし植村《うえむら》が仰天《ぎょうてん》したのは犬《いぬ》のこと。犬《いぬ》ぞり単独行《たんどくこう》は犬《いぬ》が頼《たの》みだが、どうも1匹《ぴき》の犬《いぬ》の動《うご》きが重《おも》たくのろのろしている。実《じつ》は妊娠《にんしん》していたのだった。この犬《いぬ》は冒険《ぼうけん》の途中《とちゅう》で出産《しゅっさん》し、生《う》まれた子犬《こいぬ》とともに物資補給《ぶっしほきゅう》のヘリコプターで安全《あんぜん》な場所《ばしょ》に送《おく》られた。

73

高村《たかむら》 光太郎《こうたろう》

“僕《ぼく》の前《まえ》に道《みち》はない 僕《ぼく》の後《うし》ろに道《みち》は出来《でき》る”

詩人《しじん》、彫刻家《ちょうこくか》

1883～1956年《ねん》。東京《とうきょう》生《う》まれ。東京美術学校《とうきょうびじゅつがっこう》（現在《げんざい》の東京藝術大学《とうきょうげいじゅつだいがく》）を卒業《そつぎょう》し、アメリカ、イギリス、フランスで学《まな》んで帰国《きこく》。彫刻《ちょうこく》、絵画《かいが》、短歌《たんか》、詩《し》、美術評論《びじゅつひょうろん》などを発表《はっぴょう》した。詩集《ししゅう》に『道程《どうてい》』、亡《な》くなった妻《つま》の智恵子《ちえこ》への詩《し》を集《あつ》めた『智恵子抄《ちえこしょう》』などがある。

高村光太郎《たかむらこうたろう》は、彫刻家《ちょうこくか》の高村光雲《たかむらこううん》の長男《ちょうなん》として生《う》まれた詩人《しじん》、彫刻家《ちょうこくか》。偉大《いだい》な父《ちち》の元《もと》、光太郎《こうたろう》も当然《とうぜん》のように彫刻家《ちょうこくか》を目指《めざ》すが、東京美術学校《とうきょうびじゅつがっこう》で学《まな》ぶにつれ、芸術家《げいじゅつか》というより職人的《しょくにんてき》な父《ちち》の仕事《しごと》に反発心《はんぱつしん》を抱《いだ》くようになる。欧米留学後《おうべいりゅうがくご》に親子《おやこ》の溝《みぞ》はさらに深《ふか》まり、光太郎《こうたろう》は日本《にほん》の伝統的《でんとうてき》な彫刻界《ちょうこくかい》そのものに背《せ》を向《む》け、放蕩生活《ほうとうせいかつ》を送《おく》った時《じ》期《き》もあった。

帰国《きこく》した光太郎《こうたろう》が発表《はっぴょう》した最初《さいしょ》の詩集《ししゅう》『道程《どうてい》』は、この言葉《ことば》で始《はじ》まる。自分《じぶん》が歩《あゆ》んできた道《みち》を見《み》つめ、これから歩《あゆ》むはずの道《みち》を思《おも》う。人生《じんせい》で寄《よ》り道《みち》したからこその言《こと》葉《ば》だろう。葛藤《かっとう》も、苦難《くなん》の日々《ひび》も決《けっ》して無《む》駄《だ》にはならない。苦《くる》しんだ分《ぶん》だけ、歩《ある》いた後《あと》は道《みち》となる。人生《じんせい》の旅《たび》、悔《く》いなきように。

同《おな》じことを言《い》っているのは……

魯迅《ろじん》 ～思想家《しそうか》～

**もともと地上《ちじょう》には道《みち》はない。
歩《ある》く人《ひと》が多《おお》くなれば、
それが道《みち》になるのだ**

中国《ちゅうごく》生《う》まれ。『阿Q正伝《あキューせいでん》』『狂人日記《きょうじんにっき》』などを書《か》き、中国近代文学《ちゅうごくきんだいぶんがく》の祖《そ》となった。

父《ちち》…
伝統《でんとう》に縛《しば》られてはダメだ…
閉鎖的《へいさてき》な環境《かんきょう》はもううんざりだ
僕《ぼく》は僕《ぼく》の道《みち》を進《すす》む
アメリカに留学《りゅうがく》するぞ！
アメリカへ！
僕《ぼく》の前《まえ》に道《みち》はない
僕《ぼく》の後《うし》ろに道《みち》は出来《でき》る
自分《じぶん》の道《みち》を見《み》つけたぞ！
僕《ぼく》は詩《し》を書《か》くんだ！

ほかにもある

“重《おも》いものを みんなすてると、風《かぜ》のように歩《ある》けそうです”

芸術《げいじゅつ》が認《みと》められず、仕事《しごと》は父親《ちちおや》からのおこぼればかり。日本《にほん》の閉塞感《へいそくかん》に嫌気《いやけ》がさし、荒《あ》れた生活《せいかつ》を送《おく》っていた光太郎《こうたろう》だが、後《のち》に妻《つま》となる智恵子《ちえこ》と出会《であ》ってから、前向《まえむ》きに芸術活動《げいじゅつかつどう》へ専念《せんねん》し始《はじ》める。

呪縛《じゅばく》から解放《かいほう》されたならば、どこまでも歩《ある》いていけるはずだ。

まめ知識《ちしき》

太陽《たいよう》を緑《みどり》で描《か》いてもよい 芸術《げいじゅつ》の自由《じゆう》を宣言《せんげん》

当時日本《とうじにほん》の美術界《びじゅつかい》では日本《にほん》らしい表現《ひょうげん》が重視《じゅうし》されていた。高村《たかむら》は評論《ひょうろん》『緑色《みどりいろ》の太陽《たいよう》』で、芸術家《げいじゅつか》の表現《ひょうげん》は本人《ほんにん》の人格《じんかく》の自由《じゆう》であるべきだと主《しゅ》張《ちょう》した。日本《にほん》らしさは結局《けっきょく》はどうしても勝手《かって》に出《で》てしまうもの。もし誰《だれ》かが『緑色《みどりいろ》の太陽《たいよう》』の絵《え》を描《か》いても、色《いろ》がおかしいという理由《りゆう》だけで切《き》り捨《す》てるのではなく、芸術表現《げいじゅつひょうげん》を評価《ひょうか》しないといけない。高村《たかむら》の評論《ひょうろん》は芸《げい》術《じゅつ》の自由《じゆう》の宣言《せんげん》となった。

＼ 漫画《まんが》、アニメ、特撮《とくさつ》の ／

ヒーロー&ヒロインたちが教《おし》えてくれる 元気《げんき》や勇気《ゆうき》がでることば

勉強《べんきょう》がイヤになったり、テストでいい点数《てんすう》がとれなかったり、
友《とも》だちとケンカしちゃったり…毎日《まいにち》の中《なか》でうまくいかないことってあるよね。
自分《じぶん》じゃなくても友《とも》だちが落《お》ち込《こ》んだりすることも…
そんなときに、読《よ》んでもらいたいのが
漫画《まんが》やアニメのヒーローたちのことばだよ。

集中《しゅうちゅう》しよう！

01

“なにかしようと思《おも》ったら、そのことだけに夢中《むちゅう》にならなくちゃだめだ”

漫画《まんが》『ドラえもん』より。ドラえもんがのび太《た》にかけた言葉《ことば》。あれもこれも、と手《て》を広《ひろ》げて可能性《かのうせい》を探《さぐ》るのもいいが、何《なに》かを成《な》し遂《と》げるには、時間《じかん》を忘《わす》れて夢中《むちゅう》になれることに集中《しゅうちゅう》することが大切《たいせつ》。

02

発想《はっそう》を変《か》えてみよう

“これまでの技《わざ》が通《つう》じないなら、新《あたら》しい技《わざ》を使《つか》えばいいんだよ！”

アニメ『ハピネスチャージプリキュア！』より。自分《じぶん》たちの戦《たたか》い方《かた》が敵《てき》に筒《つつ》抜《ぬ》けだと知《し》り、仲間《なかま》たちが戸惑《とまど》うなか、キュアハニーが放《はな》った言葉《ことば》。ピンチは、これまでの自分《じぶん》を変《か》えて、成長《せいちょう》するための大《おお》きなチャンスでもある。

人生《じんせい》って楽《たの》しい！

03

“なんだか知《し》らないけれど有難《ありがた》いもんだね生《い》きているうちにはいい事《こと》があるよ”

漫画《まんが》『ちびまる子《こ》ちゃん』より。「いい事《こと》」は、なんてことのないときにも訪《おとず》れる。ただ生《い》きてさえいるだけでも、いいことがあるから人生《じんせい》は楽《たの》しいのだ。それは、ありがたいことだと思《おも》わせてくれる言葉《ことば》。

※「ちびまる子ちゃん」（集英社刊）

勇気《ゆうき》を出《だ》そう！

04

“きみはこれからも何度《なんど》もつまづく。でもそのたびに立《た》ち直《なお》る強《つよ》さももってるんだよ”

漫画《まんが》『ドラえもん』より。45年後《ねんご》の未来《みらい》からやってきた中年《ちゅうねん》のび太《た》くんが、現代《げんだい》の少年《しょうねん》である、のび太《た》くんに伝《つた》えた言葉《ことば》。昔《むかし》の自分《じぶん》にこんなふうに伝《つた》えたい人《ひと》は多《おお》いのではないだろうか。挑戦《ちょうせん》する勇気《ゆうき》をくれる言葉《ことば》。

みんなと
一緒《いっしょ》に

05

〝夢《ゆめ》を追《お》いかけるのは……とても苦《くる》しい。でも、みんなと一緒《いっしょ》なら夢《ゆめ》は叶《かな》う！〟

『宇宙戦隊《うちゅうせんたい》キュウレンジャー』より、キュウレンジャーと一緒《いっしょ》に戦《たたか》うことを夢見《ゆめみ》るアンドロイドのラプター283が、オリオン号《ごう》の上《うえ》で語《かた》った言葉《ことば》。現実《げんじつ》の壁《かべ》にぶちあたってもあきらめなかった人《ひと》だけが、夢《ゆめ》を叶《かな》える。

※「宇宙戦隊キュウレンジャー」
全国テレビ朝日系で放送
２０１７年２月12日(日)～２０１８年２月４日(日)

“うれしかったら いちいちかみしめることが 幸福《こうふく》への第一歩《だいいっぽ》である”

これが
一番《いちばん》！

06

漫画《まんが》『ちびまる子《こ》ちゃん』より。思《おも》い通《どお》りにいくことのほうが少《すく》ない人生《じんせい》。それでも、嬉《うれ》しいことは、日々《ひび》あるはず。小《ちい》さなことでもいいから、それを確《たし》かめながら、かけがえのない今《いま》を楽《たの》しもう。

※「ちびまる子ちゃん」(集英社刊)

Chapter 04

チャレンジする人《ひと》を応援《おうえん》することば

テストで良《よ》い点《てん》を取《と》りたい、絶対《ぜったい》に優勝《ゆうしょう》したい…
何《なに》かに挑戦《ちょうせん》する途中《とちゅう》で疲《つか》れたり
落《お》ち込《こ》んだりしたことはないですか？
そんなとき、やる気《き》を起《お》こしてくれる言葉《ことば》を紹介《しょうかい》します。

74

チャレンジする人《ひと》を応《おう》援《えん》することば

クラーク博士《はかせ》（ウィリアム・スミス・クラーク）

“Boys《ボーイズ》, be《ビー》 ambitious《アンビシャス》”

［　少年《しょうねん》よ、大志《たいし》を抱《いだ》け　］

「クラーク博士《はかせ》」の愛称《あいしょう》で知《し》られる、ウィリアム・スミス・クラーク。１８７６年《ねん》、日本《にほん》に欧米《おうべい》の学問《がくもん》を取《と》り入《い》れるため、明治政府《めいじせいふ》に招《まね》かれてアメリカから来日《らいにち》すると、札幌農学校《さっぽろのうがっこう》（現在《げんざい》の北海道大学《ほっかいどうだいがく》）の教頭《きょうとう》となった。学《がく》問《もん》だけではなく、キリスト教信仰《きょうしんこう》についても熱心《ねっしん》に講《こう》じた。内村鑑三《うちむらかんぞう》、新渡戸稲造《にとべいなぞう》らに大《おお》きな影響《えいきょう》を与《あた》えたことでも知《し》られている。

クラークが、アメリカに戻《もど》る際《さい》に見送《みおく》った学生《がくせい》たちに向《むか》って、最後《さいご》に投《な》げかけたとされているのが、この言葉《ことば》である。

周《まわ》りの人《ひと》に笑《わら》われてしまうくらいの、スケールの大《おお》きい夢《ゆめ》を持《も》とう。大志《たいし》を抱《いだ》いて日々《ひび》を送《おく》れば、はじめは思《おも》いもしなかったほど、遠《とお》い場所《ばしょ》まで進《すす》んでいるはずだ。

教育者《きょういくしゃ》

1826 ～ 1886 年《ねん》。アメリカ生《う》まれ。農学教育《のうがくきょういく》のリーダー。札幌農学校《さっぽろのうがっこう》で化学《かがく》、植物学《しょくぶつがく》、動物学《どうぶつがく》を英語《えいご》で教《おし》えた。学生《がくせい》達《たち》に聖書《せいしょ》を配《くば》り、キリスト教《きょう》についても講《こう》じている。右手《みぎて》を挙《あ》げる像《ぞう》で有名《ゆうめい》。

同《おな》じことを言《い》っているのは……

ジャン・コクトー ～詩人《しじん》～

青年《せいねん》は決《けっ》して安全株《あんぜんかぶ》を買《か》ってはいけない

フランス生《う》まれ。小説《しょうせつ》家《か》、画家《がか》、映画監督《えいがかんとく》、評論家《ひょうろんか》でもある。『恐《おそ》るべき子供《こども》たち』など。

ほかにもある

“Be《ビー》 gentleman《ジェントルマン》”

[紳士《しんし》たれ]

自主性《じしゅせい》を重《おも》んじたクラークは、校則《こうそく》や細《こま》かいルールをすべてなくした。教育方針《きょういくほうしん》は「Be gentleman《ビージェントルマン》（紳士《しんし》たれ）」で充分《じゅうぶん》だとした。しかし、指導《しどう》が甘《あま》かったわけではない。北海道《ほっかいどう》の厳寒期《げんかんき》、学生《がくせい》がポケットに手《て》を入《い》れて歩《ある》いていると、クラークはその尻《しり》に固《かた》い雪球《ゆきだま》を思《おも》い切《き》り投《な》げつけたという。紳士《しんし》のように、いつ誰《だれ》に見《み》られても恥《は》ずかしくない振《ふ》る舞《ま》いをしよう。

まめ知識《ちしき》

実際《じっさい》に何《なん》と言《い》ったかは謎《なぞ》

実《じつ》は「Boys,《ボーイズ》 be《ビー》 ambitious《アンビシャス》」は、多《おお》くの人《ひと》が実際《じっさい》に聞《き》いたわけではなく、さまざまなバージョンが伝《つた》わっている。

「青年《せいねん》よ、この老人《ろうじん》の如《ごと》く大志《たいし》を抱《いだ》け」

「青年《せいねん》よ、キリストを求《もと》めんと、望《のぞ》みを高《たか》く持《も》て」

「青年《せいねん》よ、人間《にんげん》として当然《とうぜん》なすべきことをすべて達成《たっせい》せんと望《のぞ》め」

単《たん》に「さようなら」程度《ていど》のあいさつだったという説《せつ》もある。引用《いんよう》されるたびに解釈《かいしゃく》が追加《ついか》され、朝日新聞《あさひしんぶん》『天声人語《てんせいじんご》』で広《ひろ》まり、名言《めいげん》になっていったようだ。

チャレンジする人《ひと》を
応援《おうえん》することば

75

上杉《うえすぎ》 鷹山《ようざん》

〝為《な》せば成《な》る 為《な》さねば成《な》らぬ何事《なにごと》も 成《な》らぬは人《ひと》の為《な》さぬなりけり〟

上杉鷹山《うえすぎようざん》は、江戸時代《えどじだい》で特《とく》に優《すぐ》れたリーダーだったと言《い》われている。わずか17歳《さい》で米沢藩《よねざわはん》の領主《りょうしゅ》になったとき、藩《はん》はお金《かね》がなくて深刻《しんこく》な状況《じょうきょう》だった。鷹山《ようざん》は「無駄《むだ》づかいをしてはいけない」という「大倹約令《だいけんやくれい》」を出《だ》し、自分《じぶん》も倹約《けんやく》に取《と》り組《く》んだ。食事《しょくじ》は一汁一菜《いちじゅういっさい》と質素《しっそ》にして、お城《しろ》に仕《つか》える奥女《おくじょ》中《ちゅう》の数《かず》も50人《にん》から9人《にん》に減《へ》らした。すると、生活費《せいかつひ》は約《やく》7分《ぶん》の2にまで切《き》り詰《つ》めることができた。リーダーとして率先《そっせん》して行動《こうどう》することで、鷹山《ようざん》は藩《はん》の立《た》て直《なお》しという難《むずか》しい仕事《しごと》をやってのけたのだ。

やればできる。できないのは、本気《ほんき》でやろうとしていないからだ——。どんな困難《こんなん》でも、必《かなら》ず解決《かいけつ》の糸口《いとぐち》がある。実行力《じっこうりょく》あふれる鷹山《ようざん》の言葉《ことば》は勇気《ゆうき》をくれる。

大名《だいみょう》

1751 ～ 1822 年《ねん》。山形《やまがた》生《う》まれ。米沢藩藩主《よねざわはんはんしゅ》。大《だい》倹約令《けんやくれい》を出《だ》したり、お米作《こめづく》り以外《いがい》の産業《さんぎょう》を始《はじ》めたりした。また、学問《がくもん》の重要性《じゅうようせい》をうったえて藩《はん》の学校《がっこう》である興譲館《こうじょうかん》を創設《そうせつ》した。

同《おな》じことを言《い》っているのは……

ジョン・F《エフ》・ケネディ ～アメリカ大統領《だいとうりょう》～ ➡P.24

**私達《わたしたち》が抱《かか》える問題《もんだい》は、
人間《にんげん》が作《つく》り出《だ》したものだ。
したがって、人間《にんげん》が解決《かいけつ》できる**

ほかにもある

“自助《じじょ》、互助《ごじょ》、扶助《ふじょ》”

鷹山《ようざん》は「自助《じじょ》」「互助《ごじょ》」「扶助《ふじょ》」の3つからなる「三助《さんじょ》」が大切《たいせつ》だと語《かた》った。「自助《じじょ》」は自《みずか》らを助《たす》けること、「互助《ごじょ》」は仲間同士《なかまどうし》が互《たが》いに助《たす》け合《あ》って成《な》し遂《と》げること、「扶《ふ》助《じょ》」は指導者《しどうしゃ》が手伝《てつだ》ってやり遂《と》げ合《あ》うこと、である。この教《おし》えをみなが守《まも》ることで、米《よね》沢藩《ざわはん》の再建《さいけん》は成功《せいこう》した。現在《げんざい》でも、学校《がっこう》や会社《かいしゃ》などの組織《そしき》に生《い》かせる原則《げんそく》だろう。

まめ知識《ちしき》

田《た》んぼを耕《たがや》す藩主《はんしゅ》

鷹山《ようざん》は農業開発《のうぎょうかいはつ》にも取《と》り組《く》んだ。藩主自《はんしゅみずか》らが田《た》を耕《たがや》して、農業《のうぎょう》の大切《たいせつ》さを示《しめ》すと、家臣《かしん》たちも鷹山《ようざん》に続《つづ》いて、荒《あ》れ地《ち》や新田《しんでん》の開発《かいはつ》や、堤防《ていぼう》の修繕《しゅうぜん》などを行《おこな》うようになった。まずは自《みずか》らが実践《じっせん》することで、武士《ぶし》が農事《のうじ》にかかわることを恥《はじ》とする風潮《ふうちょう》を一新《いっしん》させたのである。明治《めいじ》の思想家《しそうか》、内《うち》村鑑三《むらかんぞう》は、外国人《がいこくじん》に日本人《にほんじん》を知《し》ってもらうために英語《えいご》で書《か》いた本《ほん》『代表《だいひょう》的日本人《てきにほんじん》』で、すばらしい日本人《にほんじん》の例《れい》として上杉鷹山《うえすぎようざん》を紹介《しょうかい》している。

76

ピカソ（パブロ・ピカソ）

〃できると思《おも》えばできる、できないと思《おも》えばできない。これは絶対的《ぜったいてき》な法則《ほうそく》である〃

画家《がか》

1881～1973年《ねん》。スペイン生《う》まれ。めまぐるしく作風《さくふう》を変化《へんか》させ続《つづ》けたことから「変貌《へんぼう》の画家《がか》」と呼《よ》ばれる。ナチスの無差《むさ》別爆撃《べつばくげき》に抗議《こうぎ》して『ゲルニカ』を描《えが》いた。ほかに『泣《な》く女《おんな》』などの作品《さくひん》がある。

パブロ・ピカソは20世紀《せいき》が誇《ほこ》る天才画家《てんさいがか》。代表作《だいひょうさく》の一《ひと》つの『アビニョンの娘《むすめ》たち』は現代美術《げんだいびじゅつ》の出発点《しゅっぱつてん》とも言《い》われている。ピカソの作品《さくひん》は絵画《かいが》の表現方法《ひょうげんほうほう》の新《あたら》しいスタイルを生《う》み出《だ》してきた。

また、多作《たさく》な美術家《びじゅつか》でもあり、絵《え》だけではなく、陶芸《とうげい》、版画《はんが》、彫刻《ちょうこく》、舞台美術《ぶたいびじゅつ》なども制作《せいさく》し、生涯《しょうがい》を通《つう》じて14万点《まんてん》を超《こ》える作品《さくひん》を残《のこ》した。

ピカソが限界《げんかい》について語《かた》ったのが、この言葉《ことば》である。高《たか》い壁《かべ》を目《め》の前《まえ》にすると、つい弱気《よわき》になってしまったり、言《い》い訳《わけ》をしたりしてしまいがちだが、気持《きも》ちで負《ま》けていては、大《おお》きな目標《もくひょう》を達成《たっせい》することは難《むずか》しいだろう。自分《じぶん》で自分《じぶん》の限界《げんかい》を作《つく》らずに、できると信《しん》じて果敢《かかん》に挑《いど》んでいこう。

同《おな》じことを言《い》っているのは……

アルフレッド・アドラー ～精神科医《せいしんかい》、心理学者《しんりがくしゃ》～ ➡P.40

「自分《じぶん》には限界《げんかい》がある」と思《おも》うと成長《せいちょう》できない

ほかにもある

“探《さが》すのではない、見《み》つけるのだ”

ピカソの才能《さいのう》は幼少時代《ようしょうじだい》から発揮《はっき》され、美術教師《びじゅつきょうし》の父《ちち》が息子《むすこ》の才能《さいのう》を目《ま》の当《あ》たりにして、絵《え》を描《か》くのをやめてしまうほどだった。学生時代《がくせいじだい》、ピカソは学校《がっこう》の勉強《べんきょう》をまったくしなかったが、両親《りょうしん》は気《き》にせず、どんどん絵《え》を描《か》かせた。夢中《むちゅう》になれることを見《み》つけたピカソの言葉《ことば》。すぐに見《み》つからなくてもあせらなくていい。出《で》会《あ》いにあふれた人生《じんせい》を、さあ楽《たの》しもう。

まめ知識《ちしき》

長《なが》すぎる本名《ほんみょう》と多《おお》すぎる作品《さくひん》

ピカソのフルネームは、「パブロ・ディエゴ・ホセ・フランシスコ・デ・パウラ・ファン・ネポムセーノ・マリア・デ・ロス・レメディオス・クリスピーン・クリスピアーノ・デ・ラ・サンティシマ・トリニダード・ルイス・イ・ピカソ」。長《なが》すぎて自分《じぶん》でも正確《せいかく》には覚《おぼ》えていなかったという。また、ピカソは生《しょう》涯《がい》で14万点以上《まんてんいじょう》の作品《さくひん》を作《つく》ったことから、「もっとも多作《たさく》な美術家《びじゅつか》」としてギネスブックに登録《とうろく》されている。

チャレンジする人《ひと》を
応援《おうえん》することば

アナ・エレノア・ルーズベルト

婦人運動家《ふじんうんどうか》

1884〜1962年《ねん》。アメリカ生《う》まれ。第《だい》32代《だい》アメリカ大統領《だいとうりょう》フランクリン・ルーズベルトの妻《つま》でもある。女性《じょせい》の地位向上《ちいこうじょう》に活躍《かつやく》した。ルーズベルト政権《せいけん》が第二次世界大戦《だいにじせかいたいせん》中《ちゅう》に日系《にっけい》アメリカ人《じん》の強制収容《きょうせいしゅうよう》を推《お》し進《すす》めたときは反対《はんたい》した。

“できないと思《おも》うことに挑戦《ちょうせん》しなければならない”

大統領《だいとうりょう》や首相《しゅしょう》の夫人《ふじん》「ファースト・レディ」のなかでも特《とく》に存在感《そんざいかん》を放《はな》っているのが、エレノア・ルーズベルトである。第《だい》32代《だい》アメリカ大統領《だいとうりょう》フランクリン・ルーズベルトの妻《つま》として、エレノアは歴史上《れきしじょう》もっとも長《なが》くファースト・レディを務《つと》め、多《おお》くの公務《こうむ》にたずさわった。女性《じょせい》や貧困層《ひんこんそう》、少《しょう》数民族《すうみんぞく》などの権利《けんり》を守《まも》るための提案《ていあん》をして、夫《おっと》の政策《せいさく》に影響《えいきょう》を与《あた》えた。夫《おっと》が死去《しきょ》してホワイトハウスから去《さ》った後《あと》も活動《かつどう》を継続《けいぞく》し、国連人権委員会《こくれんじんけんいいんかい》の委員長《いいんちょう》を務《つと》めた。

エレノアがこの言葉《ことば》を発《はっ》したのは、困難《こんなん》でできそうにないことほど、挑戦《ちょうせん》する価値《かち》があると考《かんが》えていたからだった。あきらめずに挑戦《ちょうせん》し続《つづ》ければ、高《たか》い壁《かべ》もいつか必《かなら》ず超《こ》えることができる。

同《おな》じことを言《い》っているのは……

ジュリウス・ニエレレ 〜初代《しょだい》タンザニア大統領《だいとうりょう》〜

我々《われわれ》が命《いのち》をかけて
闘《たたか》ってきたのは、
肌《はだ》の色《いろ》による差別《さべつ》である

タンザニア生《う》まれ。独《どく》立運動《りつうんどう》を指導《しどう》し、タンザニアの初代大統領《しょだいだいとうりょう》になった。

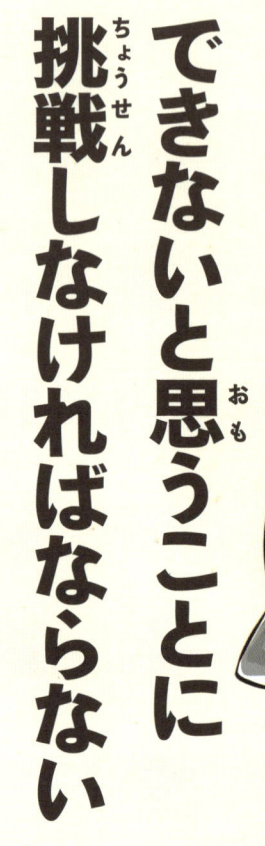

夫婦《ふうふ》で政治活動《せいじかつどう》
してきたの
夫《おっと》は今《いま》や大統領《だいとうりょう》
やるべきことを
提案《ていあん》するわ
貧困《ひんこん》を
なんとか!!
夫《おっと》は死《し》んだの…
でもやらなきゃ
数年後《すうねんご》…
できないと思《おも》うことに
挑戦《ちょうせん》しなければ
ならない

ほかにもある

“一番大事《いちばんだいじ》なのは、自分《じぶん》と友達《ともだち》になることです。そうでないと世界中《せかいじゅう》の誰《だれ》とも友達《ともだち》になることはできません”

国連人権委員会《こくれんじんけんいいんかい》の委員長《いいんちょう》を務《つと》めたエレノアの元《もと》には、人権《じんけん》を侵害《しんがい》されたさまざまな人たちからの助《たす》けを求《もと》める手紙《てがみ》が相次《あいつ》いで届《とど》いた。エレノアたち人権委員会《じんけんいいんかい》は、世界中《せかいじゅう》の人《ひと》の人権《じんけん》を守《まも》るための世界的《せかいてき》な基準《きじゅん》「世界人権宣言《せかいじんけんせんげん》」を提案《ていあん》し、採択《さいたく》された。世界中《せかいじゅう》の人《ひと》たちと友達《ともだち》になろうとした彼女《かのじょ》が大切《たいせつ》にしたのは、自分《じぶん》のことを好《す》きになり、友達《ともだち》になることだった。

まめ知識《ちしき》

戦場跡《せんじょうあと》の病院《びょういん》を訪《おとず》れたことがきっかけ

エレノアはシャイな性格《せいかく》だった。夫《おっと》とともにフランスの戦場跡《せんじょうあと》を訪《おとず》れたとき、病院《びょういん》の劣悪《れつあく》な状況《じょうきょう》を見《み》て、その改善《かいぜん》に取《と》り組《く》んだことをきっかけに、積極的《せっきょくてき》に平和活動《へいわかつどう》に取《と》り組《く》むことになった。リーダーは明《あか》るく、人前《ひとまえ》で話《はな》すのが得意《とくい》な人《ひと》が務《つと》めると思《おも》われがちだが、そうとは限《かぎ》らない。むしろおとなしい人《ひと》が内《うち》に秘《ひ》めた情熱《じょうねつ》を外《そと》に向《む》けたとき、信《しん》じられないパワーを発揮《はっき》する。

ラリー・ペイジ

実業家《じつぎょうか》

1973年《ねん》〜。アメリカ生《う》まれ。両親同様《りょうしんどうよう》に、自身《じしん》もミシガン大学《だいがく》で学《まな》び、1995年《ねん》に計算機工学《けいさんきこうがく》の学士号《がくしごう》を習得《しゅうとく》。卒業後《そつぎょうご》、スタンフォード大学《だいがく》の博士課程《はくしかてい》に在籍《ざいせき》するが、休学《きゅうがく》し、大学《だいがく》で出会《であ》ったセルゲイ・ブリン氏《し》とともにGoogle《グーグル》社《しゃ》を設立《せつりつ》した。

〝「そんなバカなことはできない」と誰《だれ》もが思《おも》うことならば、競争相手《きょうそうあいて》はほとんどいない〟

ラリー・ペイジは１９９８年《ねん》、情報検索《じょうほうけんさく》サイトGoogle《グーグル》社《しゃ》を設立《せつりつ》した人物《じんぶつ》。事業《じぎょう》を拡大《かくだい》し続《つづ》け、世界的《せかいてき》なＩＴ《アイティー》企業《きぎょう》へと成長《せいちょう》させた。そして、ペイジ自身《じしん》も、世界《せかい》のお金《かね》持《も》ちランキングの常連《じょうれん》となっている。

ペイジが２００９年《ねん》、母校《ぼこう》のミシガン大《だい》学《がく》の卒業式《そつぎょうしき》で行《おこな》ったスピーチで放《はな》ったのがこの言葉《ことば》だ。ものすごく大《おお》きい、バカみたいな夢《ゆめ》を見《み》ることは成功《せいこう》するためのキーになる。もし、自分《じぶん》の目標《もくひょう》を他人《たにん》に笑《わら》われたならば、それはチャンスだ。なぜなら、笑《わら》っている人《ひと》は同《おな》じ目標《もくひょう》を目指《めざ》さないため、競争相手《きょうそうあいて》にはならないからだ。新《あたら》しい分野《ぶんや》を一番乗《いちばんの》りで切《き》り開《ひら》くことができる。夢《ゆめ》のスケールが大《おお》きいほど、達成《たっせい》したとき、喜《よろこ》びも、世界《せかい》への影響《えいきょう》も大《おお》きい。

同《おな》じことを言《い》っているのは……

ビル・ゲイツ 〜実業家《じつぎょうか》、慈善活動家《じぜんかつどうか》〜 ➡P.68

自分《じぶん》が出《だ》したアイディアを、少《すく》なくとも一回《いっかい》は人《ひと》に笑《わら》われるようでなければ、独創的《どくそうてき》な発想《はっそう》をしているとは言《い》えない

まめ知識《ちしき》

天才《てんさい》が好《す》きなおもちゃ

ラリー・ペイジは組《く》み立《た》てブロックのおもちゃが大好《だいす》き。ミシガン大《だい》学在学中《がくざいがくちゅう》に、ブロックで本当《ほんとう》に印刷《いんさつ》できるインクジェットプリンターを作《つく》ったほど。Google《グーグル》の４つのカラーも、ブロックから着想《ちゃくそう》を得《え》ている。８つの突起《とっき》のある長方形《ちょうほうけい》のブロックを基本《きほん》とすると、２個《こ》の組《く》み合《あ》わせは24通《とお》り、３個《こ》では1060通《とお》り。さらに６個《こ》では10億通《おくとお》り近《ちか》くにもなる。そんな無限《むげん》の可能性《かのうせい》のあるブロックに、天才《てんさい》は魅《み》せられるようである。

ほかにもある

“途方《とほう》もない夢《ゆめ》でも実現《じつげん》へと前進《ぜんしん》することは、意外《いがい》とたやすい”

ペイジは「人類《じんるい》が使《つか》うすべての情報《じょうほう》を集《あつ》め整理《せいり》するとどうなるのだろう？」という素朴《そぼく》で、かつバカげた思《おも》いつきを確《たし》かめてみたいと考《かんが》えた。途方《とほう》もない夢《ゆめ》である。だがむしろ、誰《だれ》もが思《おも》いつく夢《ゆめ》よりも、途方《とほう》もない夢《ゆめ》のほうが有利《ゆうり》なこともあるとペイジは言《い》う。その理由《りゆう》として続《つづ》けたのが右《みぎ》ページの言葉《ことば》である。

孫《そん》 正《まさ》義《よし》

“自分《じぶん》が持《も》った夢《ゆめ》に自分《じぶん》の人生《じんせい》はおおむね比例《ひれい》する結果《けっか》を生《う》む”

孫正義《そんまさよし》は、貧《まず》しかった家族《かぞく》を長《なが》く支《ささ》えられるような、収入《しゅうにゅう》の多《おお》い実業家《じつぎょうか》になることを志《こころざ》した。高校《こうこう》を中退《ちゅうたい》して単身《たんしん》でアメリカへ渡《わた》り、カリフォルニア大学《だいがく》へ進学《しんがく》。言葉《ことば》を外国語《がいこくご》に翻訳《ほんやく》する装置《そうち》を考《かんが》えだし、シャープに売却《ばいきゃく》して利益《りえき》を得《え》た。帰国《きこく》後《ご》、日本《にほん》ソフトバンクを設立《せつりつ》。インターネット企業《きぎょう》Yahoo!《ヤフー》に投資《とうし》した。孫《そん》の夢《ゆめ》である

「情報革命《じょうほうかくめい》で人々《ひとびと》を幸《しあわ》せにしたい」という理念《りねん》の元《もと》に、エネルギーやロボットまでも手《て》がける。多角的《たかくてき》な分野《ぶんや》で活躍《かつやく》する孫《そん》が、高校生《こうこうせい》たちへの講演《こうえん》で「ちょうど皆《みな》さんの年頃《としごろ》に決意《けつい》して渡米《とべい》した。若《わか》いということは無限大《むげんだい》の夢《ゆめ》がある」として、この言葉《ことば》を続《つづ》けた。自分《じぶん》の限界《げんかい》を自分《じぶん》で作《つく》らず、大《おお》きな夢《ゆめ》を持《も》つことが大切《たいせつ》なのだ。

同《おな》じことを言《い》っているのは……

張翰《ちょうかん》 ～文人《ぶんじん》～

人生《じんせい》、志《こころざし》に適《てき》するを貴《とうと》ぶという

中国《ちゅうごく》生《う》まれ。晋代《しんだい》の文人《ぶんじん》。司馬冏《しばけい》に仕《つか》えるが、途中《とちゅう》でやめて故郷《こきょう》に帰《かえ》った。

実業家《じつぎょうか》

1957年《ねん》～。佐賀《さが》生《う》まれ。カリフォルニア大学卒業《だいがくそつぎょう》。日本《にほん》からスペースインベーダーのゲーム機《き》を輸入《ゆにゅう》し、ゲーム機《き》販売《はんばい》のトップになる。帰国後《きこくご》、日本《にほん》ソフトバンクを設立《せつりつ》した。Twitter《ツイッター》について「初《はじ》めてInternet《インターネット》に出会《であ》った時以来《ときいらい》の感動《かんどう》」と語《かた》っている。

メラメラ
少年《しょうねん》 正義《まさよし》
フンス!!
絶対《ぜったい》に
お金持《かねも》ちに
なってやる!
アメリカへGo《ゴー》!
販売《はんばい》トップに
なって
お金《かね》が入《はい》った!!
スペースインベーダー
Yahoo!《ヤフー》にも
投資《とうし》しよ
カタカタ
まだまだ! 次《つぎ》は
インターネット
企業《きぎょう》に投資《とうし》して
成功《せいこう》するぞ!
自分《じぶん》が持《も》った夢《ゆめ》に
自分《じぶん》の人生《じんせい》は
おおむね比例《ひれい》する結果《けっか》を生《う》む

ほかにもある

“言《い》い訳《わけ》は、解決《かいけつ》への執念《しゅうねん》を鈍《にぶ》らせる”

自分《じぶん》の心《こころ》のつぶやきを発信《はっしん》するTwitter《ツイッター》で、2010年《ねん》2月《がつ》に孫《そん》がつぶやいた言葉《ことば》。孫《そん》は、ソフトバンク創立当初《そうりつとうしょ》、重《おも》い慢性肝《まんせいかん》炎《えん》を患《わずら》い、3年間《ねんかん》にわたって入退院《にゅうたいいん》を繰《く》り返《かえ》したことがある。そのときも、病気《びょうき》を言《い》い訳《わけ》にせず、借金《しゃっきん》を作《つく》りながらも、決《けっ》して事業《じぎょう》をあきらめなかった。どのような状況《じょうきょう》でも決《けっ》して言《い》い訳《わけ》をせず、壁《かべ》を突《つ》き破《やぶ》ることだけを考《かんが》えよう。

まめ知識《ちしき》

ジョブズの心《こころ》をつかんでiPhone《アイフォーン》を独占販売《どくせんはんばい》

孫《そん》のソフトバンクは携帯電話事業《けいたいでんわじぎょう》としては後発《こうはつ》だった。だが、アップル社《しゃ》がiPhone《アイフォーン》を販売開始《はんばいかいし》すると、既《き》存大手《ぞんおおて》のドコモ、au《エーユー》を出《だ》し抜《ぬ》いて一《いち》早《はや》く独占販売《どくせんはんばい》の権利《けんり》を獲得《かくとく》。これにより同社《どうしゃ》は躍進《やくしん》する。孫《そん》は以前《いぜん》からiPhone《アイフォーン》を狙《ねら》い、社《しゃ》のロゴや店舗《てんぽ》をアップルと同様《どうよう》の白《しろ》を基調《きちょう》としたデザインに変更《へんこう》。似《に》たブランドイメージとアピールして交渉開始以前《こうしょうかいしいぜん》にジョブズの信頼《しんらい》を勝《か》ち取《と》っていたのだった。

80

チャレンジする人《ひと》を

応援《おうえん》することば

坂本《さかもと》 龍馬《りょうま》

武士《ぶし》

1836 ～ 1867 年《ねん》。高知《こうち》生《う》まれ。当時《とうじ》、対立関係《たいりつかんけい》にあった薩摩藩《さつまはん》と長州藩《ちょうしゅうはん》の間《あいだ》をとりもち、「薩長同盟《さっちょうどうめい》」を締結《ていけつ》することに尽力《じんりょく》。倒幕派《とうばくは》を集結《しゅうけつ》させ大政奉還《たいせいほうかん》に成功《せいこう》するが、京都《きょうと》で幕吏《ばくり》に暗殺《あんさつ》された。

〝今《いま》一《いち》度《ど》日本《にほん》を洗濯《せんたく》いたし候《そうろう》〟

激動《げきどう》の幕末《ばくまつ》を駆《か》け回《まわ》った英雄《えいゆう》、坂本龍馬《さかもとりょうま》。鎖国《さこく》をやめて外国《がいこく》と関《かか》わるようになった当《とう》時《じ》の日本《にほん》では、江戸幕府《えどばくふ》に不満《ふまん》がつのっていた。力《ちから》のあった二《ふた》つの藩《はん》、薩摩藩《さつまはん》と長州《ちょうしゅう》藩《はん》はどちらも「幕府《ばくふ》を倒《たお》すべき」という意《い》見《けん》だったが、敵対関係《てきたいかんけい》にあった。

生《う》まれ育《そだ》った土佐藩《とさはん》を捨《す》てる「脱藩《だっぱん》」を決行《けっこう》した龍馬《りょうま》は、薩摩藩《さつまはん》と長州藩《ちょうしゅうはん》の間《あいだ》をとりもって「薩長同盟《さっちょうどうめい》」を結《むす》ばせた。そして武力《ぶりょく》ではなく話《はな》し合《あ》いで幕府《ばくふ》を終《お》わらせることを主張《しゅちょう》。江戸幕府《えどばくふ》が平和的《へいわてき》に政権《せいけん》を朝《ちょう》廷《てい》に返《かえ》す「大政奉還《たいせいほうかん》」につながった。

この言葉《ことば》は脱藩《だっぱん》の翌年《よくねん》、龍馬《りょうま》が姉《あね》に出《だ》した手紙《てがみ》にある。日本《にほん》を洗濯《せんたく》するように、まっさらに新《あたら》しくしたい。龍馬《りょうま》の思《おも》いは実現《じつげん》した。スケールの大《おお》きな志《こころざし》を持《も》とう。

同《おな》じことを言《い》っているのは……

坂本《さかもと》 直《なお》 ～武士《ぶし》～

過去《かこ》のことは忘《わす》れて
これから新《あたら》しい日本《にほん》の為《ため》に
ともにやりましょう

高知《こうち》生《う》まれ。坂本龍《さかもとりょう》馬《ま》の甥《おい》。海援隊《かいえんたい》で活《かつ》躍《やく》。龍馬暗殺《りょうまあんさつ》の犯人《はんにん》に言《い》った言葉《ことは》とされる。

ほかにもある

“世《よ》の人《ひと》は 我《われ》を何《なん》とも 言《い》わば言《い》え 我《われ》が成《な》す事《こと》は 我《われ》のみぞ知《し》る”

脱藩《だっぱん》した一介《いっかい》の浪人《ろうにん》の身《み》でありながら日《に》本《ほん》を変《か》えてしまった坂本龍馬《さかもとりょうま》は、10代《だい》にしてこんな和歌《わか》を詠《よ》んでいた。

周囲《しゅうい》に流《なが》されず、己《おのれ》しか知《し》らない道《みち》をただひたすらにひた進《すす》む——。龍馬《りょうま》の信《しん》念《ねん》が感《かん》じられる言葉《ことば》である。10代《だい》で抱《いだ》いた信念《しんねん》を、龍馬《りょうま》は曲げることなく終生《しゅうせい》持《も》ち続《つづ》けた。

まめ知識《ちしき》

龍馬《りょうま》を鍛《きた》えた強《つよ》い姉《あね》

ここに紹介《しょうかい》した2つの言葉《ことば》はどちらも姉《あね》に向《む》けた手紙《てがみ》の中《なか》に書《か》かれている。幼《おさな》い頃《ころ》の龍馬《りょうま》は泣《な》き虫《むし》だったが、母親《ははおや》代《が》わりの姉《あね》に鍛《きた》えられ、たくましく成長《せいちょう》した。龍馬《りょうま》の姉《あね》、坂本乙女《さかもとおとめ》は身長約《しんちょうやく》174ｃｍ《センチメートル》、体重約《たいじゅうやく》112kg《キログラム》で武芸《ぶげい》にも文芸《ぶんげい》にもすぐれていた。龍《りょう》馬《ま》が強《つよ》い剣士《けんし》になれたのも、朝《あさ》から晩《ばん》まで姉《あね》から剣《けん》の稽古《けいこ》を受《う》けたおかげだった。信頼《しんらい》する姉《あね》に決意《けつい》を語《かた》って意志《いし》を強《つよ》くし、龍馬《りょうま》は日本《にほん》を動《うご》かした。

豊田《とよだ》 佐吉《さきち》

実業家《じつぎょうか》

1867～1930年《ねん》。静岡《しずおか》生《う》まれ。トヨタグループ始祖《しそ》。貧《まず》しい家庭《かてい》に育《そだ》ち、生活《せいかつ》を便利《べんり》にしたい一心《いっしん》で発明家《はつめいか》を志《こころざ》す。1924年《ねん》、自動織機《じどうしょっき》を完成《かんせい》。特許《とっきょ》を取得《しゅとく》し、世界《せかい》にもその名《な》をとどろかせた。紡績業《ぼうせきぎょう》の発展《はってん》に貢献《こうけん》しただけでなく、トヨタ自動車《じどうしゃ》の礎《いしずえ》を築《きず》いた。

〃志《こころざし》を立《た》てた以上《いじょう》、迷《まよ》わず一本《いっぽん》の太《ふと》い仕事《しごと》をすればいい〃

豊田《とよだ》佐吉《さきち》は「世界《せかい》の織機王《しょっきおう》」と呼《よ》ばれた、トヨタグループの創始者《そうししゃ》。「織機《しょっき》」とは糸《いと》を縦横《たてよこ》に組《く》み合《あ》わせて「織物《おりもの》」という種類《しゅるい》の布《ぬの》にする機械《きかい》のこと。佐吉《さきち》は18歳《さい》のとき、発明《はつめい》についての法律《ほうりつ》が新《あたら》しくできたことを知《し》り、「新《あたら》しいものを発明《はつめい》して人《ひと》の役《やく》に立《た》つことに一生《いっしょう》を捧《ささ》げよう」と決意《けつい》した。まずは、両手《りょうて》を使《つか》って動《うご》かしていた村《むら》の織《しょっ》機《き》を片手《かたて》で動《うご》かせるように改良《かいりょう》。次《つぎ》は、蒸《じょう》気《き》の力《ちから》で動《うご》く織機《しょっき》を完成《かんせい》させた。その後《ご》も、改良《かいりょう》を重《かさ》ねた。１９０７年《ねん》、豊田式織機株《とよだしきしょっきかぶ》式会社《しきがいしゃ》を設立《せつりつ》し、研究《けんきゅう》を続《つづ》けた。

この言葉通《ことばどお》り、佐吉《さきち》は若《わか》い頃《ころ》に立《た》てた志《こころざし》に忠実《ちゅうじつ》に仕事《しごと》をすることで、大《おお》きな成《せい》功《こう》をつかんだ。志《こころざし》を立《た》て、迷《まよ》わずに突《つ》き進《すす》もう。

同《おな》じことを言《い》っているのは……

手塚《てづか》治虫《おさむ》 ～漫画家《まんがか》～

➡P.32

もう、これしかない。
一《ひと》つの業《ごう》です

ほかにもある

“障子《しょうじ》を開《あ》けてみよ。外《そと》は広《ひろ》いぞ”

佐吉《さきち》は晩年《ばんねん》になっても研究《けんきゅう》をやめることはなく、63歳《さい》でこの世《よ》を去《さ》るまでに多数《たすう》の特許《とっきょ》を取得《しゅとく》。アメリカ、ドイツ、イギリス、フランスなど、世界《せかい》でその功績《こうせき》が認《みと》められた。上海《シャンハイ》での事業展開《じぎょうてんかい》にあたって、心配《しんぱい》する周囲《しゅうい》に豊田《とよだ》はこう言《い》った。障子《しょうじ》の外《そと》にはもっと広《ひろ》い世界《せかい》がある。障子《しょうじ》を開《あ》けるだけで、自由《じゆう》に踏《ふ》み出《だ》すことができるのだ。

まめ知識《ちしき》

織機《しょっき》から自動車《じどうしゃ》へ

佐吉《さきち》の息子《むすこ》、豊田喜一郎《とよだきいちろう》は、父《ちち》の研究《けんきゅう》と製造《せいぞう》の現場《げんば》を見《み》て育《そだ》ち、大学《だいがく》で機械工学《きかいこうがく》を学《まな》んだ。卒業後《そつぎょうご》、父《ちち》の会社《かいしゃ》に入社《にゅうしゃ》。アメリカを視察《しさつ》した際《さい》、自動車《じどうしゃ》の群《む》れに衝撃《しょうげき》を受《う》け、自動車《じどうしゃ》に取《と》り組《く》む決意《けつい》を固《かた》める。佐吉《さきち》からは「わしは織機《しょっき》をつくってお国《くに》に尽《つ》くした。お前《まえ》は自動車《じどうしゃ》をやれ」との言葉《ことば》をもらった。喜一郎《きいちろう》は社内《しゃない》に自動車《じどうしゃ》を研究《けんきゅう》する部門《ぶもん》を作《つく》る。この部門《ぶもん》はトヨタ自動車《じどうしゃ》として独立《どくりつ》し、日本最大《にほんさいだい》の企業《きぎょう》となっていった。

82

チャレンジする人《ひと》を応援《おうえん》することば

瀬戸内《せとうち》 寂聴《じゃくちょう》

“まず好《す》きなことをやってみましょう。その一歩《いっぽ》を踏《ふ》み出《だ》せば必《かなら》ず人生《じんせい》が楽《たの》しくなりますよ”

小説家《しょうせつか》、僧《そう》

1922年《ねん》〜。徳島《とくしま》生《う》まれ。小説家《しょうせつか》としてデビューした後《あと》、僧《そう》になる。仏道《ぶつどう》を修《おさ》めながら、執筆活動《しっぴつかつどう》を続《つづ》ける。主《おも》な作品《さくひん》に『夏《なつ》の終《おわ》り』『女人源氏物語《にょにんげんじものがたり》』などがある。2006年《ねん》に文化勲章《ぶんかくんしょう》を受章《じゅしょう》。

瀬戸内寂聴《せとうちじゃくちょう》は『夏《なつ》の終《おわ》り』で女流文学賞《じょりゅうぶんがくしょう》を受賞《じゅしょう》して作家《さっか》として有名《ゆうめい》になると、精力的《せいりょくてき》に作家活動《さっかかつどう》をした。全《ぜん》10巻《かん》にも及《およ》ぶ『源氏物語《げんじものがたり》』の現代語訳《げんだいごやく》も行《おこな》っている。

51歳《さい》のときに岩手県《いわてけん》の平泉中尊寺《ひらいずみちゅうそんじ》で僧侶《そうりょ》として認《みと》められた。作家活動《さっかかつどう》をしながら、僧侶《そうりょ》として説《と》き続《つづ》けるという異色《いしょく》の経歴《けいれき》を持《も》つ。1991年《ねん》の湾岸戦争《わんがんせんそう》のときには、戦争《せんそう》が終《お》わることを祈《いの》り、1週間《しゅうかん》にわたって何《なに》も食《た》べない「断食《だんじき》」を行《おこな》った。

書《か》くことが好《す》きだった寂聴《じゃくちょう》は「好《す》きなことは、まず一歩踏《いっぽふ》み出《だ》す」ことを心《こころ》がけていた。86歳《さい》では「ぱーぷる」の名《な》で、若者《わかもの》向《む》けのケータイ小説《しょうせつ》にも挑戦《ちょうせん》している。

思《おも》いを行動《こうどう》に移《うつ》す。そうすれば、人生《じんせい》は豊《ゆた》かなものになるだろう。

同《おな》じことを言《い》っているのは……

鳥井《とりい》 信治郎《しんじろう》 〜実業家《じつぎょうか》〜

やってみなはれ

大阪《おおさか》生《う》まれ。サントリー創業者《そうぎょうしゃ》。日本初《にほんはつ》の国産《こくさん》ウイスキー「白札《しろふだ》」を発売《はつばい》した。

まめ知識《ちしき》

尼《あま》さんになっても肉《にく》もお酒《さけ》も恋愛《れんあい》も

出家《しゅっけ》した尼《あま》の生活《せいかつ》は質素《しっそ》なものと思《おも》われがちだが、寂聴《じゃくちょう》は肉《にく》も食《た》べ、酒《さけ》も飲《の》み、さらに恋愛《れんあい》もしていたという。

2017年《ねん》、95歳《さい》で自伝的長編小説《じでんてきちょうへんしょうせつ》『いのち』を完成《かんせい》させた。寂聴《じゃくちょう》の長《なが》生《い》きの秘訣《ひけつ》は肉食《にくしょく》なのだそうだ。病《びょう》気《き》をしても驚異的《きょういてき》な回復《かいふく》をしている。無理《むり》をせず、やりたいことをやることで、体《からだ》も心《こころ》も強《つよ》くなり、若《わか》い人《ひと》にも響《ひび》くような感性《かんせい》を持《も》ち続《つづ》けることができるのだろう。

ほかにもある

“褒《ほ》める言葉《ことば》を惜《お》しんではいけません”

自由奔放《じゆうほんぽう》で、自分《じぶん》に正直《しょうじき》に生《い》きる瀬戸内《せとうち》寂聴《じゃくちょう》。「幸福《こうふく》になるためには、人《ひと》から愛《あい》されるのがいちばんの近道《ちかみち》です。そのためにはまず、自分《じぶん》が自分《じぶん》を愛《あい》さないといけません。よくがんばっているなと、自分《じぶん》を褒《ほ》める」と語《かた》った。自分《じぶん》も褒《ほ》めて、他人《たにん》も褒《ほ》める。そのための言葉《ことば》を惜《お》しまないようにしよう。

83

チャレンジする人《ひと》を応援《おうえん》することば

安田《やすだ》 善次郎《ぜんじろう》

実業家《じつぎょうか》

1838～1921年《ねん》。富山《とやま》生《う》まれ。貧《まず》しい武士《ぶし》の家《いえ》に生《う》まれたが、江戸《えど》に出《で》て経験《けいけん》を積《つ》み、安田屋《やすだや》という商店《しょうてん》を開《ひら》いた。明治維新《めいじいしん》後《ご》、公債《こうさい》の売買《ばいばい》で成功《せいこう》して巨大《きょだい》な金融業者《きんゆうぎょうしゃ》になる。銀行《ぎんこう》、保険会社《ほけんがいしゃ》を起《お》こした。

“人生《じんせい》は一歩一歩《いっぽいっぽ》順《じゅん》を追《お》って前進《ぜんしん》する”

安田善次郎《やすだぜんじろう》は安田財閥《やすだざいばつ》の創業者《そうぎょうしゃ》。少年《しょうねん》の頃《ころ》からお金《かね》を貯《た》めることを心掛《こころが》けていた安田《やすだ》は、20歳《さい》で江戸《えど》に出《で》て両替店《りょうがえてん》で奉公《ほうこう》を行《おこな》った。その6年後《ねんご》、自身《じしん》の両替屋《りょうがえや》「安田屋《やすだや》」を日本橋人形町《にほんばしにんぎょうちょう》に開店《かいてん》。江戸時代《えどじだい》は強盗《ごうとう》が多《おお》かったため、誰《だれ》もやりたがらなかった商売《しょうばい》だったが、あえてそれに挑《いど》むことで、幕末《ばくまつ》の混乱期《こんらんき》に大金《たいきん》をつかんだ。

安田《やすだ》が金融業《きんゆうぎょう》に乗《の》り出《だ》したのは、明治新《めいじしん》政府《せいふ》が発足《ほっそく》した後《あと》のこと。第三国立銀行《だいさんこくりつぎんこう》、安田銀行《やすだぎんこう》などを創立《そうりつ》、東京《とうきょう》の財界《ざいかい》における一大人物《いちだいじんぶつ》として脚光《きゃっこう》を浴《あ》びた。

一歩一歩《いっぽいっぽ》順《じゅん》を追《お》って成功《せいこう》をつかんだ安田《やすだ》の言葉《ことば》は、一発逆転《いっぱつぎゃくてん》ではなく、日々《ひび》前進《ぜんしん》することが大《おお》きな成功《せいこう》につながると、教《おし》えてくれる。

同《おな》じことを言《い》っているのは……

松下《まつした》 幸之助《こうのすけ》 ～実業家《じつぎょうか》～ →P.130

すべて事《こと》は、一歩一歩《いっぽいっぽ》成就《じょうじゅ》するということが望《のぞ》ましい

少年《しょうねん》時代《じだい》
貯蓄《ちょちく》は大事《だいじ》だよ
ちっちゃいのに感心《かんしん》だね〜
両替《りょうがえ》安田屋《やすだや》
お金《かね》の管理《かんり》しっかりしよう
ただ今《いま》絶賛《ぜっさん》修業中《しゅぎょうちゅう》
第三《だいさん》国立《こくりつ》銀行《ぎんこう》
安田《やすだ》銀行《ぎんこう》
第四十一《だいよんじゅういち》国立《こくりつ》銀行《ぎんこう》
あの混乱期《こんらんき》に開店《かいてん》したからよかったんだな
人生《じんせい》は一歩《いっぽ》一歩《いっぽ》順《じゅん》を追《お》って前進《ぜんしん》する
誰《だれ》もやっていないことを一《ひと》つずつやったもんね

ほかにもある

“苦《くる》しい仕事《しごと》のうちにも愉快《ゆかい》があることを発見《はっけん》するまでには、幾多《いくた》の修養《しゅうよう》を積《つ》まねばならない”

たった一代《いちだい》で、財閥《ざいばつ》を築《きず》き上《あ》げた安田《やすだ》。大富豪《だいふごう》となった人物《じんぶつ》は、その成功《せいこう》ぶりばかりが注目《ちゅうもく》されがちだが、その過程《かてい》のなかで、泥水《どろみず》を飲《の》むような努力《どりょく》をしていることを忘《わす》れてはならない。苦《くる》しい仕事《しごと》や勉《べん》強《きょう》のなかでも、楽《たの》しいと思《おも》えるポイントは必《かなら》ずある。自分《じぶん》がそれを見《み》つけられるかどうかなのだ。

まめ知識《ちしき》

寄付《きふ》しない金持《かねも》ちと誤解《ごかい》されて暗殺《あんさつ》される

安田《やすだ》は「良《よ》い行《おこな》いは人《ひと》に知《し》らせずひそかにするべき」と考《かんが》えていた。儲《もう》けたお金《かね》は、自分《じぶん》の名前《なまえ》を秘密《ひみつ》にして寄付《きふ》した。しかし、みんながお金《かね》に困《こま》っているときに、一人《ひとり》だけお金儲《かねもう》けをしてみんなに分《わ》け与《あた》えていないと誤解《ごかい》され、朝日平吾《あさひへいご》に暗殺《あんさつ》されてしまった。安田《やすだ》の死後《しご》、世間《せけん》は安田《やすだ》が寄付《きふ》していたことを知《し》った。日比谷公《ひびやこう》会堂《かいどう》や東京大学《とうきょうだいがく》の安田講堂《やすだこうどう》などを建《た》てるお金《かね》は彼《かれ》が出《だ》していた。

湯《ゆ》川《かわ》 秀《ひで》樹《き》

〃一《いち》日《にち》生《い》きることは、一《いっ》歩《ぽ》進《すす》むことでありたい〃

物理学者《ぶつりがくしゃ》

1907〜1981年《ねん》。東京生《とうきょうう》まれ。京都帝国大学《きょうとていこくだいがく》（現《げん》在《ざい》の京都大学《きょうとだいがく》）卒業《そつぎょう》。論《ろん》文《ぶん》「素粒子《そりゅうし》の相互作用《そうごさよう》について」を発表《はっぴょう》する。だが当初《とうしょ》、学会《がっかい》ではほとんど黙殺《もくさつ》された。戦後《せんご》、認《みと》められてノーベル物理学《ぶつりがく》賞《しょう》を受賞《じゅしょう》した。平和運動《へいわうんどう》にも積極的《せっきょくてき》に参加《さんか》した。

物理学者《ぶつりがくしゃ》の湯川秀樹《ゆかわひでき》は「ものを小《ちい》さく分《わ》けていくとどこまで小《ちい》さくなるか」を研究《けんきゅう》した。当時《とうじ》わかっていたのは、「電子《でんし》」「陽《よう》子《し》」「中性子《ちゅうせいし》」という、小《ちい》さな粒《つぶ》のようなものの組《く》み合《あ》わせになっているらしいということ。この粒《つぶ》を「素粒子《そりゅうし》」と呼《よ》ぶ。湯川《ゆかわ》は「素粒子《そりゅうし》の間《あいだ》にはどんな力《ちから》がはたらいているか」を研究《けんきゅう》し、「中間子《ちゅうかんし》」という、まだ発見《はっけん》されていない素粒子《そりゅうし》があるはずだと発表《はっぴょう》した。13年後《ねんご》、イギリスの学者《がくしゃ》が「中《ちゅう》間子《かんし》」が本当《ほんとう》にあったことを確認《かくにん》し、湯川《ゆかわ》は日本人《にほんじん》として最初《さいしょ》のノーベル賞《しょう》を受賞《じゅしょう》した。

敗戦後《はいせんご》の日本《にほん》に明《あか》るいニュースをもたらした湯川《ゆかわ》は、座右《ざゆう》の銘《めい》を聞《き》かれるとこの言《こと》葉《ば》を答《こた》えていた。今日《きょう》の一日《いちにち》のうちに、何《なに》か少《すこ》しずつでも前進《ぜんしん》していたい。

同《おな》じことを言《い》っているのは……

ベンジャミン・フランクリン ～政治家《せいじか》、科学者《かがくしゃ》～

今日《きょう》の一日《いちにち》は
明日《あす》の二日《ふつか》に値《あたい》する

アメリカ生《う》まれ。アメリカ独立宣言起草委員《どくりつせんげんきそういいん》。避雷針《ひらいしん》を発明《はつめい》。100ドル札《さつ》の肖像《しょうぞう》。

ほかにもある

“書物《しょもつ》は思想《しそう》の凍結《とうけつ》であり、結晶《けっしょう》である”

学者一家《がくしゃいっか》の元《もと》に生《う》まれて、家《いえ》が図書館《としょかん》のように本《ほん》であふれていたため、湯川《ゆかわ》は小《ちい》さい頃《ころ》から読書《どくしょ》が好《す》きだった。特《とく》に母《はは》は、湯川《ゆかわ》が読書《どくしょ》で分《わ》からないことがあって質問《しつもん》をすると、どんなに忙《いそが》しくても飛《と》んできて、丁寧《ていねい》に教《おし》えてくれたのだという。本《ほん》には書《か》いた人《ひと》の思想《しそう》が封《ふう》じ込《こ》まれている。読書《どくしょ》で古今東西《ここんとうざい》の思想《しそう》に触《ふ》れよう。

まめ知識《ちしき》

家族《かぞく》みんなが学者《がくしゃ》

湯川《ゆかわ》が生《う》まれ育《そだ》った家族《かぞく》はみんな勉強好《べんきょうず》きだった。地質学者《ちしつがくしゃ》だった父《ちち》は「学校《がっこう》の成績《せいせき》のために勉強《べんきょう》するのではなく、自分《じぶん》が好《す》きな学問《がくもん》を深《ふか》く学《まな》びなさい」と言《い》っていた。二人《ふたり》の兄《あに》は金属加工《きんぞくかこう》の学者《がくしゃ》と東洋史《とうようし》の学者《がくしゃ》、弟《おとうと》は中国文学《ちゅうごくぶんがく》の学者《がくしゃ》になっている。

ある日《ひ》、「物質《ぶっしつ》はどこまで小《ちい》さくなるのか？」で兄《あに》と口論《こうろん》になった。分子《ぶんし》が最小《さいしょう》の単位《たんい》だと言《い》う兄《あに》に対《たい》し、湯川《ゆかわ》はもっと小《ちい》さな単位《たんい》に分《わ》けられると言《い》ったが、言《い》い負《ま》かされてしまった。

85

チャレンジする人《ひと》を
応援《おうえん》することば

ドラッカー
（ピーター・ファーディナンド・ドラッカー）

経営学者《けいえいがくしゃ》

1909 〜 2005年《ねん》。オーストリア生《う》まれ。ドイツ系《けい》ユダヤ人《じん》。フランクフルト大学《だいがく》で公法《こうほう》、国際法《こくさいほう》の博士号《はくしごう》を取得《しゅとく》。ナチスから逃《のが》れて渡英《とえい》した後《のち》、渡米《とべい》して、大学教授《だいがくきょうじゅ》や経営《けいえい》コンサルタントとして活躍《かつやく》した。『現代《げんだい》の経営《けいまい》』など著書多数《ちょしょたすう》。

〝達成《たっせい》は積《つ》み重《かさ》ねである〟

ピーター・ドラッカーは29歳《さい》のとき、ナチスを分析《ぶんせき》した本《ほん》『経済人《けいざいじん》の終《お》わり』を発《はっ》表《ぴょう》した。後《のち》のイギリス首相《しゅしょう》になるチャーチルは新聞《しんぶん》の書評《しょひょう》で本書《ほんしょ》を絶賛《ぜっさん》している。

ドラッカーは、会社《かいしゃ》や学校《がっこう》などの組織《そしき》をうまく動《うご》かすために必要《ひつよう》な、人間関係《にんげんかんけい》の管《かん》理方法《りほうほう》「マネジメント」を語《かた》り、「マネジメントの父《ちち》」と呼《よ》ばれている。大学《だいがく》で教《おし》えながら、数多《かずおお》くの企業《きぎょう》、病院《びょういん》、政府《せいふ》など、さまざまな分野《ぶんや》でアドバイスを行《おこな》った。

ドラッカーがやる気《き》を上《あ》げるコツについて語《かた》ったのがこの言葉《ことば》だ。苦手《にがて》の克服《こくふく》ではなく、得意《とくい》なことをもっと上手《じょうず》にできるように基礎練習《きそれんしゅう》を積《つ》み重《かさ》ねること。そうすれば得意分野《とくいぶんや》で高《たか》いレベルの技術《ぎじゅつ》を達成《たっせい》することができ、それがやる気《き》につながる。

同《おな》じことを言《い》っているのは……

老子《ろうし》 〜思想家《しそうか》〜 →P.96

千里《せんり》の道《みち》も一歩《いっぽ》から

国際法《こくさいほう》
勉強《べんきょう》を
がんばって
博士号《はくしごう》を
取得《しゅとく》
しました！
こっちに
来《き》てくれ！
助言《じょげん》をもらえ
ないか？
君《きみ》の
おかげだ
みんな
やる気《き》が
上《あ》がった
経済人《けいざいじん》の終《お》わり
経済人の終わり
マネジメントの父《ちち》〜
達成《たっせい》は
積《つ》み重《かさ》ねである
得意《とくい》なことを
もっと上手《じょうず》に

ほかにもある

“真摯《しんし》さはごまかせない”

後《あと》から学《まな》ぶことができない資質《ししつ》として、ドラッカーは「真摯《しんし》さ」を挙《あ》げている。「一貫《いっかん》して誠実《せいじつ》な人間性《にんげんせい》」のような意味《いみ》だろう。ドラッカーは「真摯《しんし》さを絶対視《ぜったいし》して、はじめてまともな組織《そしき》といえる」と考《かんが》えていた。どれだけ優秀《ゆうしゅう》で才能《さいのう》があっても、真摯《しんし》な人間《にんげん》でなければ、組織《そしき》を破壊《はかい》する問題児《もんだいじ》となるだろう。何事《なにごと》も真摯《しんし》な姿勢《しせい》で取《と》り組《く》むようにしたい。

まめ知識《ちしき》

オペラに感動《かんどう》して決意《けつい》

ドラッカーは18歳《さい》のとき、オペラ『ファルスタッフ』を聞《き》いて圧倒《あっとう》された。調《しら》べるとイタリアの作曲家《さっきょくか》、ジュゼッペ・ヴェルディが80歳《さい》のときに作曲《さっきょく》したものだとわかり、さらに衝撃《しょうげき》を受《う》けた。当時名声《とうじめいせい》を得《え》ていた高齢《こうれい》のヴェルディが、良《よ》い音楽《おんがく》のために作曲《さっきょく》を続《つづ》ける姿勢《しせい》に心《こころ》を打《う》たれたのだ。ドラッカーは「いかに年《とし》をとろうとも、けっしてあきらめずに、目標《もくひょう》とビジョンをもって自分《じぶん》の道《みち》を歩《ある》き続《つづ》けよう」と決意《けつい》した。

86

チャレンジする人《ひと》を応援《おうえん》することば

キュリー夫人《ふじん》（マリア・スクウォドフスカ＝キュリー）

物理学者《ぶつりがくしゃ》、化学者《かがくしゃ》

1867～1934年《ねん》。ポーランド生《う》まれ。若《わか》い頃《ころ》は貧《まず》しさと戦《たたか》いながら、そして結婚《けっこん》してからは主婦《しゅふ》業《ぎょう》や育児《いくじ》と両立《りょうりつ》しながら科学《かがく》の勉強《べんきょう》を続《つづ》けた。ノーベル物理学賞《ぶつりがくしょう》とノーベル化学賞《かがくしょう》の2つを受賞《じゅしょう》。

〝偉大《いだい》な発見《はっけん》は、いきなり完全《かんぜん》な姿《すがた》で科学者《かがくしゃ》の頭脳《ずのう》から現《あらわ》れるわけではない。膨大《ぼうだい》な研究《けんきゅう》の積《つ》み重《かさ》ねから生《う》まれる果実《かじつ》なのだ〟

女性《じょせい》で初《はじ》めてノーベル賞《しょう》を受賞《じゅしょう》したマリア（マリー）・キュリー。しかし、この言《こと》葉《ば》にあるように、華々《はなばな》しい業績《ぎょうせき》の裏《うら》には、多《おお》くの苦労《くろう》と困難《こんなん》があった。

いくつかの物質《ぶっしつ》は「放射線《ほうしゃせん》」というものを出《だ》す「放射性元素《ほうしゃせいげんそ》」を含《ふく》む。マリーは夫《おっと》とともに鉱物《こうぶつ》を研究《けんきゅう》し、その中《なか》に2つの未《み》知《ち》の放射性元素《ほうしゃせいげんそ》「ラジウム」と「ポロニウム」を発見《はっけん》した。だが、実験《じっけん》を続《つづ》けるうち、耳鳴《みみな》りが起《お》き、視力《しりょく》が低下《ていか》するなど、マリーの体《からだ》はむしばまれていった。実《じつ》は、放射線《ほうしゃせん》をあび続《つづ》けていたことが原因《げんいん》だった。

自《みずか》らを犠牲《ぎせい》にしてまで実験《じっけん》を行《おこな》ったマリー。彼女《かのじょ》による放射線《ほうしゃせん》の研究《けんきゅう》は、医療《いりょう》だけではなく、産業《さんぎょう》、工業《こうぎょう》などさまざまな領《りょう》域《いき》で活用《かつよう》されている。

同《おな》じことを言《い》っているのは……

ヘルマン・ヘッセ ～詩人《しじん》、小説家《しょうせつか》～

天才《てんさい》は万人《ばんにん》から人類《じんるい》の花《はな》と認《みと》められながら、いたるところに苦難《くなん》と混乱《こんらん》を惹起《じゃっき》する

ドイツ生《う》まれ。著書《ちょしょ》に『車輪《しゃりん》の下《した》』『少年《しょうねん》の日《ひ》の思《おも》い出《で》』などがある。ノーベル文学賞受賞《ぶんがくしょうじゅしょう》。

まめ知識《ちしき》

夫婦《ふうふ》でノーベル賞《しょう》を受賞《じゅしょう》

一度目《いちどめ》のノーベル賞《しょう》は、夫《おっと》とともに受賞《じゅしょう》。その授賞式《じゅしょうしき》で、スウェーデン王立科学《おうりつかがく》アカデミー会長《かいちょう》が、「キュリー教授《きょうじゅ》とキュリー夫人《ふじん》の偉大《いだい》な成功《せいこう》は『人《ひと》が独《ひと》りでいるのはよくない。彼《かれ》に合《あ》う助《たす》ける者《もの》を造《つく》ろう』という神《かみ》の御《み》言葉《ことば》に新《あら》たな光《ひかり》を投《な》げかけてくれるものです」とスピーチ。マリーは、あくまでも「夫《おっと》をサポートした妻《つま》」というあつかいを受《う》けている。今《いま》よりも女性《じょせい》が活躍《かつやく》しにくい時代《じだい》のなかにあっても、マリーは躍動《やくどう》していたのである。

ほかにもある

“わたしは、科学《かがく》を このうえなく美《うつく》しいものと 考《かんが》える人間《にんげん》の一人《ひとり》です”

男性《だんせい》が優遇《ゆうぐう》される環境《かんきょう》のなかで、マリーの活躍《かつやく》は異彩《いさい》を放《はな》っていた。マリーはただ、単純《たんじゅん》に科学《かがく》を愛《あい》していたのだ。マリーは、この言葉《ことば》のあとに、「研究室《けんきゅうしつ》にいる科《か》学者《がくしゃ》は単《たん》なる技術者《ぎじゅつしゃ》でなく、おとぎ話《ばなし》のように自分《じぶん》を魅了《みりょう》する自然現象《しぜんげんしょう》を、目《ま》の当《あ》たりにする一人《ひとり》の子《こ》どもでもあります」と続《つづ》けている。

サミュエル・ジョンソン

批評家《ひひょうか》、詩人《しじん》

1709～1784年《ねん》。イギリス生《う》まれ。本屋《ほんや》の息子《むすこ》として生《う》まれる。オックスフォード大学《だいがく》に入学《にゅうがく》したが、家《いえ》が貧《まず》しかったため中退《ちゅうたい》。故郷《こきょう》で私塾《しじゅく》の教師《きょうし》として働《はたら》いた後《あと》、文筆《ぶんぴつ》に従事《じゅうじ》する。独力《どくりょく》で英語辞典《えいごじてん》を完成《かんせい》させた。「文壇《ぶんだん》の大御所《おおごしょ》」とも呼《よ》ばれた。

〝勤勉《きんべん》と熟達《じゅくたつ》があれば不可能《ふかのう》な事《こと》はほとんど無《な》い〟

サミュエル・ジョンソンは、18世紀《せいき》イギリス文壇《ぶんだん》の中心的《ちゅうしんてき》な文学者《ぶんがくしゃ》。1755年《ねん》、2巻組《かんぐみ》の英語辞典《えいごじてん》『A《ア》 Dictionary《ディクショナリー》 of《オブ》 the《ジ》 English《イングリッシュ》 Language《ランゲージ》』を出版《しゅっぱん》。これは、最初《さいしょ》の本格的《ほんかくてき》な英語辞典《えいごじてん》であり、出版当《しゅっぱんとう》初《しょ》から多《おお》くの人《ひと》に使《つか》われた。後《のち》に『Oxford《オックスフォード》 English《イングリッシュ》 Dictionary《ディクショナリー》（OED《オーイーディー》）』が出版《しゅっぱん》されるまで、ジョンソンによる辞典《じてん》は、英語辞《えいごじ》典《てん》の最高峰《さいこうほう》として、権威《けんい》を持《も》ち続《つづ》けた。

不可能《ふかのう》にも思《おも》える大著《たいちょ》の制作《せいさく》に成功《せいこう》したジョンソンの言葉《ことば》は頼《たの》もしい。難《むずか》しいことに直面《ちょくめん》すると、初《はじ》めから「無理《むり》だ」「できるわけがない」などと決《き》めつけてしまいがちだ。しかし、よく学《まな》び、熟練《じゅくれん》し、上達《じょうたつ》していけば、不可能《ふかのう》なことなど何《なに》もないのである。

同《おな》じことを言《い》っているのは……

二宮《にのみや》 尊徳《そんとく》 ～思想家《しそうか》～

**大事《だいじ》をなさんと欲《ほっ》せば、
小《しょう》なる事《こと》をおこたらず勤《つと》むべし。
小《しょう》つもりて大《だい》となればなり**

神奈川《かながわ》生まれ。通称《つうしょう》、二宮金次郎《にのみやきんじろう》。薪《まき》を背負《せお》い本《ほん》を読《よ》みながら歩《ある》く像《ぞう》で有名《ゆうめい》。

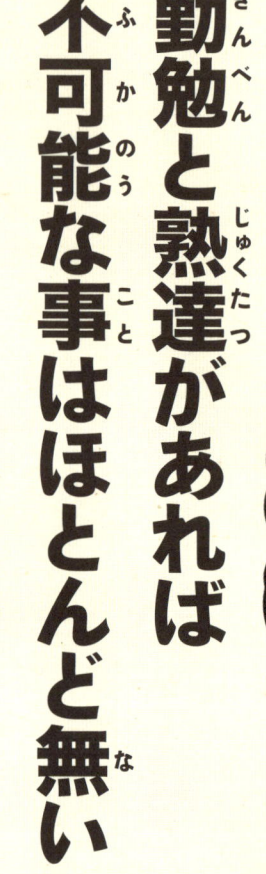

ほかにもある

“今《いま》から一年《いちねん》もたてば私《わたし》の現在《げんざい》の悩《なや》みなど、およそ下《くだ》らないものに見《み》えるだろう”

物事《ものごと》に深《ふか》く悩《なや》んでいるときは、この状態《じょうたい》がずっと続《つづ》くのではないかと、つい考《かんが》えてしまう。その悩《なや》みに解決法《かいけつほう》が思《おも》いつかない場合《ばあい》、絶望的《ぜつぼうてき》な気持《きも》ちになるのも無理《むり》はないだろう。しかし、たった１年《ねん》でもたてば、取《と》り巻《ま》く状況《じょうきょう》は大《おお》きく変《か》わる。ほとんどの悩《なや》みは時間《じかん》が解決《かいけつ》してくれることを教《おし》えてくれる言葉《ことば》。

まめ知識《ちしき》

たった一人《ひとり》で『英語辞典《えいごじてん》』を制作《せいさく》

ジョンソンが『英語辞典《えいごじてん》』の刊行《かんこう》計画《けいかく》を公表《こうひょう》したのは1746年《ねん》。アカデミー・フランセーズが、1694年刊行《ねんかんこう》の『フランス語辞典《ごじてん》』を完成《かんせい》させるのに40年《ねん》かかったことが知《し》られていたため、独力《どくりょく》で行《おこな》うのは「無理《むり》だ！」と考《かんが》えられた。しかしジョンソンは９年後《ねんご》の1755年《ねん》に、独力《どくりょく》で『英語辞典《えいごじてん》』２巻《かん》を完成《かんせい》させた。「英語《えいご》の歴史《れきし》の中《なか》でもっとも偉大《いだい》な業績《ぎょうせき》」と言《い》われることもある。

チャレンジする人《ひと》を
応援《おうえん》することば

夏《なつ》目《め》漱《そう》石《せき》

“僕《ぼく》は死《し》ぬ迄《まで》進歩《しんぽ》する積《つも》りで居《い》る”

今《いま》なお読《よ》み継《つ》がれる文豪《ぶんごう》、夏目漱石《なつめそうせき》。東《とう》京帝国大学卒業後《きょうていこくだいがくそつぎょうご》、文部省留学生《もんぶしょうりゅうがくせい》としてロンドンへ留学《りゅうがく》した。帰国《きこく》した漱石《そうせき》には、当《とう》時《じ》は本当《ほんとう》に一握《ひとにぎ》りだった大学教授《だいがくきょうじゅ》の道《みち》が開《ひら》かれていた。だが、それを蹴《け》って作家《さっか》になることを決意《けつい》。作家《さっか》の職業《しょくぎょう》は不安定《ふあんてい》な上《うえ》に、漱石《そうせき》には現在《げんざい》のような知名度《ちめいど》がなかったことを考《かんが》えても、かなりの冒険《ぼうけん》だった。

デビュー作《さく》『吾輩《わがはい》は猫《ねこ》である』を新聞《しんぶん》に連載《れんさい》して人気作家《にんきさっか》になった漱石《そうせき》が、作家志《さっかし》望《ぼう》の弟子《でし》に書《か》いた手紙《てがみ》にあるのがこの言葉《ことば》だ。デビュー以前《いぜん》から文章《ぶんしょう》を書《か》き続《つづ》けていた漱石《そうせき》は、昔《むかし》より上達《じょうたつ》していることを実感《じっかん》した。「この調子《ちょうし》で進歩《しんぽ》を続《つづ》けるぞ」という意志《いし》を表明《ひょうめい》している。また弟子《でし》への応援《おうえん》でもある。継続《けいぞく》と意志《いし》で進歩《しんぽ》できるのだ。

小説家《しょうせつか》

1867 ～ 1916年《ねん》。東《とう》京《きょう》生《う》まれ。日本近代文学《にほんきんだいぶんがく》の代表的作家《だいひょうてきさっか》。中学教師《ちゅうがくきょうし》を経《へ》て、英国《えいこく》へ留学《りゅうがく》。その後《ご》、東京帝国大学英《とうきょうていこくだいがくえい》文科初《ぶんかはつ》の日本人講師《にほんじんこうし》になり、小説《しょうせつ》『吾輩《わがはい》は猫《ねこ》である』を発表《はっぴょう》した。著書《ちょしょ》に『坊《ぼ》っちゃん』『三四郎《さんしろう》』『それから』『行人《こうじん》』『こころ』『道草《みちくさ》』『明暗《めいあん》』などがある。

同《おな》じことを言《い》っているのは……

フローレンス・ナイチンゲール ～看護婦《かんごふ》、教育者《きょういくしゃ》～ ➡P.212

進歩《しんぽ》し続《つづ》けない限《かぎ》りは、
後退《こうたい》していることになるのです

ほかにもある

“万里《ばんり》の道《みち》を見《み》ず、ただ万里《ばんり》の天《てん》を見《み》る”

漱石《そうせき》が作家《さっか》の道《みち》へと本格的《ほんかくてき》に進《すす》み始《はじ》めたとき、弟子《でし》に送《おく》った手紙《てがみ》に書《か》いた言葉《ことば》。この言葉《ことば》は小説《しょうせつ》『虞美人草《ぐびじんそう》』の冒頭場面《ぼうとうばめん》にも出《で》てくる。大地《だいち》に伸《の》びる道《みち》とその上《うえ》に広《ひろ》がる天空《てんくう》。その対比《たいひ》を、現実《げんじつ》と理想《りそう》との対《たい》比《ひ》になぞらえ、現実《げんじつ》に足《あし》を取《と》られても、文《ぶん》学《がく》の理想《りそう》を目指《めざ》す登場人物《とうじょうじんぶつ》の気持《きも》ちを、暗《あん》示《じ》していると考《かんが》えられる。

まめ知識《ちしき》

親友《しんゆう》、正岡子規《まさおかしき》と『坊《ぼ》っちゃん』

漱石《そうせき》の大親友《だいしんゆう》、正岡子規《まさおかしき》は、新《あたら》しい俳句《はいく》や短歌《たんか》づくりを目指《めざ》した俳人《はいじん》である。一緒《いっしょ》に寄席《よせ》や旅行《りょこう》に行《い》って親交《しんこう》を深《ふか》めたほか、漱石《そうせき》が愛媛県《えひめけん》の松山中学校《まつやまちゅうがっこう》の教師《きょうし》として赴任《ふにん》していたときには、子規《しき》がやってきて俳句《はいく》の会《かい》を行《おこな》っている。この頃《ころ》の体験《たいけん》を元《もと》に『坊《ぼ》っちゃん』が書《か》かれた。ちなみに漱石《そうせき》が自身《じしん》をモデルにして作《つく》ったキャラクターは、主人公《しゅじんこう》ではなく敵役《かたきやく》の「赤《あか》シャツ」。

89

チャレンジする人《ひと》を
応援《おうえん》することば

マルクス
（カール・ハインリヒ・マルクス）

哲学者《てつがくしゃ》、経済学者《けいざいがくしゃ》

1818～1883年《ねん》。ドイツ生《う》まれ。ヘーゲルの哲学《てつがく》を基礎《きそ》に経済《けいざい》を研究《けんきゅう》した。『資本論《しほんろん》』で資本主義《しほんしゅぎ》の限界《げんかい》を指摘《してき》。歴史《れきし》は資本主義《しほんしゅぎ》から共産主義《きょうさんしゅぎ》へと発展《はってん》すると主張《しゅちょう》した。この考《かんが》えはマルクス主義《しゅぎ》と呼《よ》ばれ、多《おお》くの社会運動家《しゃかいうんどうか》や哲学者《てつがくしゃ》に影響《えいきょう》を与《あた》えた。

“学問《がくもん》をするのに簡単《かんたん》な道《みち》などない。だから、ただ学問《がくもん》の険《けわ》しい山《やま》を登《のぼ》る苦労《くろう》をいとわない者《もの》だけが、輝《かがや》かしい絶頂《ぜっちょう》を極《きわ》める希望《きぼう》をもつのだ”

著書《ちょしょ》の『資本論《しほんろん》』で、世《よ》の中《なか》をお金《かね》がどのように流《なが》れているかを研究《けんきゅう》した、カール・マルクス。「お金持《かねも》ちと貧乏《びんぼう》な人《ひと》の格差《かくさ》をなくそう」というのが、マルクスの基本的《きほんてき》な考《かんが》え方《かた》。『資本論《しほんろん》』は全《ぜん》3巻《かん》あり、第《だい》2巻《かん》と第《だい》3巻《かん》はマルクスの死後《しご》に出版《しゅっぱん》された。共同研究者《きょうどうけんきゅうしゃ》のエンゲルスの手《て》によって、マルクスが遺《のこ》した原稿《げんこう》が整理《せいり》されて、発刊《はっかん》に至《いた》ったのである。『資本論《しほんろん》』の内容《ないよう》は深《ふか》く、20世紀以降《せいきいこう》の世界《せかい》にもっとも影響《えいきょう》を与《あた》えた1冊《さつ》とされている。

この言葉《ことば》は『資本論《しほんろん》』序文《じょぶん》にある。内容《ないよう》が難《むずか》しいため、学問《がくもん》を登山《とざん》になぞらえて読者《どくしゃ》に心《こころ》の準備《じゅんび》をさせたのだ。道《みち》が険《けわ》しいほど、頂上《ちょうじょう》に登《のぼ》ったときの景色《けしき》が美《うつく》しい。それを知《し》っていれば、苦労《くろう》も苦労《くろう》ではなくなる。

同《おな》じことを言《い》っているのは……

美濃部《みのべ》 達吉《たつきち》 ～憲法学者《けんぽうがくしゃ》、政治家《せいじか》～

学《まな》ぶ者《もの》は
山に登《のぼ》るがごとし

兵庫《ひょうご》生まれ。「天皇《てんのう》は国《くに》の一《ひと》つの機関《きかん》にすぎない」という「天皇機関説《てんのうきかんせつ》」を主張《しゅちょう》した。

お金《かね》持《も》ちと貧乏人《びんぼうにん》の格差《かくさ》をなくそう！
そのためには学問《がくもん》だ
学問《がくもん》をするのに簡単《かんたん》な道《みち》などない
簡単《かんたん》じゃないんだよ読《よ》む者《もの》たちも覚悟《かくご》せよ
月日《つきひ》はかかったが完成《かんせい》したぞ！
資《し》本《ほん》論《ろん》

ほかにもある

“プロレタリアは自《みず》らの鎖《くさり》以《い》外《がい》に革命《かくめい》によって失《うしな》うものはない”

マルクスは資本主義《しほんしゅぎ》がどんどん加速《かそく》することによって、経営者《けいえいしゃ》だけが豊《ゆた》かになり、労働者《ろうどうしゃ》は過酷《かこく》な状況《じょうきょう》のなかで安《やす》い給料《きゅうりょう》で働《はたら》かされることを心配《しんぱい》していた。労働者《ろうどうしゃ》による革命《かくめい》を後押《あとお》ししたマルクスは、「労働《ろうどう》者《しゃ》にとって革命《かくめい》とは、自《みず》からを縛《しば》る鎖《くさり》をなくすための行動《こうどう》で、ほかに失《うしな》うものはない」という表現《ひょうげん》で強調《きょうちょう》した。

まめ知識《ちしき》

生活《せいかつ》と研究《けんきゅう》を支《ささ》えた親友《しんゆう》エンゲルス

『資本論《しほんろん》』を書《か》いたマルクスだったが、自分《じぶん》のお金《かね》の管理《かんり》はできておらず、むだづかいをしては、経済的《けいざいてき》なピンチを招《まね》いていた。そんなマルクスを支《ささ》えたのが、盟友《めいゆう》のエンゲルスである。マルクスの才能《さいのう》にほれこんだエンゲルスは、共同研究者《きょうどうけんきゅうしゃ》として大《おお》きなサポートをしただけではなく、お金《かね》を貸《か》すなどマルクスの私生活《しせいかつ》の面《めん》でも大《おお》きな支《ささ》えとなった。よい仕事《しごと》をするためには、よき友《とも》が必要《ひつよう》である。

チャレンジする人《ひと》を
応援《おうえん》することば

ヘレン・ケラー
（ヘレン・アダムス・ケラー）

教育家《きょういくか》

1880～1968年《ねん》。アメリカ生《う》まれ。見《み》ることも聞《き》くことも話《はな》すこともできない障害《しょうがい》がありながらも、ラドクリフ大学《だいがく》に入学《にゅうがく》。在学中《ざいがくちゅう》に自伝《じでん》『私《わたし》の生涯《しょうがい》』を出版《しゅっぱん》した。卒業後《そつぎょうご》は障害《しょうがい》のある人《ひと》たちのために講演《こうえん》など福祉《ふくし》活動《かつどう》を行《おこな》った。

〝なんでも強《つよ》く欲《ほ》しいと思《おも》いさえすれば、かならずどうにかして得《え》られるものだと信《しん》じていました〟

目《め》が見《み》えない、耳《みみ》が聞《き》こえない、話《はな》せない……。三重《さんじゅう》の障害《しょうがい》を負《お》ったヘレン・ケラーだが、5歳《さい》までに約《やく》60種類《しゅるい》の身振《みぶ》りによって周囲《しゅうい》とコミュニケーションできるようになるほど知性《ちせい》が高《たか》かった。その一方《いっぽう》で、わがままで手《て》をつけられない性格《せいかく》だった。心配《しんぱい》した両親《りょうしん》はヘレンが6歳《さい》のとき、パーキンス盲学校《もうがっこう》の卒業生《そつぎょうせい》であるアン・サリバンを家庭教師《かていきょうし》として招《まね》いた。サリバン先生《せんせい》の厳格《げんかく》な教育《きょういく》を受《う》けたヘレンは、人間的《にんげんてき》にも成長《せいちょう》し、貪欲《どんよく》に学《まな》んだ。言葉《ことば》というものを理解《りかい》し、言葉《ことば》で表現《ひょうげん》することができるようになった。勉強《べんきょう》を続《つづ》けてラドクリフ大学《だいがく》に入学《にゅうがく》し、優秀《ゆうしゅう》な成績《せいせき》で卒業《そつぎょう》した。

ヘレンのこの言葉《ことば》は、大《おお》きな障害《しょうがい》も強《つよ》い意志《いし》で乗《の》り越《こ》えられることを教《おし》えてくれる。

同《おな》じことを言《い》っているのは……

糸井 重里《いとい しげさと》 ～コピーライター～

夢《ゆめ》がさ、本気《ほんき》で願《ねが》える夢《ゆめ》になったら、それはほんとうに叶《かな》うことに近《ちか》づいたってことだ

群馬《ぐんま》生まれ。広告会社《こうこくかいしゃ》勤務《きんむ》の後《あと》、独立《どくりつ》。ウェブサイト「ほぼ日刊《にっかん》イトイ新聞《しんぶん》」を運営《うんえい》。

ほかにもある

“この世《よ》で一番《いちばん》哀《あわ》れな人《ひと》は、目《め》は見《み》えていても未来《みらい》への夢《ゆめ》が見《み》えていない人《ひと》だ”

ヘレン・ケラーの過酷《かこく》な境遇《きょうぐう》に同情《どうじょう》する人《ひと》も少《すく》なくないかもしれない。しかし、知《ち》識欲《しきよく》が旺盛《おうせい》で、一日一日《いちにちいちにち》を大切《たいせつ》に生《い》きたヘレンは、目標《もくひょう》があり、夢《ゆめ》があることこそが、生《い》きるうえでかけがえのないことだと考《かんが》えていた。実際《じっさい》の周《まわ》りの世界《せかい》は見《み》ることができなくても、未来《みらい》への夢《ゆめ》は見《み》ることができるのだ。夢《ゆめ》を持《も》って日々《ひび》を過《す》ごそう。

まめ知識《ちしき》

「奇跡《きせき》を起《お》こした人《ひと》」サリバン先生《せんせい》

ヘレン・ケラーとサリバン先生《せんせい》の半生《はんせい》は『The《ザ》 Miracle《ミラクル》 Worker《ワーカー》』というタイトルで舞台化《ぶたいか》、映画化《えいがか》された。日本《にほん》では『奇跡《きせき》の人《ひと》』と訳《やく》されてヘレン・ケラーの代名詞《だいめいし》となった。しかし本当《ほんとう》は「奇跡《きせき》を起《お》こした人《ひと》」という意味《いみ》で、サリバン先生《せんせい》を指《さ》す。自身《じしん》も子《こ》どもの頃《ころ》に失明《しつめい》して手術《しゅじゅつ》で少《すこ》し回復《かいふく》したサリバン先生《せんせい》は、ヘレンとともに10年間《ねんかん》アメリカを巡《めぐ》って福祉活動《ふくしかつどう》をした後《あと》、70歳《さい》で亡《な》くなった。

チャレンジする人《ひと》を
応援《おうえん》することば

野《の》口《ぐち》英《ひで》世《よ》

細菌学者《さいきんがくしゃ》

1876 〜 1928 年《ねん》。福島《ふくしま》生《う》まれ。幼児期《ようじき》に左手《ひだりて》に火傷《やけど》を負《お》い指《ゆび》が張《は》り付《つ》いて動《うご》かなくなったが、小学校《しょうがっこう》の級友《きゅうゆう》や先生《せんせい》がお金《かね》を出《だ》し合《あ》い、手術《しゅじゅつ》を受《う》けさせてくれた。これをきっかけに医者《いしゃ》を目指《めざ》した。黄熱病《おうねつびょう》の研究中《けんきゅうちゅう》に、アフリカのガーナで命《いのち》を落《お》とした。

“誰《だれ》よりも三倍《さんばい》、四倍《よんばい》、五倍《ごばい》勉強《べんきょう》する者《もの》、それが天才《てんさい》だ”

野口英世《のぐちひでよ》は、福島県《ふくしまけん》の貧《まず》しい寒村《かんそん》で幼少《ようしょう》時代《じだい》を過《す》ごした。懸命《けんめい》に働《はたら》く母《はは》の背中《せなか》を見《み》ながら、一心不乱《いっしんふらん》に学問《がくもん》に打《う》ち込《こ》んだ。一《ひと》人《り》、机《つくえ》にかじりついただけではなく、駐在《ちゅうざい》所《しょ》の巡査《じゅんさ》にまで国語《こくご》や漢文《かんぶん》を教《おし》えてもらった。また友人《ゆうじん》と一緒《いっしょ》に風呂《ふろ》に入《はい》り、背中《せなか》を流《なが》し合《あ》うときですら、野口《のぐち》は本《ほん》から目《め》を離《はな》さなかったという相当《そうとう》な勤勉《きんべん》さである。

野口《のぐち》はヘビの毒《どく》やさまざまな病原菌《びょうげんきん》を研《けん》究《きゅう》し、周囲《しゅうい》から尊敬《そんけい》されて三度《さんど》ノーベル医《い》学賞《がくしょう》の候補《こうほ》に名前《なまえ》が挙《あ》がった。それはひとえに努力《どりょく》の賜物《たまもの》であり、野口《のぐち》は「努力《どりょく》の天《てん》才《さい》」と言《い》えるだろう。現在《げんざい》では、野口《のぐち》の研《けん》究《きゅう》のいくつかは実《じつ》は間違《まちが》いだったことがわかっている。だが、野口《のぐち》の言葉《ことば》は努力《どりょく》し続《つづ》けることの大切《たいせつ》さを教《おし》えてくれる。

同《おな》じことを言《い》っているのは……

ミケランジェロ・ブオナローティ 〜画家《がか》、彫刻家《ちょうこくか》〜

天才《てんさい》とは
永遠《えいえん》の忍耐《にんたい》である

イタリア生《う》まれ。ルネサンスの巨匠《きょしょう》。絵画《かいが》に『最後《さいご》の審判《しんぱん》』がある。

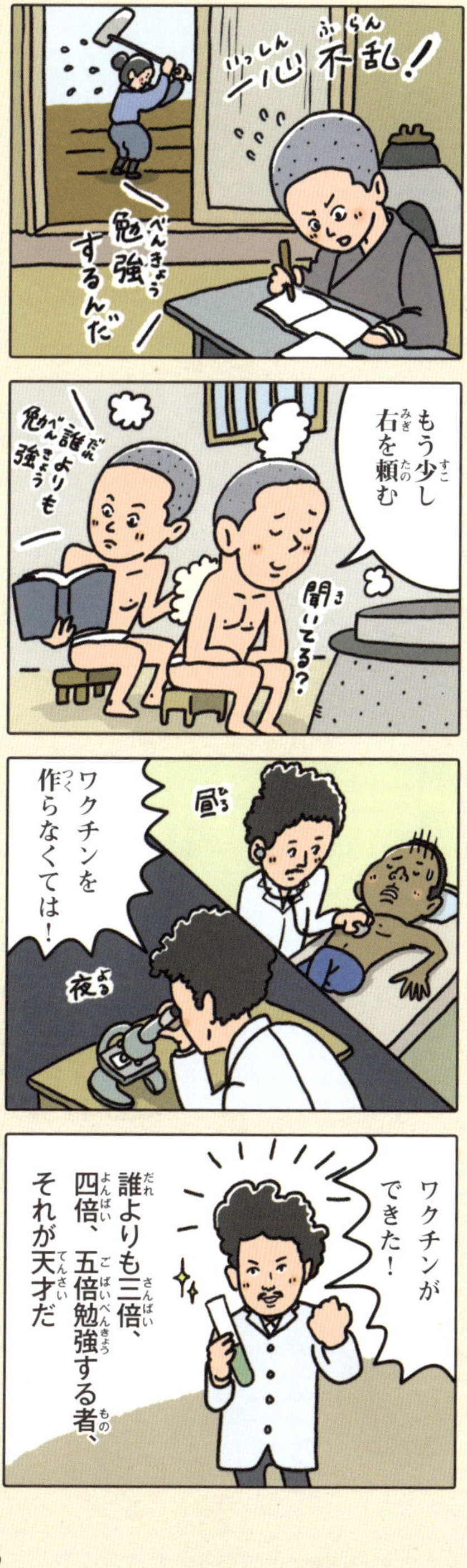

ほかにもある

“学問《がくもん》というものは、一種《いっしゅ》の投機事業《とうきじぎょう》だ”

野口《のぐち》の勤勉《きんべん》ぶりは、アメリカのロックフェラー医学研究所《いがくけんきゅうしょ》に入《はい》ってからも失《うしな》われることはなかった。いや、むしろ加速《かそく》したといっていい。いつも寝不足《ねぶそく》でまぶたをはらしている野口《のぐち》を見《み》て、所長《しょちょう》のサイモン・フレクスナーは舌《した》を巻《ま》いて「一体《いったい》、日本人《にほんじん》はいつ寝《ね》るんだ」と言《い》った。野口《のぐち》にとって学《まな》ぶことは、将来《しょうらい》の自分《じぶん》のための先行投資《せんこうとうし》だった。

まめ知識《ちしき》

無一文《むいちもん》で上京《じょうきょう》する行動力《こうどうりょく》

野口《のぐち》は勉強熱心《べんきょうねっしん》だっただけではなく、行動力《こうどうりょく》も旺盛《おうせい》だった。野口《のぐち》が汗《あせ》だらけで医学書《いがくしょ》を読《よ》んでいると、たまたま仕事《しごと》で福島県《ふくしまけん》に来《き》ていた歯科《しか》医《い》の血脇守之助《ちわきもりのすけ》の目《め》に止《と》まった。感《かん》心《しん》した血脇《ちわき》が「東京《とうきょう》に来《き》たときに立《た》ち寄《よ》るように」と声《こえ》をかけると、野《の》口《ぐち》は無一文《むいちもん》で上京《じょうきょう》。突然《とつぜん》、血脇《ちわき》を訪《ほう》問《もん》して大《おお》いに驚《おどろ》かせた。そのうえ「なんでもするから使《つか》ってほしいのです」とせまり、血脇《ちわき》に面倒《めんどう》を見《み》てもらうことになった。行動力《こうどうりょく》が未来《みらい》をひらく。

22

チャレンジする人《ひと》を
応《おう》援《えん》することば

アインシュタイン
（アルベルト・アインシュタイン）

物理学者《ぶつりがくしゃ》

1879 ～ 1955 年《ねん》。ドイツ生《う》まれ。ユダヤ系《けい》の学者《がくしゃ》。重要《じゅうよう》な理論《りろん》をいくつも発表《はっぴょう》し、1921 年《ねん》にノーベル物理学賞《ぶつりがくしょう》を受賞《じゅしょう》。相対性理論《そうたいせいりろん》、宇宙論《うちゅうろん》などでそれまでの科学常識《かがくじょうしき》を大《おお》きく変《か》え、20 世紀最大《せいきさいだい》の物理学者《ぶつりがくしゃ》と呼《よ》ばれた。

〃学《まな》べば学《まな》ぶほど、自分《じぶん》が何《なに》も知《し》らなかった事《こと》に気《き》づく、気《き》づけば気《き》づくほどまた学《まな》びたくなる〃

「エネルギーと質量《しつりょう》は同《おな》じ」などの結論《けつろん》で、物理学《ぶつりがく》を根本《こんぽん》から変《か》えた「相対性理論《そうたいせいりろん》」を発表《はっぴょう》した天才科学者《てんさいかがくしゃ》、アインシュタイン。だが、子《こ》どもの頃《ころ》はむしろ落《お》ちこぼれだった。算数以外《さんすういがい》は成績《せいせき》が悪《わる》く、運動《うんどう》も苦手《にがて》で「ノロマ」とクラスメートにバカにされていた。就職《しゅうしょく》も友人《ゆうじん》のツテでようやく特許庁《とっきょちょう》に職《しょく》を得《え》た。

それでも子《こ》どもの頃《ころ》から物事《ものごと》を考《かんが》え続《つづ》けることだけはやめず、椅子《いす》に座《すわ》っていて突《とつ》然《ぜん》、重力《じゅうりょく》について重要《じゅうよう》な視点《してん》を思《おも》いつくこともあった。アインシュタインは学《まな》び続《つづ》けるためのモチベーションをこう説明《せつめい》した。学《まな》んでも学《まな》んでも楽《たの》しくてやめられなくなる。そんな夢中《むちゅう》になる分野《ぶんや》を見《み》つけることが、何《なに》より重要《じゅうよう》なのだ。

同《おな》じことを言《い》っているのは……

荀子《じゅんし》 ～思想家《しそうか》～

➡P.88

学問《がくもん》は
飛《ひ》耳《じ》長目《ちょうもく》の道《みち》

ほかにもある

“私《わたし》はあまり人《ひと》づきあいをしない。社交《しゃこう》によって気《き》が散《ち》らされ、仕事《しごと》に集中《しゅうちゅう》できなくなってしまうからだ”

自分《じぶん》の好奇心《こうきしん》を刺激《しげき》してくれる友人《ゆうじん》の存《そん》在《ざい》は、何《なに》よりも大切《たいせつ》だ。だが、そうではなく、退屈《たいくつ》な人間関係《にんげんかんけい》にしばられているのならば、そこにあまり時間《じかん》を使《つか》わずに、一人《ひとり》の時間《じかん》を作《つく》ったほうがよほど有意義《ゆういぎ》だ。アインシュタインは形式的《けいしきてき》な人《ひと》づきあいを避《さ》けたからこそ、研究《けんきゅう》に打《う》ちこむことができたのだ。

まめ知識《ちしき》

みんなと違《ちが》う方法《ほうほう》で答《こた》えにたどり着《つ》く

独自性《どくじせい》を大切《たいせつ》にしたアインシュタインは大学《だいがく》でも、指示通《しじどお》りに研究《けんきゅう》することが苦手《にがて》だった。ある日《ひ》、教師《きょうし》が助手《じょしゅ》に「君《きみ》はアインシュタインをどう思《おも》うかね？　いつも私《わたし》が命《めい》じたこととは違《ちが》うことをやっているんだが」とたずねると、助手《じょしゅ》はこう答《こた》えた。「たしかにその通《とお》りです、先生《せんせい》。でも彼《かれ》の解答《かいとう》は正《ただ》しくて、使《つか》う方法《ほうほう》はいつでもたいへん興味《きょうみ》を引《ひ》きます」。暗《あん》記《き》より、ひらめきや発想《はっそう》を大切《たいせつ》に。

93

チャレンジする人《ひと》を
応援《おうえん》することば

プラトン

哲学者《てつがくしゃ》

紀元前《きげんぜん》427～347年《ねん》。ギリシャ生《う》まれ。ソクラテスに哲学《てつがく》を学《まな》ぶ。ソクラテスが死刑《しけい》にされると、師《し》の教《おし》えを対話編《たいわへん》に著《あらわ》し、哲学《てつがく》の基礎《きそ》を確立《かくりつ》した。教育《きょういく》にも熱心《ねっしん》で、教養《きょうよう》ある市民《しみん》を育《そだ》てる施設《しせつ》アカデメイアを開《ひら》いた。著書《ちょしょ》は『ソクラテスの弁明《べんめい》』『国家《こっか》』『テアイテトス』など。

〝驚《おどろ》きこそ、求知《きゅうち》のはじまりである〟

「自分《じぶん》には知《し》らないことがある」ということを、自分《じぶん》は知《し》っている——。これが「無《む》知《ち》の知《ち》」と呼《よ》ばれる、哲学者《てつがくしゃ》ソクラテスの概念《がいねん》である。彼《かれ》の思想《しそう》を書《か》き残《のこ》したのが、弟子《でし》のプラトンである。

ソクラテスから哲学《てつがく》を学《まな》んだプラトンの言葉《ことば》がこれだ。プラトンは師《し》の発想《はっそう》に何度《なんど》となく驚《おどろ》いたに違《ちが》いない。その驚《おどろ》きこそが「知《ち》」を求《もと》めること、つまり「哲学《てつがく》」の出《しゅっ》発点《ぱつてん》だとプラトンは語《かた》った。

最近《さいきん》、驚《おどろ》いたことがあるだろうか。なぜ、驚《おどろ》いたのか。そこに自分《じぶん》の探求心《たんきゅうしん》が隠《かく》れているかもしれない。もし、驚《おどろ》きが少《すく》ない毎《まい》日《にち》を送《おく》っているならば、新《あたら》しいことにチャレンジしよう。未知《みち》の世界《せかい》に触《ふ》れて、驚《おどろ》くことで、知《ち》の世界《せかい》への扉《とびら》が開《ひら》かれる。

同《おな》じことを言《い》っているのは……

柳 宗悦《やなぎ むねよし》 ～思想家《しそうか》～

驚《おどろ》きを抱《いだ》く者《もの》は
幸《さいわ》いである

東京《とうきょう》生《う》まれ。生活工《せいかつこう》芸品《げいひん》に美《び》を見《み》いだし、「民芸《みんげい》」という言葉《ことば》を作《つく》った。

驚《おどろ》きこそ、求知《きゅうち》のはじまりである
逃《に》げ足《あし》が速《はや》い！なぜだ
雲《くも》が浮《う》いている！すごい！
どうやって生《い》きている？不思議《ふしぎ》だ

まめ知識《ちしき》

ソクラテス、プラトン、アリストテレス

プラトンは師《し》であるソクラテスの教《おし》えに忠実《ちゅうじつ》だったが、プラトンの弟《で》子《し》であるアリストテレスはプラトンの教えを批判《ひはん》した。観念《かんねん》の世界《せかい》に本《ほん》質《しつ》を追《お》い求《もと》めるプラトンと、現実《げんじつ》の個々《ここ》のものの中《なか》に本質《ほんしつ》を見《み》いだそうとするアリストテレス。その思想《しそう》の対立《たいりつ》は、ラファエロの絵画《かいが》『アテナイの学堂《がくどう》』の中《なか》で、天《てん》を指差《ゆびさ》すプラトンと手《て》のひらを地面《じめん》に向《む》けるアリストテレスとして描《えが》かれている。

ほかにもある

“自分《じぶん》に打《う》ち勝《か》つことは、勝利《しょうり》のうちでもっとも偉大《いだい》な勝利《しょうり》である”

勝負《しょうぶ》に勝《か》つこと。それは、他人《たにん》に勝《か》つことだと、考《かんが》えがちである。だが、他人《たにん》を基《き》準《じゅん》にしていては、いつまでも本当《ほんとう》の勝利《しょうり》にたどり着《つ》くことは難《むずか》しい。

もっとも尊《とうと》い勝利《しょうり》とは、自分自身《じぶんじしん》に打《う》ち勝《か》つこと、つまり、昨日《きのう》の自分《じぶん》に勝《か》つことなのだ。ライバルはいつも自分《じぶん》。さあ、勝《しょう》負《ぶ》だ。

チャレンジする人《ひと》を
応《おう》援《えん》することば

フランシス・ベーコン

〝知《ち》は力《ちから》なり〟

フランシス・ベーコンはイギリスの哲学《てつがく》者《しゃ》。観察《かんさつ》や実験《じっけん》を重視《じゅうし》して、「経験《けいけん》こそが知識《ちしき》を得《え》るための根本《こんぽん》である」という「経《けい》験論《けんろん》」を提唱《ていしょう》した。ベーコンの経験論《けいけんろん》に使《つか》われる方法《ほうほう》が「帰納法《きのうほう》」だ。「それぞれの事実《じじつ》を観察《かんさつ》することで、それらに共通《きょうつう》する普遍的《ふへんてき》な法則《ほうそく》を発見《はっけん》する」方法《ほうほう》である。対照的《たいしょうてき》な考《かんが》え方《かた》にデカルトが提唱《ていしょう》した「演繹法《えんえきほう》」がある。「普遍的《ふへんてき》な法則《ほうそく》から論理《ろんり》的《てき》に推理《すいり》することで、それぞれの事実《じじつ》を結《けつ》論《ろん》として引《ひ》き出《だ》す」方法《ほうほう》だ。知識《ちしき》を得《え》るには、帰納法《きのうほう》と演繹法《えんえきほう》はどちらも必要《ひつよう》である。

ベーコンは「人間《にんげん》が知識《ちしき》を増《ふ》やせば、もっと自然《しぜん》を支配《しはい》できるようになる」と考《かんが》えてこう言《い》った。支配《しはい》が目的《もくてき》でなくても、知識《ちしき》は生《い》きていく上《うえ》で力《ちから》になるだろう。

哲学者《てつがくしゃ》

1561 ～ 1626 年《ねん》。イギリス生《う》まれ。12 歳《さい》でケンブリッジ大学《だいがく》トリニティ・カレッジに入学《にゅうがく》。その後《ご》、グレイ法曹院《ほうそういん》で法律《ほうりつ》を学《まな》んだ後《あと》、23 歳《さい》で国会《こっかい》議員《ぎいん》となる。「経験哲学《けいけんてつがく》の祖《そ》」として賞賛《しょうさん》されている。

同《おな》じことを言《い》っているのは……

ブレーズ・パスカル ～物理学者《ぶつりがくしゃ》、哲学者《てつがくしゃ》～ ➡P.66

思考《しこう》が
人間《にんげん》の偉大《いだい》さをなす

まめ知識《ちしき》

実験《じっけん》に集中《しゅうちゅう》しすぎて死亡《しぼう》

ベーコンは大法官《だいほうかん》を担当《たんとう》するなど、政治《せいじ》の世界《せかい》で活躍《かつやく》していたが、賄賂《わいろ》を疑《うたが》われて有罪《ゆうざい》の判決《はんけつ》を受《う》け、公職《こうしょく》から退《しりぞ》いた。晩年《ばんねん》の数年間《すうねんかん》は、実験《じっけん》をしたり本《ほん》を書《か》いたりして過《す》ごした。主著《しゅちょ》『ノヴム・オルガヌム ── 新機関《しんきかん》』はこの期間《きかん》に執筆《しっぴつ》された。ある寒《さむ》い雪《ゆき》の日《ひ》、鶏《にわとり》に雪《ゆき》をつめて冷凍技術《れいとうぎじゅつ》の実験《じっけん》をしていたときに体調《たいちょう》を崩《くず》し、それが元《もと》で死《し》んだと言《い》われている。観察《かんさつ》と実験《じっけん》を重視《じゅうし》したベーコンらしい死《し》に方《かた》である。

ほかにもある

“嫉妬《しっと》とはつねに
他人《たにん》との比較《ひかく》においてであり、
比較《ひかく》のないところに
嫉妬《しっと》はない”

ベーコンは感情《かんじょう》についても研究《けんきゅう》していた。誰《だれ》かのことを羨《うらや》ましいと思《おも》う気持《きも》ちは誰《だれ》にでもあるだろう。だが、それは他人《たにん》と比較《ひかく》しているから生《う》まれている感情《かんじょう》に過《す》ぎないと、ベーコンは考《かんが》えていた。

自分《じぶん》の世界《せかい》を持《も》てば、他人《たにん》と比較《ひかく》することもなく、嫉妬《しっと》に苦《くる》しむこともないだろう。しっかりとした自分《じぶん》の世界《せかい》を持《も》とう。

貝原《かいばら》 益軒《えきけん》

思想家《しそうか》、博物学者《はくぶつがくしゃ》

1630～1714年《ねん》。福岡《ふくおか》生《う》まれ。小《ちい》さい頃《ころ》は虚弱《きょじゃく》で、本《ほん》を読《よ》むうちに博識《はくしき》となった。知識《ちしき》にとらわれず自分《じぶん》で経験《けいけん》して確《たし》かめること、簡単《かんたん》な文章《ぶんしょう》で誰《だれ》にでも分《わ》かるように書《か》くことなどを心《こころ》がけていた。『養生訓《ようじょうくん》』『慎思録《しんしろく》』『大和本草《やまとほんぞう》』など著作《ちょさく》も多数《たすう》ある。

〃知《し》って行《おこな》わざるは知《し》らざるに同《おな》じ〃

貝原益軒《かいばらえきけん》は、江戸時代《えどじだい》の思想家《しそうか》、博物学者《はくぶつがくしゃ》である。儒学《じゅがく》、神道《しんとう》、本草学《ほんぞうがく》、医学《いがく》、地理《ちり》、歴史《れきし》などを研究《けんきゅう》し、その著作《ちょさく》は百数十冊《ひゃくすうじゅっさつ》にものぼる。『大和本草《やまとほんぞう》』は日本最初《にほんさいしょ》の薬学書《やくがくしょ》と言《い》われている。

『養生訓《ようじょうくん》』は貝原《かいばら》とその妻《つま》が実践《じっせん》した健康法《けんこうほう》についての本《ほん》。「あれこれ食《た》べてみたいという欲《よく》」「むやみに眠《ねむ》りたがる欲《よく》」「必要《ひつよう》もないのに喋《しゃべ》りたがる欲《よく》」などの欲望《よくぼう》を抑制《よくせい》すれば、長生《ながい》きすることができると説《と》いた。自《みずか》らの理論《りろん》を証明《しょうめい》するかのように、貝原《かいばら》は83歳《さい》でも一本《いっぽん》の虫歯《むしば》もなく、妻《つま》とともに健康《けんこう》に過《す》ごしながら、84歳《さい》まで生《い》きている。

さまざまな知識《ちしき》を集《あつ》めた貝原《かいばら》だが、「知識《ちしき》は実践《じっせん》しなければ意味《いみ》がない」と考《かんが》え、こう語《かた》った。知《し》ったことは実践《じっせん》してみよう。

同《おな》じことを言《い》っているのは……

トーマス・フラー ～神学者《しんがくしゃ》～

行動《こうどう》は知識《ちしき》の適切《てきせつ》な果実《かじつ》である

イギリス生《う》まれ。『イギリス名士列伝《めいしれつでん》』『聖戦《せいせん》の歴史《れきし》』などの著書《ちょしょ》がある。

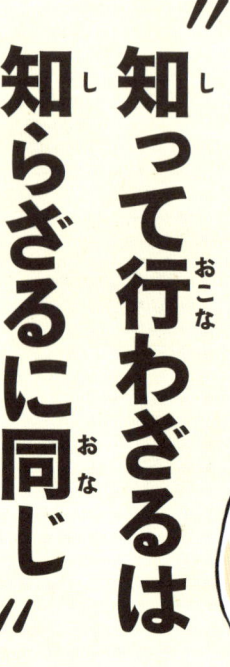

これは医学《いがく》の本《ほん》
全部《ぜんぶ》わしが書《か》いたんじゃよ
『養生訓《ようじょうくん》』
『慎思録《しんしろく》』
健康《けんこう》に生《い》きる為《ため》には食《た》べすぎはよくないんだよ
おしゃべりしすぎもよくないのね
〜数十年後《すうじゅうねんご》〜
長生《ながい》きできました！
『養生訓《ようじょうくん》』を実践《じっせん》したので虫歯《むしば》ゼロです
知《し》って行《おこな》わざるは知《し》らざるに同《おな》じ
何《なん》でも実践《じっせん》してみることが大切《たいせつ》

ほかにもある

“喜怒《きど》の時《とき》、
耐《た》えて事《こと》すべからず。
喜《よろこ》びもやみ、怒《いか》りもやみ、
常《つね》の心《こころ》になりて後《のち》、
事《こと》を行《おこ》なうべし”

喜《よろこ》びや怒《いか》りなどの感情《かんじょう》にあふれているときは、行動《こうどう》してはいけない。喜《よろこ》びも怒《いか》りもない、平常心《へいじょうしん》に戻《もど》ってから行動《こうどう》するのがよいと、貝原《かいばら》は説《と》いた。心《こころ》が乱《みだ》れたままでは、うまくいくものも、うまくいかなくなってしまう。深呼吸《しんこきゅう》して気持《きも》ちを整《ととの》えてから、物《もの》事《ごと》を始《はじ》めよう。喜《よろこ》んでいるときも行動《こうどう》をひかえるべきなのは意外《いがい》と忘《わす》れがちだ。

まめ知識《ちしき》

84歳《さい》という説得力《せっとくりょく》

『養生訓《ようじょうくん》』は、江戸時代中期《えどじだいちゅうき》、庶民《しょみん》の間《あいだ》で大《だい》ベストセラーになった健康《けんこう》指南書《しなんしょ》だ。健康《けんこう》と長寿《ちょうじゅ》には、いかに食事《しょくじ》が重要《じゅうよう》であるかが詳細《しょうさい》に述《の》べられている。『養生訓《ようじょうくん》』によると、甘《あま》・辛《から》・塩味《しおあじ》・苦《にがい》・酸味《さんみ》の五味《ごみ》を持《も》っているものを少《すこ》しずつ食《た》べていると病気《びょうき》にはならない。肉《にく》や野菜《やさい》は同《おな》じものを食《た》べ続《つづ》けると、体《からだ》に害《がい》となる。今《いま》よりも平均寿命《へいきんじゅみょう》が短《みじか》かった江戸時《えどじ》代《だい》、これを実践《じっせん》した84歳《さい》の貝原《かいばら》の健康《けんこう》には絶大《ぜつだい》な説得力《せっとくりょく》があった。

96

チャレンジする人《ひと》を応援《おうえん》することば

野依《のより》 良治《りょうじ》

“知恵《ちえ》は絶対《ぜったい》にコンピュータがつけてくれるわけでない”

化学者《かがくしゃ》

1938年《ねん》～。兵庫《ひょうご》生まれ。灘中学校《なだちゅうがっこう》に入学《にゅうがく》する直前《ちょくぜん》、父《ちち》と行《い》った産業技術発表会《さんぎょうぎじゅつはっぴょうかい》で「ナイロンは石炭《せきたん》と水《みず》と空気《くうき》からできている」という話《はなし》を聞《き》き、化学《かがく》に魅了《みりょう》される。名古屋大学教授《なごやだいがくきょうじゅ》となり、不斉合成反応《ふせいごうせいはんのう》の研究《けんきゅう》に取《と》り組《く》む。2001年《ねん》、ノーベル化学賞《かがくしょう》を受賞《じゅしょう》した。

ノーベル賞《しょう》が誕生《たんじょう》してから100年目《ねんめ》という記念《きねん》の節目《ふしめ》に、ノーベル化学賞《かがくしょう》を受賞《じゅしょう》したのが、野依良治《のよりりょうじ》である。「※キラル触媒《しょくばい》による不斉反応《ふせいはんのう》の研究《けんきゅう》」が評価《ひょうか》された。

ガキ大将《だいしょう》で野山《のやま》を駆《か》け回《まわ》っていた野依《のより》。小学《しょうがく》5年生《ねんせい》のとき、湯川秀樹《ゆかわひでき》がノーベル賞《しょう》を受賞《じゅしょう》したというニュースを聞《き》いて、科学《かがく》に興味《きょうみ》を持《も》つ。特《とく》に化学《かがく》に夢中《むちゅう》になり、アメリカのハーバード大学《だいがく》へ留学後《りゅうがくご》、33歳《さい》という若《わか》さで名古屋大学《なごやだいがく》の教授《きょうじゅ》になった。

野依《のより》のこの言葉《ことば》からは、自分《じぶん》の頭《あたま》で考《かんが》えることがいかに大切《たいせつ》かということがわかるだろう。コンピュータは確《たし》かに便利《べんり》だが、思考《しこう》するのはあくまでも人間《にんげん》だ。

研究《けんきゅう》に没頭《ぼっとう》した野依《のより》ならではの言葉《ことば》だろう。考《かんが》えて、考《かんが》えて、考《かんが》え抜《ぬ》くこと。

同《おな》じことを言《い》っているのは……

美輪《みわ》 明宏《あきひろ》 ～シンガーソングライター～

知識《ちしき》とはモノを知《し》っているだけのこと。コンピュータと同《おな》じです。それを生活《せいかつ》の中《なか》で活用《かつよう》するのが教養《きょうよう》なのです

長崎生《ながさきう》まれ。美貌《びぼう》のシャンソン歌手《かしゅ》から総合文化人《そうごうぶんかじん》に。『花言葉《はなことば》』より。

ほかにもある

“理科《りか》を学《まな》ぶのは人生《じんせい》80年《ねん》を豊《ゆた》かに幸福《こうふく》に生《い》きるためだ”

何《なん》のために、私《わたし》たちは勉強《べんきょう》するのだろうか。さまざまな答《こた》えがあるだろう。一《ひと》つ言《い》えることは、物事《ものごと》を知《し》れば知《し》るほど、人生《じんせい》は豊《ゆた》かになるということだ。野依《のより》は理科《りか》を学《まな》ぶことで、長《なが》い人生《じんせい》を楽《たの》しみ尽《つ》くせると考《かんが》えていた。一人《ひとり》でも楽《たの》しく過《す》ごせる才能《さいのう》。それは、学《まな》ぶ意欲《いよく》とイコールなのかもしれない。

まめ知識《ちしき》

ナンバーワンより オンリーワン

野依《のより》は、決《き》められた分野《ぶんや》で1番《ばん》を目指《めざ》すのではなく、研究者自身《けんきゅうしゃじしん》がおもしろい、重要《じゅうよう》だと思《おも》うことをやるのが大切《たいせつ》だという。人《ひと》がやっていないことをやり続《つづ》ければ、長《なが》いうちには世界《せかい》に貢献《こうけん》する分野《ぶんや》にまで発展《はってん》し、価値《かち》が生《う》み出《だ》される。ノーベル賞《しょう》はそのような業績《ぎょうせき》に与《あた》えられる。あえて周囲《しゅうい》の人《ひと》と違《ちが》う道《みち》を進《すす》むのは、とても勇気《ゆうき》がいる。だからこそ、自分《じぶん》だけが見《み》える景色《けしき》に到達《とうたつ》できるのだ。

※「キラル触媒《しょくばい》による不斉反応《ふせいはんのう》の研究《けんきゅう》」…わずかにしか違《ちが》わない物質《ぶっしつ》を作《つく》り分《わ》ける研究《けんきゅう》。

チャレンジする人《ひと》を
応援《おうえん》することば

諸葛孔明《しょかつこうめい》

“学問《がくもん》は静《せい》から、才能《さいのう》は学《がく》から生《う》まれる。学《まな》ぶことで才能《さいのう》は開花《かいか》する 志《こころざし》がなければ学問《がくもん》の完成《かんせい》はない”

中国《ちゅうごく》では、220年《ねん》に後漢《ごかん》が滅亡《めつぼう》すると、国《くに》が分裂《ぶんれつ》して混乱《こんらん》の時代《じだい》になった。そこで活躍《かつやく》したのが『三国志《さんごくし》』でもおなじみの、天才軍師《てんさいぐんし》として名高《なだか》い諸葛孔明《しょかつこうめい》である。

大勢力《だいせいりょく》となった魏《ぎ》の曹操《そうそう》、呉《ご》の孫権《そんけん》を、いかに打《う》ち破《やぶ》るのか——。劉備玄徳《りゅうびげんとく》に見《み》いだされた孔明《こうめい》は、諸国《しょこく》の戦力《せんりょく》を冷静《れいせい》に分析《ぶんせき》。兵力《へいりょく》が劣《おと》っていた劉備《りゅうび》が、強大《きょうだい》な曹操《そうそう》に勝《か》てる秘策《ひさく》を考《かんが》え出《だ》し、勝利《しょうり》を呼《よ》びこんだ。

静《しず》かに一人思考《ひとりしこう》することから、学問《がくもん》が始《はじ》まり、学問《がくもん》から才能《さいのう》が生《う》まれ、その才能《さいのう》はまた学問《がくもん》によって開花《かいか》すると、孔明《こうめい》は考《かんが》えていた。そして、志《こころざし》や夢《ゆめ》を持《も》つことで、学問《がくもん》を完成《かんせい》させられる。目標《もくひょう》を持《も》って学《まな》ぶことで、孔明《こうめい》は歴史《れきし》を変《か》えた。

政治家《せいじか》、軍師《ぐんし》

181～234年《ねん》。中国生《ちゅうごくう》まれ。本名《ほんみょう》は諸葛亮《しょかつりょう》。湖《こ》北省襄陽《ほくしょうじょうよう》の西《にし》で自耕《じこう》していたところ、劉備《りゅうび》に迎《むか》えられて仕《つか》えることになった。天下三分《てんかさんぶん》の計《けい》をたて、劉備《りゅうび》の蜀漢建国《しょっかんけんこく》を助《たす》け、丞相《しょうしょう》となった。

同《おな》じことを言《い》っているのは……

吉田《よしだ》 松陰《しょういん》 ～思想家《しそうか》～

学問《がくもん》とは、人間《にんげん》はいかに生《い》きていくべきかを学《まな》ぶものだ

山口生《やまぐちう》まれ。松下《しょうか》村塾《そんじゅく》を開《ひら》いて高杉《たかすぎ》晋作《しんさく》、伊藤博文《いとうひろぶみ》などの人材《じんざい》を育《そだ》てた。

三度《さんど》も私《わたし》のところにお越《こ》しくださったのですね
①
②
③
ぼく劉備《りゅうび》
思考《しこう》する
学問《がくもん》が始《はじ》まる
才能《さいのう》が生《う》まれる
開花《かいか》する
学問《がくもん》は静《せい》から、才能《さいのう》は学《がく》から生《う》まれる。
学《まな》ぶことで才能《さいのう》は開花《かいか》する
志《こころざし》がなければ学問《がくもん》の完成《かんせい》はない
学《まな》んだからひらめいた！
まずは隣《となり》の呉《ご》と手《て》を組《く》もう
それから魏《ぎ》を攻《せ》めて三国統一《さんごくとういつ》だ
魏《ぎ》
蜀《しょく》
呉《ご》

ほかにもある

“夫《そ》れ用兵《ようへい》の道《みち》は、人《ひと》の和《わ》に在《あ》り”

［人《ひと》の和《わ》さえあれば、命令《めいれい》されなくても、人々《ひとびと》は自《みずか》ら戦《たたか》う］

軍略《ぐんりゃく》に優《すぐ》れていた孔明《こうめい》だが、戦法《せんぽう》を考《かんが》えるのだけがうまかったわけではない。兵隊《へいたい》たちを思《おも》い通《どお》りに動《うご》かすためには、一方的《いっぽうてき》に命令《めいれい》を下《くだ》すのではなく、「人《ひと》の和《わ》」、つまり、その気持《きも》ちを一《ひと》つにまとめなければならない。気持《きも》ちがまとまれば、命令《めいれい》を下《くだ》さずとも人《ひと》は自然《しぜん》に動《うご》いてくれると、孔明《こうめい》は考《かんが》えていたのだ。

まめ知識《ちしき》

三顧《さんこ》の礼《れい》

孔明《こうめい》をどうしても軍師《ぐんし》として迎《むか》えたい。そう考《かんが》えた劉備《りゅうび》は、孔明《こうめい》の元《もと》を3回《かい》も訪《たず》ねて、その思《おも》いを伝《つた》えている。孔明《こうめい》は当時《とうじ》まだ無名《むめい》だったにもかかわらず、劉備《りゅうび》の熱意《ねつい》は格別《かくべつ》なものだった。

そのことから、「地位《ちい》ある人《ひと》や目上《めうえ》の人《ひと》が、賢人《けんじん》に礼《れい》を尽《つ》くして物事《ものごと》をたのむこと」や、「目上《めうえ》の人《ひと》がある人物《じんぶつ》を見込《みこ》んで、特別《とくべつ》に優遇《ゆうぐう》すること」を「三顧《さんこ》の礼《れい》」または「三顧《さんこ》」と呼《よ》ぶようになった。

ナイチンゲール（フローレンス・ナイチンゲール）

看護婦《かんごふ》、教育者《きょういくしゃ》

1820～1910年《ねん》。イタリア生《う》まれ。生涯《しょうがい》をかけて病人《びょうにん》のために行動《こうどう》し、近代看護《きんだいかんご》の基礎《きそ》を築《きず》きあげた。「クリミアの天使《てんし》」「ランプの貴婦人《きふじん》」とも呼《よ》ばれ親《した》しまれた。

〝すべて思《おも》い通《どお》りになしとげるのでなければ、何《なに》もなさなかったのと同《おな》じである〟

白衣《はくい》の天使《てんし》――。※看護婦《かんごふ》がそう呼《よ》ばれるようになったのは、ナイチンゲールがクリミア戦争《せんそう》で献身的《けんしんてき》な介護《かいご》をして、世界《せかい》に名前《なまえ》を知《し》られてからのことである。それまで看護婦《かんごふ》は、不衛生《ふえいせい》な病院《びょういん》で働《はたら》かなければならない、人《ひと》から避《さ》けられる職業《しょくぎょう》だった。そのため、ナイチンゲールが「看護婦《かんごふ》になりたい」と口《くち》にすると、両親《りょうしん》は大反対《だいはんたい》。そもそも彼女《かのじょ》はイギリスの上流階級《じょうりゅうかいきゅう》の令嬢《れいじょう》だったため、働《はたら》く必要《ひつよう》すらなかった。

ようやく看護婦《かんごふ》として働《はたら》き始《はじ》めたのは33歳《さい》のときのこと。夢《ゆめ》が叶《かな》ったナイチンゲールは、病院《びょういん》の衛生状態《えいせいじょうたい》を見《み》て、大《おお》きく改善《かいぜん》させる必要《ひつよう》があると感《かん》じた。そして計画《けいかく》を立《た》てて実現《じつげん》した。この言葉《ことば》には彼女《かのじょ》の完璧主義《かんぺきしゅぎ》が表《あらわ》れている。

同《おな》じことを言《い》っているのは……

王《おう》 貞治《さだはる》 ～元《もと》プロ野球選手《やきゅうせんしゅ》～

百回《ひゃっかい》やっても、千回《せんかい》やっても絶対俺《ぜったいおれ》はちゃんとできる、という強《つよ》い気持《きも》ちを持《も》って臨《のぞ》んで初《はじ》めてプロと言《い》えるんです

東京生《とうきょうう》まれ。巨人軍《きょじんぐん》で活躍《かつやく》。一歩足打法《いっぽんあしだほう》でホームランを量産《りょうさん》した。

看護婦《かんごふ》
夢《ゆめ》が叶《かな》ったわ！
これから
たくさんの人《ひと》を
救《すく》ってみせる！
患者《かんじゃ》さんのためにも
看護婦《かんごふ》のためにも
がんばって
みんなを
看護《かんご》しなくちゃ！
こんな野戦病院《やせんびょういん》にも
丁寧《ていねい》な看病《かんびょう》を…
あなたは
クリミアの
天使《てんし》だ…
おまけに夜《よる》の
見回《みまわ》りまで…
あの人《ひと》は
ランプの
貴婦人《きふじん》だ…
そうして彼女《かのじょ》は
看護学校《かんごがっこう》を
立《た》ち上《あ》げた
すべて思《おも》い通《どお》りに
なしとげるのでなければ、
何《なに》もなさなかったのと
同《おな》じである

※ 看護婦《かんごふ》……女性《じょせい》の看護師《かんごし》の古《ふる》い呼《よ》び方《かた》

ほかにもある

“あきらめ”などという言葉《ことば》は私《わたし》の辞書《じしょ》にはない

看護婦《かんごふ》として働《はたら》くことを両親《りょうしん》から許《ゆる》してもらえなかったため、ナイチンゲールは、まずは病院《びょういん》を知《し》ることから始《はじ》めた。ヨーロッパ各地《かくち》の病院《びょういん》のデータをかき集《あつ》めて、自《みずか》らもアンケート調査《ちょうさ》を実施《じっし》。旅行《りょこう》の際《さい》には何《なに》かと理由《りゆう》をつけて病院《びょういん》を訪《たず》ねて、現地《げんち》で訓練《くんれん》を受《う》けた。困難《こんなん》でもあきらめずに、今《いま》できることからやれば、道《みち》は必《かなら》ずひらけるはずだと思《おも》っていたのだ。

まめ知識《ちしき》

看護婦《かんごふ》が働《はたら》きやすい環境《かんきょう》を作《つく》った

現在《げんざい》の病院《びょういん》では当《あ》たり前《まえ》となっている「洗濯室《せんたくしつ》」や患者《かんじゃ》が看護婦《かんごふ》を呼《よ》ぶ「ナースコール」、食事《しょくじ》を別《べつ》の階《かい》に運《はこ》ぶ「リフト」などはナイチンゲールが始《はじ》めたと言《い》われている。また、看護婦《かんごふ》の給料《きゅうりょう》アップや、患者《かんじゃ》の心《こころ》のケア、看護学校《かんごがっこう》の創設《そうせつ》に力《ちから》を尽《つ》くし、国際赤十字社《こくさいせきじゅうじしゃ》の設立《せつりつ》にも影響《えいきょう》を与《あた》えた。ナイチンゲールは一人《ひとり》の献身的《けんしんてき》な看護婦《かんごふ》というだけではなく、医療業界《いりょうぎょうかい》の変革者《へんかくしゃ》でもあったのだ。

チャレンジする人《ひと》を

応《おう》援《えん》することば

ココ・シャネル（ガブリエル・シャネル）

“わたしが造《つく》り出《だ》したものを全部《ぜんぶ》知《し》ることはできない。わたしは革命《かくめい》をした”

ファッションデザイナー

1883～1971年《ねん》。フランス生《う》まれ。生《う》まれてすぐに母《はは》を亡《な》くし、12歳《さい》で二人《ふたり》の姉妹《しまい》とともに預《あず》けられた孤児院《こじいん》で裁縫《さいほう》の技術《ぎじゅつ》を学《まな》び、独自《どくじ》の美《び》意識《いしき》を養《やしな》った。ファッションブランド「シャネル」の創業者《そうぎょうしゃ》。シャネルの服《ふく》は世界中《せかいじゅう》の女性《じょせい》から愛《あい》されている。

ココ・シャネルは、女性《じょせい》のファッションを変《か》えた世界《せかい》のトップデザイナー。男性《だんせい》と同《おな》じように乗馬《じょうば》をたしなむようになってから、周囲《しゅうい》の女性《じょせい》とは異《こと》なる服装《ふくそう》をするようになり、シンプルな帽子《ぼうし》を作《つく》り始《はじ》めた。27歳《さい》のときに帽子店《ぼうしてん》「シャネル モード」を開業《かいぎょう》、たちまち人気《にんき》を呼《よ》んだ。シャネルのデザインは、ウエストをコルセットでしめつけない、シンプルで、動《うご》きやすいファッション。慣習《かんしゅう》にとらわれることなく、斬新《ざんしん》で、男性同様《だんせいどうよう》に社会進出《しゃかいしんしゅつ》をしようとする女性《じょせい》たちを名実《めいじつ》ともに解放《かいほう》させることになった。

高級《こうきゅう》ブランド「シャネル」を一代《いちだい》で築《きず》きあげたシャネルの言葉《ことば》がこれだ。ファッション革命《かくめい》を通《つう》じて、シャネルは女性《じょせい》のライフスタイルをまるごと変《か》えたのだ。

同《おな》じことを言《い》っているのは……

アリストテレス ～哲学者《てつがくしゃ》～

革命《かくめい》は些細《ささい》なことではない。
しかし、些細《ささい》なことから起《お》こる

ギリシャ生《う》まれ。プラトンに学《まな》ぶ。あらゆる学問《がくもん》の基礎《きそ》を確立《かくりつ》した。

CHANEL
あら！その帽子《ぼうし》素敵《すてき》ね
どこで買《か》ったの？
シャネルモードよ
斬新《ざんしん》だわ！
このドレス解放的《かいほうてき》ね！動《うご》きやすそう！
コルセットが無《な》いデザインになっています
嗅《か》いだことのない素敵《すてき》な香《かお》りね！
スンスン
シャネルNo.5よ
わたしが造《つく》り出《だ》したものを全部《ぜんぶ》知《し》ることはできない。
わたしは革命《かくめい》をした

ほかにもある

“働《はたら》く楽《たの》しみはお金《かね》の楽《たの》しみよりずっと大《おお》きい”

シャネルは、数多《かずおお》くの恋愛《れんあい》をしながらも、結婚《けっこん》に至《いた》らなかったことについて、「私《わたし》の愛《あい》した男性《だんせい》は、なぜお金《かね》に困《こま》らない女《おんな》が働《はたら》きたがるのかを理解《りかい》してくれませんでした」と話《はな》している。80歳《さい》になっても、店《みせ》に立《た》って働《はたら》き続《つづ》けたシャネル。お金《かね》をかせぐことよりも働《はたら》くことそのものが喜《よろこ》びだった。

まめ知識《ちしき》

「ココ」を歌《うた》って「ココ」に

17歳《さい》で孤児院《こじいん》を出《で》たシャネルは、カフェの歌手《かしゅ》としてステージに立《た》っていた。そのとき歌《うた》っていた曲名《きょくめい》から「ココ」と呼《よ》ばれるようになった。この影響《えいきょう》か、作曲家《さっきょくか》や戯曲家《ぎきょくか》、画家《がか》などの芸術家《げいじゅつか》とも交流《こうりゅう》を持《も》ち、舞台《ぶたい》衣装《いしょう》を担当《たんとう》している。また香水《こうすい》の歴《れき》史《し》を塗替《ぬりか》えたとまでいわれた「シャネルNo.《ナンバー》5」や、黒一色《くろいっしょく》のシンプルな「リトル・ブラック・ドレス」などは、新《あたら》しい時代《じだい》の女性像《じょせいぞう》を先取《さきど》りする女《じょ》優《ゆう》たちに支持《しじ》された。

嘉《か》納《のう》治《じ》五郎《ごろう》

教育者《きょういくしゃ》、柔道家《じゅうどうか》

1860～1938年《ねん》。兵庫《ひょうご》生まれ。講道館柔道《こうどうかんじゅうどう》の創《そう》始者《ししゃ》。学習院教授《がくしゅういんきょうじゅ》、第《だい》一高等中学校校長《いちこうとうちゅうがっこうこうちょう》、東《とう》京高等師範学校校長《きょうこうとうしはんがっこうこうちょう》などを歴任《れきにん》し、日本体育《にほんたいいく》協会《きょうかい》を創立《そうりつ》した。日本《にほん》の初代《しょだい》IOC《アイオーシー》（国際《こくさい》オリンピック委員会《いいんかい》）委員《いいん》。旧制灘中学校《きゅうせいなだちゅうがっこう》（現在《げんざい》の灘中学校《なだちゅうがっこう》・高等学校《こうとうがっこう》）の顧問《こもん》も務《つと》めた。

〃人《ひと》に勝《か》つより、自分《じぶん》に勝《か》て〃

嘉納治五郎《かのうじごろう》は、学生時代《がくせいじだい》から柔術《じゅうじゅつ》を学《まな》び、百《ひゃく》をも超《こ》える柔術《じゅうじゅつ》の流派《りゅうは》を一《ひと》つにまとめて、「柔道《じゅうどう》」を作《つく》りあげた。「柔道《じゅうどう》の父《ちち》」とも呼《よ》ばれる。柔道《じゅうどう》の精神《せいしん》を※「精力善用《せいりょくぜんよう》」「自他《じた》共栄《きょうえい》」とした。死後《しご》、1964年《ねん》の東京《とうきょう》オリンピックでは、柔道《じゅうどう》が公式競技《こうしききょうぎ》となった。その土台《どだい》を築《きず》き、柔道《じゅうどう》を世界《せかい》に普及《ふきゅう》させた功績《こうせき》も大《おお》きい。またスポーツだけではなく、教育分野《きょういくぶんや》の発展《はってん》にも寄与《きよ》している。

そんな治五郎《じごろう》が「勝《か》つ」ことについて述《の》べたのが、この言葉《ことば》である。ライバルや対《たい》戦相手《せんあいて》に勝《か》つことばかり考《かんが》えていては、本《ほん》当《とう》の意味《いみ》で自分《じぶん》の成長《せいちょう》にはつながらない。昨日《きのう》の自分《じぶん》に勝《か》つことで、一歩一歩《いっぽいっぽ》、前進《ぜんしん》することが大切《たいせつ》である。それは、スポーツに限《かぎ》らずに言《い》えることだろう。

同《おな》じことを言《い》っているのは……

鈴木《すずき》 正三《しょうさん》 ～禅僧《ぜんそう》～

己《おのれ》に勝《か》つを賢《まさる》とし、己《おのれ》が心《こころ》に負《ま》けて悩《なや》むのを愚《ぐ》とす

愛知《あいち》生まれ。江戸《えど》時代前期《じだいぜんき》の臨済《りんざい》宗《しゅう》の僧《そう》。仮名草子《かなぞうし》作者《さくしゃ》。

百以上《ひゃくいじょう》の柔術《じゅうじゅつ》の流派《りゅうは》を
一《ひと》つにまとめて
「柔道《じゅうどう》」を作《つく》るか…
柔道《じゅうどう》の父《ちち》
嘉納治五郎《かのうじごろう》
柔道《じゅうどう》の精神《せいしん》は
「精力善用《せいりょくぜんよう》」
「自他共栄《じたきょうえい》」だ！
死後《しご》、1964年《ねん》の
東京《とうきょう》オリンピックでは、
柔道《じゅうどう》が公式競技《こうしききょうぎ》となった
ライバルや対戦相手《たいせんあいて》に
勝《か》つことばかり考《かんが》えていては
本当《ほんとう》の意味《いみ》で自分《じぶん》の成長《せいちょう》には
つながらない！
ハイ！
人《ひと》に勝《か》つより、
自分《じぶん》に勝《か》て
昨日《きのう》の自分《じぶん》に勝《か》つことで
一歩一歩前進《いっぽいっぽぜんしん》することが
大切《たいせつ》である

ほかにもある

“何事《なにごと》も、初《はじ》めから うまくいくことは、少《すく》ないのだ”

「柔道《じゅうどう》の父《ちち》」と呼《よ》ばれた治五郎《じごろう》だが、かつては、ひ弱《よわ》な青年《せいねん》だった。14歳《さい》のときに、育英義塾《いくえいぎじゅく》で寄宿舎生活《きしゅくしゃせいかつ》に入《はい》ると、先輩《せんぱい》たちにいじめられ、屈辱的《くつじょくてき》な日々《ひび》を送《おく》った。自分《じぶん》の弱《よわ》さに打《う》ちのめされて、「強《つよ》くなりたい」という思《おも》いはつのるばかり。柔術《じゅうじゅつ》の門《もん》をたたいたのは、15歳《さい》のときのことだ。苦難《くなん》の青春時代《せいしゅんじだい》があったからこそ、大《おお》きく飛躍《ひやく》できた。

まめ知識《ちしき》

文武両道《ぶんぶりょうどう》の精神《せいしん》

治五郎《じごろう》は31歳《さい》のときに文部省参事官《もんぶしょうさんじかん》となった。その後《ご》、単身《たんしん》で熊本《くまもと》へ行《い》き、熊本第五高等中学校校長《くまもとだいごこうとうちゅうがっこうこうちょう》となった。校長官舎《こうちょうかんしゃ》の物置《ものおき》を道場《どうじょう》にあてながら、学生《がくせい》たちに柔道《じゅうどう》を教《おし》えるなど、熊本《くまもと》でも柔道《じゅうどう》を普及《ふきゅう》させている。

その校長時代《こうちょうじだい》、優秀《ゆうしゅう》な教師《きょうし》に来《き》てもらおうと、ラフカディオ・ハーン(小泉八雲《こいずみやくも》)を英語教師《えいごきょうし》として招《まね》いた。当時《とうじ》、外国人《がいこくじん》に英語《えいご》を教《おし》えさせるのは先進的《せんしんてき》な試《こころ》みである。治五郎《じごろう》は優《すぐ》れた教育者《きょういくしゃ》でもあった。

※「精力善用《せいりょくぜんよう》」「自他共栄《じたきょうえい》」は灘中学校《なだちゅうがっこう》・高等学校《こうとうがっこう》の教育方針《きょういくほうしん》にもなっている→ P218

＼ 灘中学校《なだちゅうがっこう》・高等学校長《こうとうがっこうちょう》 ／

和田孫博先生《わだまごひろせんせい》の好《す》きな言葉《ことば》

灘《なだ》の教育理念《きょういくりねん》

本書《ほんしょ》の監修《かんしゅう》、灘中学校《なだちゅうがっこう》・高等学校長《こうとうがっこうちょう》の和田先生《わだせんせい》が一番大切《いちばんたいせつ》にしている言葉《ことば》は「精力善用《せいりょくぜんよう》」と「自他共栄《じたきょうえい》」。灘創設《なだそうせつ》の顧問《こもん》、嘉納治五郎《かのうじごろう》が柔道《じゅうどう》の精神《せいしん》として考《かんが》えた言葉《ことば》で、灘校《なだこう》の教育方針《きょういくほうしん》にもなっている。

01 力《ちから》を発揮《はっき》

“精力善用《せいりょくぜんよう》”

自分《じぶん》の持《も》っている力《ちから》を最大限《さいだいげん》に発揮《はっき》することを意味《いみ》する。どんな人《ひと》も万能《ばんのう》ではないが、人《ひと》それぞれ何《なん》らかの得意《とくい》とする力《ちから》を持《も》っているはず。その力《ちから》を精一杯使《せいいっぱいつか》うことが大切《たいせつ》なのである。

02 みんなでしあわせ

“自他共栄《じたきょうえい》”

周《まわ》りの他《ほか》の人々《ひとびと》とともにしあわせになろうということを意味《いみ》する。自分一人《じぶんひとり》がしあわせであればそれでよいのではなく、みんなが力《ちから》を合《あ》わせてしあわせな世界《せかい》を作《つく》っていこうという考《かんが》え方《かた》。

家族《かぞく》のあいだでも、
学校《がっこう》の友《とも》だちとでも、
国《くに》と国《くに》とのあいだでも、それぞれが
自分《じぶん》の得意《とくい》な力《ちから》を発揮《はっき》して、
たがいの足《た》りない力《ちから》を補《おぎな》い合《あ》いながら、
みんなで協力《きょうりょく》していけば、
きっとしあわせになれる。
素晴《すば》らしい言葉《ことば》だと
思《おも》いませんか。

＼ まだまだあるぞ ／

伝統校《でんとうこう》の教育理念《きょういくりねん》

伝統校《でんとうこう》はユニークな教育理念《きょういくりねん》を持《も》っている。
慶應義塾《けいおうぎじゅく》、早稲田《わせだ》、開成《かいせい》、同志社《どうししゃ》の教育理念《きょういくりねん》を見《み》てみよう。

01 慶應義塾《けいおうぎじゅく》

福澤《ふくざわ》 諭吉《ゆきち》

“独立自尊《どくりつじそん》”

「他人《たにん》も自分《じぶん》も尊重《そんちょう》し、何《なに》ごとも自分《じぶん》の判断《はんだん》、責任《せきにん》のもとに行《おこな》うこと」を意味《いみ》する。社会《しゃかい》の先導者《せんどうしゃ》を目指《めざ》す慶應義塾《けいおうぎじゅく》の基本精神《きほんせいしん》。

02 早稲田《わせだ》

大隈《おおくま》 重信《しげのぶ》

“学問《がくもん》の独立《どくりつ》”

「権力《けんりょく》や時勢《じせい》に左右《さゆう》されない、科学的《かがくてき》な教《きょう》育《いく》・研究《けんきゅう》」を謳《うた》う。坪内逍遥《つぼうちしょうよう》などが教旨《きょうし》の草《そう》案《あん》を作成《さくせい》し、大隈重信《おおくましげのぶ》が宣言《せんげん》した。

03 開成中学校《かいせいちゅうがっこう》・高等学校《こうとうがっこう》

高橋《たかはし》 是清《これきよ》

〝ペンは剣《けん》よりも強《つよ》し〟

イギリスの作家《さっか》エドワード・ブルワー＝リットンの言葉《ことば》より。「どんな力《ちから》にも屈《くっ》することのない学《がく》問《もん》・言論《げんろん》の優位《ゆうい》を信《しん》じる」精神《せいしん》を表《あらわ》す。

04 同志社《どうししゃ》

新島《にいじま》 襄《じょう》

〝知《ち》・徳《とく》・体《たい》の調和《ちょうわ》〟

キリスト教《きょう》の精神《せいしん》に基《もと》づき「知識《ちしき》を学《まな》び、徳《とく》を身《み》につけ、健康《けんこう》な体《からだ》を作《つく》り、調和《ちょうわ》のとれた人物《じんぶつ》を育《そだ》てる」ことを目指《めざ》す。

職業別索引

医者・看護婦…

アルフレッド・アドラー（精神科医・心理学者）……40
斎藤茂太（精神科医・随筆家）……74
ナイチンゲール（看護婦・教育者）……212
フロイト（精神科医）……38

学者…

アインシュタイン（物理学者）……200
アルフレッド・アドラー（精神科医・心理学者）……40
貝原益軒（思想家・博物学者）……206
ガリレオ・ガリレイ（物理学者・天文学者）……150
キケロ（政治家・文筆家・哲学者）……112
キュリー夫人（物理学者・化学者）……188
ドラッカー（経営学者）……186
ニュートン（物理学者・数学者・天文学者・自然哲学者）……84
ニーチェ（哲学者）……56
野口英世（細菌学者）……198
野依良治（化学者）……208
ハイデッガー（哲学者）……48
パスカル（物理学者・哲学者）……66
藤田哲也（気象学者）……28
プラトン（哲学者）……202
フランシス・ベーコン（哲学者）……204
マルクス（哲学者・経済学者）……194
山中伸弥（医学者）……126
湯川秀樹（物理学者）……184

教育者…

嘉納治五郎（教育者・柔道家）……216
クラーク博士（教育者）……164
津田梅子（教育者）……118
デール・カーネギー（教育者）……42
ナイチンゲール（看護婦・教育者）……212
新渡戸稲造（教育者）……16
福澤諭吉（思想家・武士・教育者）……58
ヘレン・ケラー（教育家）……196

芸術家…

イプセン（劇作家・詩人）……86
ウォルト・ディズニー（アニメーター・実業家）……92
岡本太郎（芸術家）……12
ココ・シャネル（ファッションデザイナー）……214
古今亭志ん生（落語家）……94
シェイクスピア（劇作家）……36
スティーヴィー・ワンダー（歌手）……30
世阿弥（能役者）……102
高村光太郎（詩人・彫刻家）……158
チャップリン（映画監督・俳優）……70
手塚治虫（漫画家）……32
ピカソ（画家）……168
フジコ・ヘミング（ピアニスト）……22
ブルース・リー（俳優）……52
麿赤児（舞踏家・俳優）……23

作家・評論家…

芥川龍之介（小説家）……90
アンネ・フランク（著述家）……154
井上靖（小説家）……60
イプセン（劇作家・詩人）……86
金子みすゞ（詩人）……10
キケロ（政治家・文筆家・哲学者）……112
斎藤茂太（精神科医・随筆家）……74
坂口安吾（作家・評論家）……46
サミュエル・ジョンソン（批評家・詩人）……190
瀬戸内寂聴（小説家・僧）……180
高村光太郎（詩人・彫刻家）……158
竹中労（評論家）……82
永井荷風（作家）……44
夏目漱石（小説家）……192
ヘミングウェイ（小説家）……144

思想家…

貝原益軒（思想家・博物学者）……206
孔子（思想家）……76
荀子（思想家）……88
福澤諭吉（思想家・武士・教育者）……58
マハトマ・ガンディー（指導者・思想家）……142
孟子（思想家）……78
老子（思想家）……96

実業家…

アンドリュー・カーネギー（実業家）……120
ウォルト・ディズニー（アニメーター・実業家）……92
エジソン（発明家・実業家）……136
鬼塚喜八郎（実業家）……128
小林一三（実業家）……114
スティーブ・ジョブズ（実業家）……104
孫正義（実業家）……174
豊田佐吉（実業家）……178
早川徳次（実業家）……122
ビル・ゲイツ（実業家・慈善活動家）……68
ヘンリー・フォード（技術者・実業家）……132
松下幸之助（実業家）……130
松永安左エ門（実業家）……18
安田善次郎（実業家）……182
ラリー・ペイジ（実業家）……172

スポーツ選手…

イチロー（プロ野球選手）……100
マイケル・ジョーダン（プロバスケットボール選手）……134
松井秀喜（プロ野球選手）……20
三浦知良（プロサッカー選手）……62

聖職者・僧…

キング牧師（牧師・指導者）……110
親鸞（僧）……80
瀬戸内寂聴（小説家・僧）……180
マザー・テレサ（修道女）……14

政治家…

アナ・エレノア・ルーズベルト（婦人運動家）……170
インディラ・プリヤダルシニー・ガンディー（インド首相）……72
エイブラハム・リンカーン（アメリカ大統領）……140
勝海舟（幕臣・政治家）……26
キケロ（政治家・文筆家・哲学者）……112
諸葛孔明（政治家・軍師）……210
ジョン・F・ケネディ（アメリカ大統領）……24
孫文（指導者・政治家）……148
ナポレオン（フランス皇帝）……152
マーガレット・サッチャー（イギリス首相）……116
ワンガリー・マータイ（環境活動家・政治家）……138

その他…

上杉鷹山（大名）……166
植村直己（冒険家）……156
エジソン（発明家・実業家）……136
織田信長（武将）……124
勝海舟（幕臣・政治家）……26
嘉納治五郎（教育者・柔道家）……216
キング牧師（牧師・指導者）……110
小早川隆景（武将）……64
坂本龍馬（武士）……176
諸葛孔明（政治家・軍師）……210
孫文（指導者・政治家）……148
高杉晋作（武士）……146
伊達政宗（武将）……34
羽生善治（将棋棋士）……98
ビル・ゲイツ（実業家・慈善活動家）……68
福澤諭吉（思想家・武士・教育者）……58
ヘンリー・フォード（技術者・実業家）……132
マハトマ・ガンディー（指導者・思想家）……142
宮本武蔵（剣豪）……50
ワンガリー・マータイ（環境活動家・政治家）……138

【出典・参考文献】（※は本書籍での参考・引用ページです）

「わたしと小鳥とすずと　金子みすゞ童謡集」金子みすゞ（JULA出版局）※P10-11
「明るいほうへ　金子みすゞ童謡集」金子みすゞ（JULA出版局）※P10-11
「日本の伝統」岡本太郎（知恵の森文庫）※P12-13
「マザー＝テレサ－ノーベル平和賞に輝く聖女」望月正子（講談社 火の鳥伝記文庫）※P14-15
「武士道」新渡戸稲造著、矢内原忠雄訳（岩波文庫）※P16-17
「自警録　心のもちかた」新渡戸稲造（講談社学術文庫）※P16-17
「乱歩打明け話」江戸川乱歩（河出文庫）※P16
「トランプ自伝」ドナルド・トランプ著、相原真理子訳（筑摩書房）※P18
「不動心」松井秀喜（新潮新書）※P20-21
「ケネディ」井上一馬（講談社）※P24-25
「勝海舟と福沢諭吉　維新を生きた二人の幕臣」安藤優一郎（日本経済新聞社）※P26-27
「ハイネ浪漫派」ハインリッヒ・ハイネ著、石中象治訳（夏目書店）※P26
「Mr. トルネード　藤田哲也　航空事故を激減させた気象学者」佐々木健一（小学館）※P28-29
「手塚治虫　壁を超える言葉」手塚治虫、松谷孝征（かんき出版）※P32-33
「人間は素晴らしい　手塚治虫　愛と生命の言葉」手塚治虫（PHP研究所）※P32-33
「珠玉の日本語・辞世の句 コレクター北原が厳選した「言葉のチカラ」」北原照之（PHP研究所）※P34-35
「マクベス」ウィリアム・シェイクスピア著、小田島雄志訳（白水社）※P36-37
「フロイト　フリースへの手紙」ジークムント・フロイト著、ジェフリー・ムセイエフ・マッソンほか編、河田晃訳（誠信書房）※P38-39
「超訳こども「アドラーの言葉」」斎藤孝（KADOKAWA）※P40-41
「幸せになる勇気」岸見一郎、古賀史健（ダイヤモンド社）※P40-41
The Science of Living, Alfred Adler, (Meredith Press) ※P40-41
「道は開ける」デール・カーネギー著、香山晶訳（創元社）※P42-43
「話し方入門」デール・カーネギー著、市野安雄訳（創元社）※P42-43
「珊瑚集」永井荷風（岩波文庫）※P44-45
「堕落論」坂口安吾（新潮文庫）※P46-47
「存在と時間　中」マルティン・ハイデガー著、桑木務訳（岩波文庫）※P48-49
「ハイデガー　すべてのものに贈られること：存在論」貫成人（青灯社）※P48-49
「ニーチェが京都にやってきて17歳の私に哲学のことを教えてくれた。」原田まりる（ダイヤモンド社）※P48-49
「黒澤明　永久保存版　増補新版－－生誕100年総特集」（KAWADE夢ムック　文藝別冊）※P48
「五輪書」宮本武蔵著、渡辺一郎校注（岩波文庫）※P50-51
「図解　五輪書」武田鏡村（東洋経済新報社）※P50-51
「図説　宮本武蔵」戸部新十郎（河出書房新社）※P50-51
「李小龍大全―ブルース・リー・ライブラリー」ブルース・リー著、ジョン・リトル編（ソニー・マガジンズ）※P52-53
「ニーチェ全集7」フリードリヒ・ニーチェ著、茅野良男訳（理想社）※P56-57
「悲劇の誕生」フリードリヒ・ニーチェ著、秋山英夫訳（岩波文庫）※P56-57
「福翁自伝」（慶應義塾大学）※P58-59
「福翁自伝と福沢諭吉」鹿野政直（さ・え・ら書房）※P58-59
「やめないよ」三浦知良（新潮社）※P62-63
「パンセⅠ」ブレーズ・パスカル著、前田陽一・由木康訳（中公クラシックス）※P66-67
「ビル・ゲイツ　未来を語る」ビル・ゲイツ著、西和彦訳（アスキー出版局）※P68-69
「思考スピードの経営　デジタル経営教本」ビル・ゲイツ著、大原進訳（日本経済新聞社）※P68-69
「伝記　世界を変えた人々12　チャップリン」パム・ブラウン著、橘高弓枝訳（偕成社）※P70-71
「いい言葉は、いい人生をつくる」斎藤茂太（成美堂出版）※P74-75
「論語」金谷治訳（岩波文庫）※P76-77
「中国古典文学大系　第3巻　論語・孟子・荀子・礼記（抄）」木村英一ほか訳（平凡社）※P78-79
「親鸞全集3」石田瑞麿訳（春秋社）※P80-81
「親鸞（一）」吉川英治（吉川英治歴史時代文庫）※P80-81
「竹中労・無頼の哀しみ」木村聖哉（現代書館）※P82-83
「ニュートン―りんごはなぜおちるか」斎藤晴輝（講談社火の鳥伝記文庫）※P84-85
「民衆の敵」イプセン著、竹山道雄訳（岩波文庫）※P86-87
「原典によるイプセン戯曲全集第四巻」原千代海訳（未来社）※P86-87
「荀子　上」金谷治訳（岩波文庫）※P88-89
「中国の古典7　荀子　上」（学習研究者）※P88-89
「蜘蛛の糸・杜子春」芥川龍之介（新潮文庫）※P90-91
「河童・或阿呆の一生」芥川龍之介（新潮文庫）※P90-91
「マイルス・デイビス自叙伝II」マイルス・デイビス、クインシー・トループ著（宝島社）※P92
「志ん生芸談」古今亭志ん生（河出書房新社）※P94-95
「古今亭志ん生（KAWADE夢ムック）」（河出書房新社）※P94-95
「老子」蜂屋邦夫訳（岩波文庫）※P96-97
「羽生善治　神様が愛した青年」田中寅彦（ベストセラーズ）※P98-99
「決断力」羽生善治（角川oneテーマ21）※P98-99
「星の王子さま」サン＝テグジュペリ著、内藤濯（岩波書店）※P100
「風姿花伝」世阿弥（岩波文庫）※P102-103
「世阿弥能楽論集」世阿弥著、小西甚一訳（たちばな出版）※P102-103
「スティーブ・ジョブズ　成功を導く言葉」林信行（青春出版社）※P104-105
「猪木詩集「馬鹿になれ」」アントニオ猪木（角川書店）※P104
「老年について」キケロー著、中務哲郎訳（岩波文庫）※P112-113
「ルネッサンス　再生への挑戦」カルロス・ゴーン著、中川治子訳（ダイヤモンド社）※P112
「置かれた場所で咲きなさい」渡辺和子（幻冬社）※P114
「その時歴史が動いた5」NHK取材班（KTC中央出版）※P118-119
「カーネギー自伝」アンドリュー・カーネギー著、坂西志保訳（中公文庫）※P120-121
「［現代語抄訳］言志四録」佐藤一斎著、岬隆一郎訳（PHP研究所）※P120
「私の履歴書　昭和の経営者群像7」早川徳次ほか（日本経済新聞社）※P122-123
「山中伸弥先生に、人生とiPS細胞について聞いてみた」山中伸弥、緑慎也（講談社＋α文庫）※P126-127
「トップスポーツビジネスの最前線2007」平田竹夫、中村好男（講談社）※P128-129
「リーダーになる人に知っておいてほしいこと」松下幸之助、松下政経塾（PHP研究所）※P130-131
「挑戦せずにあきらめることはできない」マイケル・ジョーダン著、楠木成文訳、ラモス瑠偉監訳（ソニー・マガジンズ）※P134-135
「天才エジソンの秘密 母が教えた7つのルール」幸田ヘンリー（講談社）※P136-137
「快人エジソン」浜田和幸（日本経済新聞社）※P136-137
「ちくま評伝シリーズ〈ポルトレ〉ワンガリ・マータイ」筑摩書房編集部（筑摩書房）※P138-139
「へこたれない　UNBOWED　ワンガリ・マータイ自伝」ワンガリ・マータイ著、小池百合子訳（小学館文庫）※P138-139
「ワンガリ・マータイ「もったいない」を世界へ」フランク・プレヴォ文、オーレリア・フロンティ絵、高野優監訳、坂田雪子、長井佑美訳（汐文社）※P138-139
「ガンジー自伝」マハトマ・ガンジー著、蝋山芳郎訳（中公文庫BIBLIO20世紀）※P142-143
「ガンジー―インドを独立にみちびき、非暴力によって世界を変えた人」マイケル・ニコルソン著、坂崎麻子訳※P142-143
「アメリカ文学史―駆動する物語の時空間」巽孝之（慶應義塾大学出版会）※P144-145

「ヘミングウェイ全集　5」アーネスト・ヘミングウェイ著、佐伯章一、宮本陽吉訳（三笠書房）※P144-145
Ernest Hemingway Selected Letters 1917-1961, Carlos Baker ed.（Scribner）※P144-145
「辞世のことば」中西進（中公新書）※P146-147
「三民主義（抄）ほか」孫文著、島田虔次ほか訳（中公クラシック）※P148-149
「星界の報告」ガリレオ・ガリレイ著、伊藤和行訳（講談社学術文庫）※P150-151
「ガリレオ・ガリレイ「それでも地球は動く」といった物理学の父」竹内均監修（集英社）※P150-151
「世界を変えた科学者　ガリレオ」スティーヴ・パーカー著、鈴木将訳（岩波書店）※P150-151
「増補新訂版　アンネの日記」アンネ・フランク著、深町眞理子訳（文春文庫）※P154-155
「北極点グリーンランド単独行」植村直己（文春文庫）※P156-157
「決定版　心をそだてるはじめての伝記101人」（講談社）※P156-157
「緑色の太陽―芸術論集」高村光太郎（岩波文庫）※P158-159
「魯迅文集」魯迅著、竹内好訳（筑摩書房）※P158
「代表的日本人」内村鑑三（岩波文庫）※P166-167
「アフリカの指導者―アフリカわが心の友だち」星野芳樹（ブロンズ社）※P170
「この人を見よ！　歴史をつくった人びと伝14　坂本龍馬」プロジェクト新・偉人伝（ポプラ社）※P176-177
「2016年版 瀬戸内寂聴 日めくり暦」（エニー）※P180-181
「湯川秀樹 詩と科学」湯川秀樹（平凡社）※P184-185
Post-Capitalist Society, Peter Drucker,（Routledge）※P186-187
「ポスト資本主義社会」ピーター・ドラッカー著、上田惇生訳（ダイヤモンド社）※P186-187
「17歳からのドラッカー」中野明（学研）※P186-187
「これだけは知っておきたいドラッカー」牛越博文（文芸春秋）※P186-187
「マリー・キュリー―フラスコの中の闇と光」バーバラ・ゴールドスミス著、小川真理子監修、竹内喜訳（WAVE出版）※P188-189
「キュリー夫人　輝く二つのノーベル賞」ドーリー著、武部本一郎訳（講談社火の鳥伝記文庫）※P188-189
「漱石全集　第四巻、第二十二巻、第二十三巻」（岩波書店）※P192-193
「資本論（一）」カール・マルクス著、岡崎次郎訳（国民文庫）※P194-195
「わたしの生涯」ヘレン・ケラー著、岩橋武夫訳（角川文庫）※P196-197
「ヘレン・ケラー　目・耳・口が不自由という障害を乗りこえ、人々に愛と希望を与えつづけた運動家」フィオナ・マクドナルド著、菊島伊久栄訳（偕成社）※P196-197
「野口英世」奥村鶴吉（岩波書店）※P198-199
「テアイテトス」プラトン著、田中美知太郎訳（岩波文庫）※P202-203
「ギリシア・ローマ名言集」柳沼重剛（岩波文庫）※P202-203
「ノヴム・オルガヌム―新機関」フランシス・ベーコン著、桂寿一訳（岩波文庫）※P204-205
「人生は意図を超えて」野依良治（朝日選書）※P208-209
「事実は真実の敵なり」野依良治（日本経済新聞社）※P208-209
「諸葛孔明―「三国志」の名軍師」桜井信夫（講談社火の鳥伝記文庫）※P210-211
「ナイチンゲール―赤十字の母」村岡花子（講談社火の鳥伝記文庫）※P212-213
「気概と行動の教育者 嘉納治五郎」生誕一五〇周年記念出版委員会（筑波大学出版会）※P216-217
「10代のための座右の銘」（大泉書店）
「10代のための古典名句名言」（岩波書店）
「まんがでわかる偉人伝　親子で読みたい70人のおはなし」よだひでき（ブティック社）
「10分で読める　リーダー・英雄になった人の伝記」（学研）
「あなたのスピーチが役立つ　珠玉の名言・名文句」秋庭道博（実業之日本社）
「日本経済新聞　私の履歴書　名語録」石田修一（三笠書房）
「成功の智恵―道をひらく名言・名句」江口克彦（PHP研究所）
「その時歴史が動いた　3」NHK取材班（KTC中央出版）
「世界名言大辞典」梶山健編（明治書院）
「大人のための偉人伝」木原武一（新潮社）
「続・大人のための偉人伝」木原武一（新潮社）
「歴史を動かした名言」竹光誠（筑摩書房）
「人生に役立つ！偉人・名将の言葉」童門冬二（PHP研究所）
「図説　仕事から逃げたくなった時に見る言葉～人生観が変わる名言90～」ビジネス格言研究会（笠倉出版社）
「20世紀名言集【科学者／開発者篇】」ビジネス創造力研究所（情報センター出版局）
「世界の名将　決定的名言」松村劭（PHP研究所）
「最高の報酬 お金よりも大切なもの　働く人の名言集」松山太河（英治出版）
「最高の人生に変わる天才100の名言」真山知幸（PHP研究所）
「名言の正体」山口智司（学研新書）
「経営者100の言葉」山口智司（彩図社）
「天才100の言葉」山口智司（彩図社）
「アウトロー経営者の履歴書―時代を創った社長たちの物語」山口智司（彩図社）
「世界を変えた歴史的な日―その時、歴史は動いた」ハイウェル・ウィリアムズ著、平野和子訳（清流出版）
「「7つの習慣」に生きるための格言集 新訳」フランクリン・コヴィー・ジャパン編（キングベアー出版）
「「あのひとこと」知ってるつもり?!　ことばのアンソロジー」（日本テレビ）
「ろまん燈籠」太宰治（新潮社）

【参考URL】
http://www.shinchosha.co.jp/wadainohon/610201/interview.html ※P20-21
https://archive.org/details/scienceofliving029053mbp ※P40-41
http://yamatake.chu.jp/03phi/1phi_a/2.html ※P48-49
http://dcollections.lib.keio.ac.jp/en/fukuzawa ※P58-59
http://www.abrahamlincolnonline.org/lincoln/speeches/gettysburg.htm ※P140-141
http://www.abrahamlincolnonline.org/lincoln/speeches/gracebedell.htm ※P140-141
https://www.lib.hokudai.ac.jp/collections/clark/boys-be-ambitious/ ※P164-165
http://www.guinnessworldrecords.jp/world-records/most-prolific-painter ※P168-169
https://googlepress.blogspot.jp/2009/05/larry-pages-university-of-michigan.html ※P172-173
http://toyokeizai.net/articles/-/70225 ※P174-175
http://logmi.jp/40729 ※P174-175
https://www.toyota-shokki.co.jp/about_us/history/toyoda_sakichi/index.html ※P178-179
https://www.nikkan-gendai.com/articles/view/geino/170361/1 ※P180-181
https://www.asahi.com/articles/ASKCY61V2KCYPTFC01B.html ※P180-181
www.town.oji.nara.jp ※P184-185
https://www.kahaku.go.jp/exhibitions/tour/nobel/noyori/p1.html ※P208-209
http://kaiseigakuen.jp/about/idea/ ※P219

監修：和田孫博（わだ・まごひろ）

灘中学校・高等学校校長。昭和 27 年大阪市生まれ。灘中学校・高等学校出身。京都大学卒業後、昭和 51 年より灘中学校・高等学校に英語科教諭として就職。平成 19 年より現職。『精力善用』・『自他共栄』の校是のもと、「生徒が主役の学校であり続けよう」というスローガンを掲げている。

執筆協力：真山智幸（まやま・ともゆき）

著述家。著書に『君の歳にあの偉人は何を語ったか（星海社新書）』『最高の人生に変わる天才100の名言（PHP研究所）』『ざんねんな偉人伝（学研プラス）』などがある。名古屋外国語大学現代国際学特殊講義・宮崎大学公開講座などを行っている。

本書の内容に関するお問い合わせは、**書名、発行年月日、該当ページを明記**の上、書面、FAX、お問い合わせフォームにて、当社編集部宛にお送りください。**電話によるお問い合わせはお受けしておりません**。また、本書の範囲を超えるご質問等にもお答えできませんので、あらかじめご了承ください。

FAX：03－3831－0902

お問い合わせフォーム：http://www.shin-sei.co.jp/np/contact-form3.html

未来《みらい》の扉《とびら》をひらく　偉人《いじん》のことば

2018年 4 月25日　初版発行

2018年 8 月 5 日　第 4 刷発行

監修者　和田孫博

発行者　富永靖弘

印刷所　株式会社高山

発行所　東京都台東区台東２丁目24　株式会社 新星出版社

〒110-0016　☎03（3831）0743

ISBN978-4-405-07271-8